The Dark Queens

THE BLOODY RIVALRY THAT FORGED
THE
MEDIEVAL
WORLD

黑暗王后

缔造中世纪世界
的血腥竞争

Shelley Puhak

[英]雪莱·普哈克 ／著

万 山 ／译

贵州出版集团
贵州人民出版社

图书在版编目（CIP）数据

黑暗王后：缔造中世纪世界的血腥竞争／（英）雪莱·普哈克著；万山译.－－贵阳：贵州人民出版社，2025.2

书名原文：The Dark Queens: The Bloody Rivalry That Forged the Medieval World

ISBN 978-7-221-18028-5

Ⅰ.①黑… Ⅱ.①雪… ②万… Ⅲ.①墨洛温王朝－历史－研究 Ⅳ.① K565.3

中国国家版本馆 CIP 数据核字（2023）第 206968 号

著作权合同登记号：图字 22-2023-121 号
Copyright © Shelley Puhak, 2022

HEI'AN WANGHOU: DIZAO ZHONGSHIJI SHIJIE DE XUEXING JINGZHENG

黑暗王后：缔造中世纪世界的血腥竞争

（英）雪莱·普哈克 著 万山 译

出 版 人	朱文迅
策划编辑	汉唐阳光
责任编辑	李 康
装帧设计	陆红强
责任印制	李 带
出版发行	贵州出版集团 贵州人民出版社
地　　址	贵阳市观山湖区会展东路SOHO办公区 A座
印　　刷	鸿博昊天科技有限公司
版　　次	2025 年 2 月第 1 版
印　　次	2025 年 2 月第 1 次印刷
开　　本	880mm×1230mm 1/32
印　　张	15
字　　数	314 千字
书　　号	ISBN 978-7-221-18028-5
定　　价	118.00 元

如发现图书印装质量问题，请与印刷厂联系调换；版权所有，翻版必究；未经许可，不得转载。

赞　誉

　　一部研究详实、叙述精彩的史诗般的历史。《黑暗王后》让那些勇气过人、不乏缺点且残酷无情的统治者们，以及他们所处的遥远时代变得鲜活起来。

　　　　　　——玛戈·李·谢特利（Margot Lee Shetterly），
《纽约时报》畅销书作者，著有《隐藏人物》(Hidden Figures)

　　和敌人们长期述说的谎言不同，历史更多是由布隆希尔德和弗蕾德贡德塑造的，在这两个王后的残酷竞争背后，留下了一长串的尸体。雪莱·普哈克完成了一部杰出的侦探作品，充满启迪和惊喜，实在是勇气可嘉。任何一个认为中世纪的王后只会缝纫和叹息的人，一定会大吃一惊的。

　　　　　　——阿曼达·福尔曼（Amanda Foreman），
《纽约时报》畅销书作者，著有《乔治亚娜：德文郡公爵夫人》
（Georgiana: Duches of Devonshire）和《女性创造的世界》
（The World Made by Women）

一部让人大开眼界、惊喜万分的中世纪书籍。雪莱·普哈克把两个迷人又鲜活的女人，从厌恶女性的历史垃圾桶中拯救了出来，还阐明了类似麦克白夫人、瑟曦，以及任何一个戴着维京人头盔的瓦格纳式女英雄这种虚构的**贵妇人**的起源。研究无可挑剔。阅读极其畅快！

——丹尼斯·基尔南（Denise Kiernan），《纽约时报》畅销书作者，著有《原子城女孩》（The Girls of Atomic）和《我们齐聚一堂》（We Gather Together）

《黑暗王后》再现了墨洛温王朝的惊险、迷惑和恐怖。这是两个杰出女人的故事，她们在一个不相信女性能够统治的残酷世界里掌握了权力。这个故事视角犀利，情节跌宕起伏。很多学者"至今不知道该如何评价"布隆希尔德和弗蕾德贡德。但是雪莱·普哈克做到了。

——海伦·卡斯特（Helen Castor），著有《母狼》（She-Wolves）和《圣女贞德》（Joan of Arc）

才华横溢、机智聪敏、乐趣甚多，《黑暗王后》是进入黑暗中世纪早期的一段奇异旅程。雪莱·普哈克展现了真实可信、活灵活现的法兰克人的世界画卷，还在期间复活了两个几乎被忘却而又充满神秘色彩的王后——布隆希尔德和弗蕾德贡德，并把她们放在了中世纪历史中恰如其分的位置上。

——丹·琼斯（Dan Jones），《纽约时报》畅销书作者，著有《圣殿骑士团》（The Templars）和《权力与王座》（Powers and Thrones）

一方面，这是一个关于权谋和暴行的故事，热情洋溢、文采斐然，让《权力的游戏》都相形见绌；另一方面，这是一次对两个强大女人间的关系的探索，充满活力。我们大多数人对"黑暗时代"了解太少，因此，这本书所讲述的故事会使人顿生相见恨晚之感。

——莎拉·格丽斯特伍德（Sarah Gristwood），国际畅销书作者，著有《阿尔贝拉》（*Arbella*）和《恋爱中的都铎王朝》（*The Tudors in Love*）

在对六世纪王后布隆希尔德和弗蕾德贡德激情洋溢的叙述中，雪莱·普哈克推开了尘封已久的历史的大门，揭示了一个我们曾被告知要忘记的黑暗时代：那时，王后们用智慧、虔敬——以及有毒的匕首统治欧洲……这是对我们长期被压抑的过去的辉煌重建，包括它所有的谋杀与阴谋、忠诚与勇气。《黑暗王后》令人难以忘怀。

——南希·玛丽·布朗（Nancy Marie Brown），著有《真正的瓦尔基里》（*The Real Valkyrie*）

这些黑暗王后是无所畏惧的幸存者，至今依然低语着有力的建议。雪莱·普哈克发现了我们绝不能再忽视的被遗忘的传记。

——卡拉·库尼（Kara Cooney），著有《当女性统治世界》（*When Women Ruled the World*）

《黑暗王后》带领读者跨越六世纪的欧洲，开启一段血淋淋的旅程，揭示了所谓的"黑暗时代"。普哈克令人信服的描述，为过去未被充分探索的迷人女性的生活，提供了别开生面又引人入胜的看法。

——埃米莉·绿川（Emily Midorikawa），
著有《走出阴影》（*Out of the Shadows*）

这个扣人心弦的传奇故事，涵盖了从血腥谋杀到丑闻修女的一切。布隆希尔德和弗蕾德贡德往往被塑造成中世纪早期欧洲的大反派，但是通过雪莱·普哈克精彩的讲述，她们在丰富可感、细致入微的刻画中栩栩如生。

——埃玛·所森（Emma Southon），
著有《阿格里皮娜》（*Agrippina*）

献给奈特

目 录

作者的话：影子王后 / 001
前　　言 / 009

第 一 章　梅兹的婚礼 / 011
第 二 章　会见法兰克人 / 020
第 三 章　查理贝尔特的终结 / 027
第 四 章　新盟友 / 037
第 五 章　给拜占庭的信 / 046
第 六 章　奴隶王后 / 057
第 七 章　国王的人马 / 064
第 八 章　围城 / 075
第 九 章　女巫和修女 / 087
第 十 章　秘密渠道 / 096
第 十 一 章　叛乱 / 105
第 十 二 章　避难所的法律 / 115

第 十 三 章　罪与罚　/ 123

第 十 四 章　"明智的顾问"　/ 131

第 十 五 章　弗蕾德贡德的忧伤　/ 139

第 十 六 章　背弃盟约的布隆希尔德　/ 146

第 十 七 章　摄政　/ 156

第 十 八 章　付之一炬　/ 163

第 十 九 章　布隆希尔德女王　/ 174

第 二 十 章　国王死了　/ 183

第二十一章　贡特拉姆国王的烦恼　/ 194

第二十二章　贡多瓦尔德事件　/ 206

第二十三章　外交艺术　/ 221

第二十四章　公爵们的反叛　/ 234

第二十五章　王室订婚　/ 249

第二十六章　反抗的修女　/ 259

第二十七章　盟友和刺客　/ 267

第二十八章　孤苦无依的小男孩们　/ 274

第二十九章　国王们的陨落　/ 283

第 三 十 章　双重统治　/ 294

第三十一章　布隆希尔德的战斗　/ 303

第三十二章　陨落　/ 317

后　　记　反响　/ 329

资料来源和方法说明　/ 343

致　　谢　/ 347

参考书目 /350

注　释 /378

索　引 /436

作者的话：影子王后

2016年万圣节的前一个星期，我正手忙脚乱地奔波于化装服商店的过道里：我九岁大的孩子决心扮成个机械兔杀手，所以我们花了好几个晚上把电线和毛毡热粘合到了T恤上，又为了寻找合适的恶魔兔子耳朵搜遍了易趣网[1]。由于我自告奋勇去帮忙将在教室里的派对，因此我需要准备一身节日服装，一套简单轻便的装扮，这样，在其他妈妈身边看起来不会太仓促。

我家里有顶女巫帽，但我需要点别的，一些没那么普通的东西，再多点……威严。我扫视了展架上的埃及艳后头饰、尖头公主帽以及彩虹色的假发，直到我的目光锁定在一排有角的维京人头盔上，上面还粘有长长的金色辫子。

那个时候，我并不知道自己会开始写这本书。

---

[1] 一个购物网站。——译者注

※ ※ ※

没有一个来自北方的侵略者戴过这样的头盔。有角的维京人头盔并不是基于事实,而是来自一位服装设计师的想象。在1876年理查德·瓦格纳(Richard Wagner)《尼伯龙根的指环》(Der Ring des Nibelungen)歌剧套曲的制作中,卡尔·埃米尔·多普勒(Carl Emil Doepler)负责为演员准备服装,他融合了希腊神话和军事审美。多普勒的草图画出了飘逸的长袍和斗篷、紧身胸甲以及头盔——有翼的是为女武神准备的,有角的则是给男性战士。没过多久,这部歌剧的女主角——布隆希尔德(Brünnhilde)——就总是戴着个头盔,有的有翼,有的带角。

瓦格纳的"指环"是一部四夜的史诗,并不是为走马观花的粉丝写的,即便如此,布隆希尔德也很快变成了辨识度最高的歌剧人物:一个胸部丰满、扎着辫子、戴着有角头盔的女人,举着一面盾牌和一支矛。此后,不出所料,她成为我们的文化中最被嘲讽的角色之一。

这部套曲描写了一个被诅咒的指环、一位渴慕权力的神、一对乱伦的兄妹,以及巨人、矮人和一条龙。但它也为掌握了政治权力的女性们的命运,提出了一个十分现实的父权寓言。布隆希尔德是一位女武神,任务是将死去的战士们带到沃尔哈拉(Valhalla)的天堂。当她反抗自己的父亲——众神之王沃坦（Wotan）时，她受到了惩罚。他剥夺了她的不死之身，并将她变为沉睡的美人，关在被魔法火焰包围的岩石之中。只有得到一个男人的关心，她才能够醒来。布隆希尔德有过一个被爱的机会，但也失去了它。当爱人死去，她骑上自己的坐骑，径直策马进入他的火葬柴堆，将一切烧成灰烬。

布隆希尔德在牺牲自己前引吭高歌的凄美咏叹调，意味着这场长达十五个小时的歌剧套曲的结束，给人以"直到胖夫人唱完歌才结束"的印象。这个角色已经成了随意嘲笑女性身体及她们故事的另一种方式了。

尽管世界上有数百万人对歌剧中布隆希尔德的形象很熟悉，但今天，只有很少的人能回想起来，她和一位真实的布隆希尔德王后（Queen Brunhild）同名，后者曾在大约1400年前统治过欧洲。女武神的虚构故事，融合了布隆希尔德和她的弟妹兼竞争对手弗蕾德贡德王后（Queen Fredegund）的真实生活，并嫁接到了北欧神话上。

站在那个化装服商店的过道上时，我并不知道这些王后的名字。但是在某种程度上，我**知道**这些王后。你也知道她们，即便你的历史课本从来没有提到过她们。我一度叫她们"黑暗王后"，并不仅仅因为她们的统治时期刚刚好落在所谓的"黑暗时代"（Dark Ages），还因为她们一直生活在阴影之中，不下千年。

在古代世界，条条大路都通向罗马，沿途有纪念碑、雕塑和墓碑在发号施令：**停下，旅行者，读一读吧！**（STOP,

TRAVELER, AND READ！）石头上刻满了传记和悼词，死者因此能被铭记。被遗忘是对叛国者和僭主的正式惩罚——元老院会下令销毁他们的石像，并在公共记录中除去他们的名字。有一个皇帝的脸甚至被从他童年的家庭肖像中刮掉了。这一行为，后来被称为"**除忆诅咒**"（damnatio memoriae），或者"记忆定罪"（condemnation of memory），旨在从历史记录中完全抹去一个人。

这就是在几个世纪后，确切地发生在布隆希尔德和弗蕾德贡德王后身上的事情。生前，她们手握大权并紧抓不放；她们说服战士、贵族和平民支持自己，击退敌人。但是和之前的许多女性一样，关于她们成功的艰辛事实被抹去，一同被抹去的还有她们的传记。

在注意到她们的编年史家和历史学家笔下，布隆希尔德和弗蕾德贡德被贬低为小时代的小王后。然而，这两位王后治下的帝国版图却涵盖了如今的法国、比利时、荷兰、卢森堡、德国的西部和南部，以及瑞士的部分领土。而且，她们是在西方历史的关键时期统治的。她们就像两面神一样，既回望了罗马人和部落蛮族首领的统治，也前瞻了封建民族国家的新时代。

如果考虑到人们对爱西尼女王布狄卡（Boudica）的狂热兴趣，就会发现对两位王后缺乏关注是很反常的，因为关于布狄卡对罗马持续了一年的反抗的记录可是少得可怜。就算两位王后一无所成，但从统治时间来看，弗蕾德贡德和布隆希尔德也应当被看作杰出的。她们比先前的每一位国王和罗马皇帝的统治时间都要长。弗蕾德贡德做了二十九年的王后，其中十二年是摄政；而布隆希尔德做了四十六年的王后，其中十七年是摄政。而且，这两位王后所做的，不仅仅是坚守自己的王位。她们和外国统治者合作，参与公共工程项目，并扩大各自王国的版图。

她们在做这一切的同时，还肩负着额外的后权重担。这两位都是外来者，都嫁进鲜有女性继承王位的王朝里。她们无法用自己的名义宣告权力，只能代表男性亲属进行统治。这些男性亲属被毒死、刺伤，并以惊人的速度消失。一位王后必须躲避刺客，还要雇佣一些自己的刺客，同时还要和自己的顾问以及贵族们的公开厌女作斗争——在中世纪早期这么做相当于穿着高跟鞋逆势而行。

她们的在位时期被认为是——当它不得不被承认的时候——罕见的双女性统治期，这在早期的中世纪世界是绝无仅有的[1]，我认为，在现在也是绝无仅有的。当然，我们有女性政治领袖，但她们是"卓而不群的女性"，是在一个男人的世界里获得权力的外来者，就像是维多利亚女王（Queen Victoria）或者玛格丽特·撒切尔（Margaret Thatcher）这样的人物。但女性政治竞争？我可以非常简要地提及，英国首相特蕾莎·梅（Theresa May）和德国总理安格拉·默克尔（Angela Merkel）的事业是如何产生交集的。或者，美国是如何让四位严肃的女性候选人争夺2020年民主党总统候选人提名的。我们看到女性在国家舞台上互相辩论，至少，直到她们一个个被迫离开竞赛之前如此。当我在写这本书时，这些女性中的一位——卡玛拉·哈里斯（Kamala Harris）——被选为美国首位女性副总统，但在竞选期间，她是一群男人中唯一的女人。美国从未有过一份全部是女性的候选人名单，也没有过每个党派中都有一位女性参加辩论的情况。我们仍然无法想象一个由强大女性长期主导对话的时代会是什么样子。

这本书将复活这两位王后以及她们的关系，将两张被涂掉的脸重新呈现在记录之中。为了达到这个目的，我也必须勾勒出一个被涂抹掉的世纪。王后们所属的王朝是墨洛温王朝（Merovingian dynasty），它长期是阴谋的代名词——无论是因《达·芬奇密码》（The Da Vinci Code）而流行的隐秘弥赛亚血统[2]，还是电影《黑客帝国》（The Matrix）中被放逐的计算机程序。这个王朝的名字还充满神秘色彩，因为在过去和现在，墨洛温王朝都鲜为人知。它留下的痕迹非常少，部分是因为它非常适应当时的环境，像寄居蟹一样在罗马留下的贝壳中安家。同样，王后们留下的痕迹也非常少：她们传记中被废弃的贝壳已经被其他人占据了。她们的生活经历不仅仅被用于塑造歌剧主角，还被用于塑造童话中的反派、民间故事中的女主角，以及连环画和动漫中的角色，甚至还有最近的《权力的游戏》中的瑟曦。

诚然，在她们的生活和传奇故事中，有很多空白和奇怪的沉默，但这些空白并不意味着资料不存在。有的是被有意压制了，还有的仅仅是没有流传下来。两位王后的统治期内，书写介质发生了改变。墨洛温王朝主要使用的莎草纸在寒冷潮湿的欧洲很容易损坏；取而代之且受王朝喜爱的兽皮羊皮纸则不会。令人震惊的是，那个时代拥有的东西和我们现在的一样多：信件、不动产遗嘱和个人财产遗嘱；契约、特许状和销售账单；诗歌、格言和赞美诗；当然，还有历史编年史。

但是，许多原始文献的缺失并不是关于这些王后生活的研究失声的唯一原因。很多历史学家和学者依然不知道该如何对待她们。很少有被认可的女性掌权者——她们要么是诡计多端的诱惑者，要么是专横的母亲，横插在爱人和孩子的事务之中，并带来破坏和灾难。但她们究竟是谁？女儿和母亲，妻子和爱人，战士和外交官，忠实且可怕，迷信却精明。

王后们继续活在她们留下的东西里：她们的信件和法律的碎片、她们居住过的城市和建筑、她们穿越过的土地，以及她们航行过的河流。基于最近的考古发现，我们可以知道她们如何穿着，以及她们看重的物件是什么，但是基于知道她们的男人的描述，我们能更多地了解她们因为谁而恼怒甚至盛怒，也能知道她们打破了哪些规则。她们的回忆，通过与她们同期的男人的想象，依然保持生动丰满。只要有可能，我都会结合这些原始文献，诸如图尔的格雷戈里主教（bishop Gregory of Tours）、诗人维纳提乌斯·福图纳图斯（Venantius Fortunatus）、教皇大格里高利（pope Gregory the Great）以及各种皇帝和国王等男性的记述。与此同时，我还会留意到，这些男人都有他们自己的野心、偏见和私心，这些都需要加以去除。我也注意到，布隆希尔德和弗蕾德贡德究竟是谁这一谜题——她们的人格、动机，因为其他人的撰写而变得更加复杂。

"如果不是你的旨意，那我是谁？"[3]在瓦格纳的歌剧中，布隆希尔德这样问她神圣的父亲。编年史家和学者们——而不是神——是我们所知道的历史的制造者，但这个问题依然适用。如果不是我们的旨意，那这些王后是谁，我们将成为什么样的女性？怪异地模仿着自己，唱着由男人写给男人的歌，她们的野心隐藏在想象中的有角头盔之下。本书试图揭示出她们也许曾为自己唱过的歌——并让那首歌焕发生机。

前　言

西欧，六世纪

罗马已经陷落。

在帝国之前的边疆，旧秩序和一个新的野蛮人世界冲突不断。一个家族崛起并结束了分裂的局面。从大西洋沿岸到阿尔卑斯山脉，从北海到地中海，都在他们的统治之下。

直到一场可怕的内战让这个王朝分崩离析。这场战争将比英国的玫瑰战争更长久，更多的领土被兼并，更多的君王被杀害。这场战争标志着古代的终结以及中世纪的开始。

它开始于三场接二连三的婚礼——以及一次谋杀。

第一章　梅兹的婚礼

当布隆希尔德公主被领进大厅时，聚集的人们都伸长了脖子或是踮起脚尖，想方设法要一睹她的风采。

那是567年的春天[1]。已知世界的地图翻过来看就像是一双肺叶。不过两片土地，二者中间的空白处是地中海。这位公主来自左肺最顶端的地方，在西班牙，她刚刚跋涉了一千多英里，跨越了白雪皑皑的比利牛斯山脉，穿过了纳尔榜阳光灿烂的葡萄园，接着踏上了法兰克的土地。布隆希尔德还来不及亲眼瞧瞧自己道听途说的故事是否真实：在法兰克的森林里，橡木无比粗壮，即便是四十个男人也无法拖动一棵折断的大树[2]。她也不知道，在这些树林之中是否有大片的狼群在游荡，有的狼还会变成人的样子[3]。还有吃小孩的龙[4]——尽管主教们宣称，大部分龙都已经被征服了。但神职人员还无法征服所有的异教徒。乡下人依然在森林的峡谷中建造祭坛，并对他们的木质神像深信不疑[5]。有的人还会向沃登（Woden），甚至是托尔（Thor）[1]献

---

[1]沃登：日耳曼神话中的最高神。托尔：雷神。——译者注

上祭品。

但是，当布隆希尔德走过拥挤的大厅时，为什么在她的婚礼上会有一个响亮而颤抖的声音在向罗马众神祈求——丘比特和维纳斯，赫利俄斯和马尔斯？无论是聚集的法兰克人，或是他们的父辈和祖父辈，都没有人曾经敬奉过这些神。

紧张背诵这些名字的年轻人正试图编出一首罗马颂词，即正式的赞美诗。他的名字是维纳提乌斯·福图纳图斯，这是他第一次受雇出席王室宫廷。福图纳图斯刚刚才从意大利来到法兰克，希望能在这片土地上赢得声望和财富。他满怀希望地认为，只要在这场西吉贝尔特国王的婚礼上好好表现，就能开启自己的职业生涯。在法兰克王国，任何事或者更准确地说是**任何人**，只要和传统的罗马有关系，就能风靡一时——无论是吉特尔琴演奏者、厨师，还是拉丁语诗人。当然，在福图纳图斯的内心深处，还回荡着另外的副歌：**避开国王的怒气**。可别搞砸了。

布隆希尔德公主几天前才刚刚到达，跟随在四轮马车车队之后，马车上高高堆满了"巨大的财富"[6]：金银制成的钱币和铸块；用宝石装饰的高脚酒杯、碗和权杖；毛皮和丝绸——这些财宝多到宫廷奴隶们还没有卸完。现在，她被领进法兰克人所称的他们的"黄金宫廷"（Golden Court）[7]，去会见她的新臣民。似乎是国王的助手——年轻的戈哥伯爵——提出要护送她的。他一路陪着她从西班牙远道而来，她也很高兴能看到一个熟悉的面孔。挽着戈哥的手，任凭自己被领着穿过成群好奇的、饥渴的眼睛，她可曾疑惑过，这些人是否也把自己看成了另一件光彩夺目的宝物呢？一盏熠熠生辉的圣杯，或是一匹珍贵的母马？

后来，大厅里的人将有许许多多的理由害怕她。但如果他们在那一天就有所畏惧的话，那仅仅可能是因为，他们穿着的鲜亮崭新的衣服、刚刚剃过的还留有粉红色刮痕的脸颊，让他们浑身不自在，而这让她窃笑了。大厅里挂满了横幅和旗帜；地上铺着厚重的地毯，墙上有刺绣织锦。但如果这位公主偷看一眼某幅织锦的背后，她就会注意到崭新的灰泥。这个有着勃勃雄心名字的宫廷还在修葺之中，正如这个城市本身。西吉贝尔特国王的宫殿实际上只是一座翻新过的教堂[8]，而他簇新的梅兹首都在以前不过是个度假小镇，曾经还接待过出现在罗马边境的士兵。除了刚来的人群、新开的市场和进驻的军队，这座城市和布隆希尔德的故乡——闪闪发光、成熟完善的托莱多——相去甚远。

但是，梅兹是一座首都适宜的选址，它大约位于西吉贝尔特领土的中心，在两条河流的汇流处，以及两条古老军事要道[9]的交叉口。他的王国名为奥斯特拉西亚，整条莱茵河都在其中。在王国的最北端是北海的沿海低地，最南端则是位于侏罗山山脚的巴塞尔。东部边界上有科隆和沃姆斯这样的城市，而西部边界上则是香槟地区绵延的群山和葡萄园。西吉贝尔特还拥有位于奥弗涅的土地，统治着地中海的港口[10]：尼斯（Nice）和弗雷儒斯（Fréjus），这里欢迎所有来自已知世界的船只和人。在他的城市中，人们可以找到犹太人、基督教徒哥特人以及异教徒阿勒曼尼人；找到来自希腊和埃及的医生,甚至是叙利亚的商人。

尽管西吉贝尔特的王国规模足够让人尊敬,但并不足以促成这桩婚事——是他的雄心壮志促成了这一切。他曾经要求,将当天的庆祝活动宣扬为"凯撒的婚礼"(Caesar's marriage)[11]。他召集来的人绝大多数是法兰克的勇士领主们,他们都按要求盛装出席。尽管他们穿着长长的亚麻束腰外衣,披着在一边肩上用金银丝胸针固定着的亮色斗篷,但他们满是部落文身的手臂或大腿还是会时不时地露出来。这些贵族和他们的国王迫切地掩饰着自己,用的不仅仅是罗马的长袍,还有已崩溃帝国的地位和合法性。

当一个人生活在罗马的旧城墙和废墟之中,是很难不为之着迷的。之前的大教堂成了现在的宫殿;古老的竞技场被改造成了教堂[13]。在现存的罗马建筑——有的摇摇欲坠,有的被巧妙地重新粉刷了一遍,看起来仿佛和它们鼎盛时期一样——旁边,突然出现了更加日耳曼式的建筑,有着茅草盖的屋顶和木头建成的大厅。曾经的公共集会场所至今依然是一个商铺林立的公共广场,但四周环绕着不断增加楼层的高耸的房子,因为不能横向扩张,所以只能往上加高了[14]。

西吉贝尔特只消看一眼就知道什么是有可能做到的——只要他能找到修复的资金,并停战足够长的时间以供施行。笔直的罗马道路,尽管还在很好地运行,但已出现铺路石缺失、土坯开裂的问题。排水沟已经堵塞,致使他几乎无法举行一场王室游行,因为总是会有谁的马车陷进泥里。其他城市中还有为数不多的水道尚在运行[15],能为宫廷浴场或公共喷泉输送干净

[014] 黑暗王后:缔造中世纪世界的血腥竞争

的过滤水，还有少数管道能为平民零星供水。梅兹自己的水道系统是一项十四英里长的工程壮举，一度保障了公共浴场、公共厕所和一个排污系统。但是修缮工作早在一个世纪甚至更早之前就停止了[16]，如今，跃过乡村的石制拱桥已毫无用处。这座城市巨大的浴场群，头顶着令人眼花缭乱的金色圆顶，占满了天际线，却被闲置。西吉贝尔特国王确信，如果他要在这些破烂不堪的东西上塑造一个功能齐备的国家，那么他需要一位新娘。

那一年，西吉贝尔特刚刚经历一系列军事上的失败。而这桩婚姻能够挽救他的政治命运，并充实他的国库。他为了能够迎娶布隆希尔德已经谈判了几个月，现在，既然他已经有了一个如此有声望的伴侣，那么他的臣民也一定会感到充满希望，甚至胜利在望。

他们说她美丽（*pulchra*）[17]、体态优雅（*elegant corpore*）、美不胜收（*venusta aspectu*）[18]。对此我们无法确定真假。在中世纪晚期装饰华丽的手稿中，她看起来异乎寻常地高，脸色也很苍白；在文艺复兴时期的肖像画中，她体态丰满而且充满热情；在浪漫主义时代的版画中，她看起来满脸愁容、发丝蓬乱。但是在她死后，塑像被推倒、镶嵌画被抹去、手稿被焚毁——她生前的形象无一幸存。在那些国王、主教、抄写员和士兵的努力之下，我们永远无法确定她还是位年轻的新娘时的面容，也无法得知当她是个成熟的王后时又是什么仪容。那天在场的人还说她很漂亮，尽管她的敌人们在之后会无情地嘲笑她，但从未有一次挑剔过她的长相。没有任何关于她是否出奇地矮或高的描述，所以可以猜测，她的身高接近当时女性的平均高度，也就是五英尺四英寸[19]。而且，在她的婚礼之日，布隆希尔德大约十八岁[20]，正值青春妙龄，穿着她能搜寻到的刺绣最精美的丝绸衣服，长发垂肩，鲜花簇拥[21]。

当诗人福图纳图斯清完嗓子，他就会意识到，他那在见到公主之前就完成的夸饰并不会可笑地言过饰非。他宣称，她是一位"光彩熠熠的少女"[22]，有着"牛奶般白皙"[23]的皮肤和玫瑰一样的双唇，是一颗无与伦比的宝石。福图纳图斯还说，就算她不是"第二位维纳斯"[24]，西吉贝尔特国王似乎也对这场结合欣喜万分，用"完全的喜悦与快乐"[25]迎接他的新娘。而且，尽管她被很好地教导过不能表现出丝毫的失望，布隆希尔德也确实松了一口气。

她的新郎生前唯一保留下来的画像是他在一枚硬币上的肖像。多个世纪之后的雕像把他塑造成一位高高瘦瘦的年轻男性，金色长发像波浪一样垂到了脸颊旁。他的五官很匀称，表情和蔼可亲；更好的是，他的肩膀很宽阔，颧骨又很高[26]。他看起来就像是一个不折不扣的中世纪美男子。

尽管这些雕像很有可能并不贴近现实，但它们实际上有一些事实依据。西吉贝尔特国王的头发很长，而且似乎是金色或红色的[27]，就像他家族中的大部分人一样。西吉贝尔特这个名字的意思是"伟大的胜利者"，他又是一位有名的战士，所以他应该很健康而且肌肉发达，此外他的年龄是三十二岁，正值体力的巅峰。当两位新人站在一起的时候，他们必定是备受瞩目的一对：衣着奢华、完美无瑕的公主新娘，年轻有为、高大健壮的国王。

福图纳图斯的诗歌还在继续，它大胆地宣称："坠入爱河的西吉贝尔特已经沦陷在对布隆希尔德的激情之中了。"[28] 但是，大厅里的每一个人都知道，他的婚姻不是因爱而生的结合，而是精心协商的结盟。

罗马剩下的力量目前正集中在君士坦丁堡的东部。这场"凯撒的婚礼"也许会成为取而代之的联盟。

越过边界，在邻国纽斯特里亚有另一座王宫俯瞰着水流平缓、颜色发绿、浑浊阴沉的埃纳河。在这里，西吉贝尔特和布隆希尔德的婚讯引起了人们极大的兴趣和警惕，尤其是西吉贝尔特最小的弟弟希尔佩里克国王。

如果真如雕像描绘的那样，希尔佩里克看起来和西吉贝尔特非常相像，尽管他的头发更加蜷曲，胡子也更浓密[29]。但就算他们共享了某些体貌特征，却没有任何兄弟的情分。西吉贝尔特和希尔佩里克**确实**共享300英里长的边境[30]，但希尔佩里克频繁试探这段边界。希尔佩里克在过去数年一直试图入侵哥哥的王国，而且事实上，他刚刚做了新的尝试。现在，他正因为失败而怒不可遏。

他一点都不惊讶西吉贝尔特结婚了。当他还是青少年的时候，希尔佩里克自己就已经开始生育继承人了——为什么他的哥哥会等了这么久？但现在，通过选择一位外国新娘作为自己的新娘，西吉贝尔特公开宣告了自己的王朝野心，希尔佩里克为此勃然大怒。

国王忧，则宫廷忧。但没有谁比这个奴隶女孩更担忧了。她怎么能不担心呢？她事事留意国王的反应，无论事情有多小。在当时，她似乎是国王的情妇，尽管她曾经可以成为他正式的妻子——记录只告诉我们国王"拥有"她[31]。而他对她爱得发狂。

诚然，希尔佩里克是一位以行动极其冲动[32]著名的国王，情绪难以自抑时，他往往会把事情推向极端。比如，他涉猎过诗歌并创造了一些确实还可以的诗文，但他的文学野心很快就让他试图去大修字母表。后来，他学习神学，在开始写了几首圣歌之后，他就尝试重写基督教的核心信仰。因此，当他爱上了这位奴隶女孩时，他立即把他的王后——她已经为他养育了三个健康的孩子，是个完美称职的女人——赶到了修女院。

作为奴隶，这个女孩的价值还不如一条猎狗，也不如一头奶牛。[33]她的生活充满了危险——明火、夹生和变质的食物、虱子和寄生虫，以及其他奴隶和领主的咸猪手。但她曾从更糟糕的环境中幸存下来。

她出生在过去两个世纪里最寒冷的十年[34]的末期。冰岛的一场火山喷发让世界陷入黑暗，收成锐减。就在西方世界被饥荒裹挟之时，另外一位天启骑士——**鼠疫杆菌（Yersinia**

[018]　　黑暗王后：缔造中世纪世界的血腥竞争

pestis）[35]——飞奔而来，携带已感染跳蚤的老鼠把腺鼠疫带到了欧洲。对于这位被奴役的女孩和在她儿时世界的人来说，六世纪中叶的情形必定如末日一般。

出生在这样的年代可以被看作是极大的不幸，但也可以是一个巨大的机会。空气虽然寒冷，但对幸存者来说也充满了可能性。一个月之内就能获得巨大的财富。伟大的家族也许会崩溃，在几天之内灭绝。有野心的家族能够搬进那座被废弃的别墅，挤进贵族阶层。即便是别墅中存活下来的奴隶也有理由充满了希望。他们可以抓住机会逃跑[36]，混入难民中。他们可以取悦邻近屋苑中一位悲伤的寡妇或者鳏夫，并与之结婚。被奴役并不是一个令人羡慕的状态，但可以是权宜之计。

然而，即便是在有诸多匪夷所思的社会流动的时代里，这个女孩完成的转变也令人印象深刻——从厨房奴隶成为王后的侍女，现在则是国王的伴侣。这样的晋升需要钢铁般的意志、缜密的计划以及细微才能的磨练——不被发觉地溜进溜出房间、凭直觉知道哪个厨师或者仆人会选择性地漏掉一些信息。而且很有可能，正如一些她同时代的人所想的那样，这样的提升还需要涉足黑暗艺术。

此后，温度稳定了下来，瘟疫一开始的爆发也减退了。但是一个有利于大胆进取的时代留了下来。以后，她会证明自己和别人一样，也能够快速、果断地行动。但现在，当国王因为他哥哥的外国新娘大发雷霆时，这个奴隶女孩——弗蕾德贡德——满足于观望和等待。

第一章 梅兹的婚礼　　[019]

第二章　会见法兰克人

布隆希尔德通过婚礼走进了法兰克人的世界，这些人在罗马帝国的残骸上建立自己的家园，而且渴望已经消失的辉煌。但是，对于罗马人来说，法兰克人一开始就是噩梦。三世纪，罗马人第一次遭遇这些野蛮人时，后者只不过是众多袭击罗马边界的日耳曼部落中的一个。但这些法兰克人很快就获得了"野兽"[1]的名声。他们苍白、魁梧，披着长长的头发，就像是动物的尾巴："他们的头发从红色的头骨上垂下，在前面打着结，在颈背处剃光。"另一个奇怪的地方是他们的面部毛发；他们留的不是胡子而是八字须（这在罗马前所未有），这被描述为"用梳子梳好的（鼻）毛"[2]。这些发型奇特的野蛮人，穿着简陋的束腰上衣[3]，会冲进罗马步兵纪律严明的阵列里。罗马人拥有兵力和装备的优势，但是面对法兰克人投掷过来的斧头，他们发现自己依然很紧张，这些斧头上还有厚厚的铁制刀片和短木柄。甚至在战斗开始之前，法兰克人就会使用这些斧头来击伤对手；他们"往往习惯于在第一次冲锋的第一个信号时扔出斧头，从而粉碎敌人的盾牌，并杀了那个人"[4]。罗马人发现法兰克人是如此可怕，以至于都不敢和他们战斗了，他们说服法兰克人成为服务帝国的士兵。结果发现，大部分法兰克人是可以说服的。

法兰克人统治于墨洛温王朝之下，这个王朝最终诞生了西吉贝尔特。根据一则传说，墨洛温王朝的血统，是从一只叫作奎诺陶尔（Quinotaur）的五角海怪[5]攻击一个人类女性开始的。他们的结合诞生了墨洛维，墨洛温王朝的名字由此而来。其他人坚持认为，这个部落诞生于一度强大的特洛伊（Troy）余众[6]，幸存者们曾经穿越海洋，向西流浪。抛开神话和传说，我们确切知道的是，法兰克人其实并不曾从位于安纳托利亚（Anatolia）的特洛伊横渡大海；考古学证据显示，法兰克人唯一跨过的水体是一条河：莱茵河。但确实有一位名叫墨洛维的人建立了这个王朝。他是一位野蛮人战士，因为帮助罗马击败匈奴王阿提拉（Attila the Hun）而声望大增。

时光荏苒，法兰克人决心让自己成为传统罗马的继承者，而不是固守他们真正的身份——在正确的地点和正确的时间出现的新星日耳曼部落。尽管面容凶猛，但这些"野兽"发现，他们想喝水道中喷涌而出的泉水，想吃从北非进口的谷物，想在热乎乎的澡堂中沐浴。他们开始和罗马人做生意以及通婚，开始接受罗马人的某些习俗，开始在军队中节节高升。在两代人的时间里，法兰克人就从在高卢（Gaul）与罗马军队并肩作战，发展到指挥罗马军队。但是，当他们完成这样的壮举时，至少在西方已经没有罗马人可以指挥了。在五世纪，帝国在意大利半岛的领土陷落了，野蛮人推翻了帝国

第二章　会见法兰克人　[021]

在那里的统治,强化了罗马政权向君士坦丁堡的东移。在他们威严的首都中,拜占庭皇帝们将统治当代希腊、埃及北部、土耳其、以色列、黎巴嫩和叙利亚的领土。然而,回到之前的高卢省,法兰克人孤立无援。

但西吉贝尔特的祖父克洛维国王并没有被吓倒,他从拜占庭人手中留住了执政官(Consul)的头衔,并且开始穿上紫色的衣服、戴上王冠,坚称自己是**奥古斯都(Augustus)**[1],正如任何一位罗马皇帝会做的那样。他模仿罗马人的爱好并不只是为了炫耀,也是为了集中权力。他迅速集结起自己的帝国,从北海延伸到比利牛斯山脉,将众多法兰克人部落联合在一个王冠、一个法典,甚至一个首都——巴黎——之下。克洛维因为这些成就备受尊崇,以至于在他逝世一千二百年后,法国君主们依然会以他的名字的拉丁文版本——**路易(Louis)**——命名。

然而,克洛维犯了一个致命的错误,这让他新建立起来的帝国不再和平。在他死后,克洛维不像罗马人通常做的那样指定唯一继承者,而是把土地分给了自己的四个儿子。法兰克国王首先要做的是征服。但现在,留给征服者的外国土地正在缩小;只有牺牲兄弟的利益,一位国王才能证明自己的英勇气概并扩大王国版图。西吉贝尔特的父亲从他的兄弟之中幸存下来并屠杀了侄子们,再一次将法兰克人的土地联合在一个王冠之下。

---

[1]罗马当政皇帝使用的称号。——译者注

但是，在过世之前的561年，西吉贝尔特的父亲犯了和克洛维相同的错误：他把这个王国分给了自己的四个儿子，他们注定要经历他忍受了终生的无情竞争。四个王国、四个男孩自此纷争不断。每一个兄弟都想用谋略胜过他人，让自己成为罗马正统的继承者。在这个背景下，西吉贝尔特称自己的婚礼为"凯撒的婚礼"相当于宣战。

迟早，布隆希尔德会证明自己对竞争的喜好，她也许会因为新婚丈夫的姿态，以及它预示的征服机会而感到兴奋。又或者，当布隆希尔德了解了西吉贝尔特及其三位兄弟的故事后，这位正值青春期的新娘难道就不会疑惑自己到底进入了一个怎样的处境之中吗？

西吉贝尔特的兄弟们如下：

查理贝尔特：最年长，为所欲为，很少担心自己会地位不保。

贡特拉姆：次子，十分狡猾，阴谋者。

希尔佩里克：年纪最小，矮个子，和西吉贝尔特争斗最多的兄弟。

父亲的尸体尚有余温，四兄弟就开始争吵不休。甚至在葬礼举行之前，希尔佩里克——惊慌不安、满怀敌意的希尔佩里克——就夺取了王室珍宝，用金子贿赂了有权势的贵族，并把自己的军队转移到了巴黎，这着实吓了他哥哥们一跳。他试图把整个帝国篡夺成自己的。于是，他兄弟们的军队联合起来把他驱逐出去，并使其同意遵从其父的遗愿，将帝国分割成了四个子王国。

最年长的查理贝尔特获得了最好的部分，控制巴黎这个他们的祖父已经建立好的首都。查理贝尔特的王国沿着大西洋展开，包含今天所说的诺曼底以及西南部全部的阿奎丹。次子贡特拉姆统治着东南方向的勃艮第。年幼的两位则瓜分了北方的领土。西吉贝尔特统治着法兰克人帝国最东面的部分，也就是现在的法国东北部、比利时、荷兰和德国，他的王国也据此命名：奥斯特拉西亚（Austrasia），出自ostar或aust，意思是"东方"。希尔佩里克则在自己愚蠢的行为之后吃了大亏，他只得到了最少的土地，包含如今法国的中北部，即neust或"西方土地"，他的王国也因此命名为纽斯特里亚（Neustria）。

之后的六年是如履薄冰的和平。但现在，西吉贝尔特"凯撒的婚礼"的宣称将激怒他的兄弟们。而他对新娘的选择更是如此。

西吉贝尔特的兄弟们在自己的浪漫情事上往往是来者不拒。常常出入西吉贝尔特宫廷的牧师格雷戈里尖酸地指出，查理贝尔特、贡特拉姆和希尔佩里克往往习惯于"娶与自己身份极其不匹配的人为妻，甚至会自贬到娶自己的仆人"[7]。

应该说明的是，格雷戈里是个没脸没皮的势利小人，宣称自己的家族渊源可以追溯至400年前，所以他的攻击可能反映了对新人以及后起之秀的一些偏见。但是，在西吉贝尔特的兄弟们有着异常混乱的情感生活[8]方面，他是正确的。

在和第一任妻子离婚并娶了妻子的一位侍女之后，查理贝尔特现在已经有了第三位妻子，她是一位平民。贡特拉姆的妻子和情妇的公然不睦变得致命，最终以一个女人毒死了另一个女人的儿子结束，贡特拉姆从而刚刚恢复了单身。这已经足够淫秽不堪了，但格雷戈里还直指希尔佩里克的家庭情况，以及他对宫廷奴隶弗蕾德贡德的迷恋。

不过，与其说国王复杂的个人生活源自肆无忌惮的欲望，不如说是一种精心计划的策略[9]。法兰克国王任何被承认的儿子都是继承者，无论他是私生子还是合法的儿子，无论他的母亲是公主还是奴隶。没有儿子的国王会面临王国的不稳定，但有太多的儿子也会是个问题，兄弟间几代人的争吵已经证明了这个问题。和出身低微的女人媾合有很多好处：她可能不会为这个结合带来丰厚的嫁妆或者政治联盟，但因为她没有强大的家族可以凭借，她和她的孩子可以在必要时被轻易地否认。

布隆希尔德会意识到，西吉贝尔特选择了她就是公然反对他兄弟们的策略。与他们相比，西吉贝尔特把自己标榜成节制、冷静的罗马政治家。如果说他在与布隆希尔德结婚之前有过任何情感纠葛，那他一定足够谨慎——实际上，谨慎到出现了他可能不喜欢女人的谣言[10]。但现在，西吉贝尔特令人匪疑所思的禁欲可能得到了回报。选择布隆希尔德作为自己的新娘，西吉贝尔特是在宣称自己比兄弟们更加高贵。

布隆希尔德并不仅仅是被抚养成为一匹育雏的母马。她的父亲西哥特国王阿塔纳吉尔德没有儿子，因此她和她的姐

第二章 会见法兰克人 ［025］

姐曾受过相应的训练和教育。阿塔纳吉尔德国王还没有为大女儿的婚姻提出建议——他计划把她嫁给一个强大的贵族家庭，来巩固自己在西班牙的权力。他也愿意远嫁小女儿以获得一个外国同盟，而不是把她随便嫁给哪个追求者。阿塔纳吉尔德和他的妻子曾被西吉贝尔特的提议打动，因为法兰克人国王提出的这种婚姻——一种政治同盟，正是他们自己心仪的那一种。戈伊斯温特王后是阿塔纳吉尔德忠诚的顾问和战略家，她希望自己的女儿也能成为如她一样对新丈夫有价值的人。

现在，在教会和国际政治圈中，西吉贝尔特因为自己选择的新娘赢得了满堂彩。他兄弟们的密探应该正在发回令人震惊的八卦——西吉贝尔特公开宣称，他和布隆希尔德未来的儿子们拥有双方的王室血统，将成为整个法兰克帝国真正的继承者。

第三章　查理贝尔特的终结

婚礼之后的数月里，布隆希尔德都试着在宫廷里适应下来。梅兹不是托莱多，但由于其边缘地带的盐矿[1]，这个城市也足够繁荣。它也不是一个丑陋的城市：河流上星罗棋布着大大小小的船只[2]，周围的乡村满是"欣欣向荣的田野"[3]和绽放的玫瑰。有的事物甚至让布隆希尔德想起了故乡，尤其是建立在山丘之上的宫殿，它俯瞰着像护城河一样环绕着这座城市的河流。

透过黄金宫廷高处的窗户[4]，布隆希尔德看到的不仅仅是摩泽尔河以及横跨过它的桥梁。她还能直接看到城墙之内的一个小竞技场。角斗士比赛很早以前就被取缔了，但在这里还会举办舶来动物狩猎和逗熊游戏[5]。遗憾的是，这些似乎就是主要的娱乐了。新王后很快就发现了，就算是墨洛温王朝宫廷提供的奢侈享受[6]，其中也有一些不足之处。例如，在宅邸中有一些小丑和演员——他们是后来出现在中世纪宫廷中的吟游诗人和弄臣的前身，但是，他们吟诵的都是长篇大论的民族史诗[7]。

尽管布隆希尔德发现自己有很多仰慕者，但是没有谁能像母亲或姐姐那样提供建议或安慰。普通百姓争相围观她前往教堂；她看起来超凡脱俗，穿着明亮的束腰紧身衣和镶了金边的长袍，在叮叮当当的珠宝声中做着好事，不是分发面包，就是分发温暖的斗篷，或是数把硬币。盛宴和比赛开始时，王国的重要人物就会围绕着她，向她献上珠宝首饰。但是，布隆希尔德是宫廷里唯一的王室女性（西吉贝尔特的姐姐刚刚过世，他的母亲则在他还是个孩子的时候就去世了）。更糟糕的是，这里很少有可以和她随便聊聊的法兰克人。布隆希尔德学过语法、修辞和诗歌；她的拉丁语完美无瑕[8]。西吉贝尔特宫廷的贵族们也会说拉丁语，但他们说的往往是"过于变形的拉丁语"[9]。其他贵族以及很多侍从更有可能说法兰克语，而不是西班牙的哥特语。

在陪伴和娱乐上，布隆希尔德其实还有诗人福图纳图斯。婚礼结束后，游荡的吟游诗人一直留在宫廷里，四处寻找更多的佣金。福图纳图斯所受的古典教育就算没有超过也和她的相当，而且，他很有可能像对其他人做的那样，用自己的冒险故事让她身心愉悦：凛凛寒冬中，他穿越阿尔卑斯山脉，来到法兰克人的土地上积累财富。他甚至设法争取到了格雷戈里；崭露头角的诗人和精英牧师出人意料地成了挚友。

但很快，福图纳图斯就被叫走了。他接到了另一个委托。西吉贝尔特最年长的哥哥查理贝尔特决定，他必须有一首属于自己的古典诗歌。

查理贝尔特正值五十岁——他的头发开始发白，他的背部开始疼痛，而且，他虽然有三个女儿，却还没有一个继承人。他所有的兄弟们，比自己小上足足十岁甚至二十岁，有大把的时间来巩固王国的继承血脉。但他还有吗？

在布隆希尔德的婚礼之前，查理贝尔特还处于第三段婚姻，他的妻子提乌德希尔德是一位牧羊人的女儿，正值妙龄。当她怀孕后，查理贝尔特感到如释重负、欣喜若狂。提乌德希尔德**确实**生下了一个他渴望已久的男孩。然而，她的成功是短暂的，这个男婴"刚出生就被埋葬了"[10]。提乌德希尔德比其他的妻子都更接近于给查理贝尔特带来一个继承者。但如果她期待国王会让她回到床上再试一次，那她就错了。查理贝尔特投身到了另一段婚姻。他的第四任妻子不仅是他第二任妻子的妹妹，还是一位修女。

在教会看来，和前配偶的兄弟姐妹结婚是乱伦，同样，迎娶一位修女也是被禁止的[11]。现在，查理贝尔特的主教们无比愤慨，他的贵族们也在紧张地讨论王位继承问题。国王还能生出继承者吗？因此，查理贝尔特决定举办一个仪式，欢迎他作为征服英雄来到巴黎，再配上福图纳图斯的诗歌，这将恢复他的形象，并告诉整个法兰克帝国，哪个兄弟才是冠绝群雄。

福图纳图斯是第一次进入政治剧场，但即便是像他这样没经验的诗人也明白，在查理贝尔特的首都组织这样精心筹备的庆典是不容易的。当时巴黎的所有人口尚填不满如今的芬威公园（Fenway Park）[12]。曾经庞大的罗马城市[13]已经压缩到了西岱岛（Île de la Cité），这是塞纳河中间一块小小的地方，上面只有两座桥，一进一出。在庆典当天，进城的队伍也许很短：查理贝尔特沿着唯一的主干道——也就是现在的圣雅克街（Rue Saint-Jacques）——向北骑行，跨过塞纳河上的桥梁[14]，进入城门，然后到达圣埃蒂安（Saint-étienne）大教堂[15]，它就建在如今巴黎圣母院（Notre Dame）所在的位置上。当查理贝尔特国王在召集来的臣民前下马时，他穿着件绣金长袍，福图纳图斯宣称这是一位"因为尊严、品格、理智和正义的行为，而从日出到日落都赢得了赞美的人"[16]。

"罗马人为他鼓掌"[17]，福图纳图斯写道。西吉贝尔特也许敢在自己的婚礼上自称凯撒，但是查理贝尔特在一举成名的出场中将自己比为特殊的凯撒——"著名的图拉真皇帝（emperor Trajan）"[18]。图拉真声名显赫，征服了大部分的领土，这很可能是个明确的提醒，说明究竟谁才是真正统治最大的法兰克王国的人。观众中的牧师被告知，查理贝尔特不仅虔诚，而且拥有"一个训练有素的头脑，（能够）成熟行事"[19]。

但如果查理贝尔特认为，这样的行为就算不能让他的主教们称赞不已，至少也会吓得他们目瞪口呆的话，那他可是严重误解了主教们的心情。在法兰克人的世界，教会还是相对年轻而且脆弱的组织。我们今日所知道的《圣经》在当时也才刚刚拼凑完成，其中的六十卷被宣布为无稽之谈，并被剔除和下令焚毁[20]。这一信仰因为教义上的巨大差异而四分五裂。一方面是尼西亚基督教（Nicene Christianity），它成了后来的罗马天主教，自称相信三位一体——圣父、圣子、圣灵同等。[《尼西亚信经》(Nicene Creed)最受如今的基督徒认可，它宣称耶稣"与父同在"。]另一面则是埃及牧师阿里乌斯(Arius)的跟随者，他教导耶稣区分于独一、全能的上帝，而且服从于上帝。

这些阿里乌斯基督徒(Arian Christians)[21]——集中在西班牙、北非和意大利的部分地区——往往都安于现状。他们接纳那些追随《尼西亚信经》的人；他们的一位代表有如外交官般宣称："一群人信仰一种教义，另一群人信仰另一种教义，这不是罪过。"[22]但是相反，天主教徒们一点也不宽容，他们大声辱骂异教徒和"异教的可憎之处"[23]。

在查理贝尔特举办第四场婚礼的时候，法兰克人已经是正式的基督徒了，而且在天主教阵营里待了将近六十年。自然而然的，法兰克人教会觉得自己被重重围困——不仅仅是因为阿里乌斯教徒。尽管已经快速学会了如何去压制甚至恐吓最虔诚的人[24]，但教会依然面对来自其余的法兰克人的挑战——这些人坚持着传统的异教方式——以及来自法兰克人君主的威胁。

正是现任国王的祖父克洛维为了能够更好地统一帝国而改信了天主教。法兰克人将不仅仅只有一个国王、一个首都和一个法律，还将只有一个信仰。克洛维曾经定下了一道非正式的协议，据此，法兰克君主们将和教会协商统治。不过，对于那种关系真正的本质还在争论不休。主教们认为他们应该能在某些国家议题上一锤定音，但克洛维的儿子和孙子常常认为神职人员的职责就只是提供祝福而已。当查理贝尔特不久前强占了一块优质的地产时，这种紧张升级了，因为教会认为那是属于自己的[25]。

与此同时，教会为了对抗其他威胁到自己地位和财富的挑战，还把自己安插进狂热信徒的卧室里。主教们镇压同性情感关系，裁定修士们（奇怪的是不包括修女）绝不能再同床共枕[26]。同样是这些主教们，发现自己的性生活正在被越来越多地审查。很多人在晚年加入教会，那时已经从世俗的职务中退休；往往也有了妻妾孩子。一开始，这些看起来都没有问题。已婚男人们早就被授予圣职[27]，成为主教和牧师，一开始他们甚至都没有打算禁欲。实际上，教会要求他们节制性欲，而且只在特定的圣洁日子里做爱。然而，当这些主教时不时地繁育出更多的子嗣，他们把自己的世俗物品留给了孩子而不是教会。教会迫切想避免这样的情况，同时又不能纵容离婚，它接下来便要求所有的主教和自己的妻子"如兄如妹般"[28]生活。从情理上看，这不是个受欢迎的律令；为了加强它，教会试图找出仍然和妻子同睡的主教，并把他们革除出教会[29]。

这让查理贝尔特和一个修女的婚姻成了尤为棘手的问题。教会意识到，它不能因为更为私密的不检点行为而惩罚追随者，却忽视了国王如此公然的背德行为。最后一根稻草是567年秋天折磨巴黎的流行病[30]。已经受到侮辱的主教们决定，把这次爆发解释成对国王愚蠢行为的神圣惩罚。

查理贝尔特的九位主教计划于那年秋天在图尔城里会面，而国王——不知他是对日益恶化的紧张局势视而不见，还是对自己解决问题的能力过于自信——竟然允许这次教会会议按计划举行。那是一次惨败。当主教们在567年11月18日召开会议[31]时，国王出席了；他们竭尽全力说服查理贝尔特结束和一位修女的不伦婚姻。他断然拒绝。不久之后，查理贝尔特就为自己赢得了第一个被驱逐出教会的欧洲国王[32]的名声。

顺带一提，这位让查理贝尔特甘愿以牺牲永恒灵魂为代价迎娶的修女，之后不久就在疫病中死去了——这如主教们论证的那样，进一步证明了他们的决定是正确的。查理贝尔特错愕不已，如丧家犬般无法在自己的宫廷中立足，他仓皇逃出巴黎，躲到波尔多附近的一座别墅里[33]。他出门打猎以从一堆麻烦事中抽身，之后不久似乎就死于心脏病了。

※　※　※

被驱逐国王的遗体如何处理呢？不可能在巴黎大教堂风光下葬，也不可能葬在他杰出的祖父克洛维的旁边。相反，查理贝尔特的遗体被运到一座古老的罗马堡垒里[34]，并像异教徒一样被埋葬在一个亵渎神灵的地方，没有任何这位国王生前渴望的华丽的行列和盛大的仪式。

但是，回到梅兹，布隆希尔德和西吉贝尔特估计不太关心国王遗体的处置，而是更在乎如何处置他那可观的土地。兄弟们都会分到什么？查理贝尔特的王国是否会平分给兄弟们？还是说希尔佩里克又已先发制人地出击了？布隆希尔德应该有和在西班牙的父亲交流过。查理贝尔特的王国和西班牙接壤,她的家族也许会焦急地想知道新邻居会是谁。

在这场法兰克帝国史无前例的混乱之中,布隆希尔德的前任嫂子决定发动政变。

查理贝尔特的前任妻子提乌德希尔德是一位年轻的牧羊女,曾因为一位修女而被抛弃。但由于那位修女的死去以及那场婚姻被教会否认,提乌德希尔德现在可以宣称是国王合法的遗孀以及这片土地的王后。而王后拥有确切的特权和权力。尽管她不能命令军队或者宣布战争,但是法兰克人的传统让她能够使用王室的财富,就算不能完全掌控。国王的财宝就保存在卧室附近,从那里王后可以拿出一点礼物,来帮助自己建造有用的政治关系——给主教拿点硬币帮教会兴建土木,给贵族一把石榴石让他女儿的嫁妆更诱人。

不过,提乌德希尔德有更加庞大的计划。她拥有查理贝尔特所有的金币、银餐具、金属托盘和高脚杯,它们都被从平日存放的橱柜里拿出来装到了马车上。她无法在夜深人静的时候一个人把它们全都拖走。至少,她必须得有一些友好的宫廷守卫愿意帮她放风,还得有一小群人能在非常不引人注意的情况下,帮忙把这些金子银子打包好,并用一队马车运走。她还得找到一块地——在西岱岛城墙外一个僻静的地方,也许是一个谷仓或者其他附属建筑物——来藏这份巨额的财宝,同时想想下一步该怎么做。

如此迅捷地完成了这么多事情后,提乌德希尔德有胆量看看查理贝尔特的贵族们是否会接受自己作为王后。意外的是，有些人支持她[35]，但最终答案是否定的——如果她尚在襁褓中的男孩能活下来，贵族们也许会接纳她为摄政者，但如果没有在世的儿子，他们不接受。

虽然她的社会地位很低，但是提乌德希尔德似乎早就对罗马和拜占庭皇后们的事例十分熟悉，她们之所以能够在王位继承上有影响力，是因为她们的身体本身就是一种容器，代表了已故丈夫的权力。当一位皇帝死去，他的继承者往往会试图通过与遗孀的身体结合获得对国家的控制。提乌德希尔德审视过自己的处境，也觉察到了相似的机会：她是一位王室遗孀，更好的是，她还很年轻，想必很有吸引力，而且已经证实了她有能力生出儿子。所以，她写信给下一个最年长的墨洛温国王贡特拉姆，向他提出了一场婚姻。

贡特拉姆国王回复道："她也许会来我这里，并把她的财宝带来。我会接纳她，并在我的人民之间给予她一个尊贵的地位。她会在我这里获得比在我的兄长那里得到的更高的地位。"[36]这正是提乌德希尔德想要的答案。她带着自己的侍从和查理贝尔特的财宝一路南下，到达贡特拉姆的首都索恩河畔夏龙[37]，准备一场婚礼。贡特拉姆迎接了她，鉴定了她随身带来的金子——然后自己夺走了大部分。甚至还有更糟糕的，他嘲笑她，说她"不配"[38]和自己睡在同一张床上。之后，贡特拉姆就"把她打发到了阿尔的一个修女院"[39]。贡特拉姆继而迎娶了前妻之前的一个奴隶[40]，宣称提乌德希尔德的"不配"不是因为她低贱的社会地位，而是因为她的野心。

活着的兄弟们谁也瞧不起谁,但他们也许都认可,他们不希望查理贝尔特生前的其他女人再有任何类似的想法。为了斩草除根,他们将查理贝尔特的女儿都送去了修女院[41]。布隆希尔德在梅兹的宫殿里观望着这一切,对她来说,贡特拉姆的欺骗和兄弟们齐心协力碾碎一个女人的野心无疑蕴含了一个教训:对于法兰克的王后而言,玩弄政治是很危险的。身居高位的男人们,心怀嫉妒地守卫着自己囤积的权力。不久之后,布隆希尔德就会发现自己在他们的舞台上与这些人竞争,她相当清楚自己要面临怎样的危险。

在查理贝尔特的所有妻女中,提乌德希尔德是唯一企图反抗王室修女院监狱的人。她试图偷偷把消息送出去给一个无名的西哥特人,这个人显然早就和她相当熟悉了,她希望这个人会愿意冒着极大的风险来帮助自己。她有另一个提议:如果他能把她带到西班牙,并在那里娶她,她将带上剩余的财富逃出修女院。[42]这个西哥特人激情澎湃地同意了。

然而,要逃离一家六世纪的修女院并不容易。在她试图越狱的那个晚上,修女院院长"抓她个现行",并当场"无情地抽打她"[43],随后将她再次监禁在她的单人房间里。提乌德希尔德将在那里"忍受着可怕的折磨,直到死去的那天"[44]。

第四章　新盟友

西吉贝尔特看起来总是对自己的新娘很满意,尽管他的政治处境并不稳定,他也总是随军行动或者和顾问们一起商议要事,因而无法陪伴布隆希尔德。在福图纳图斯去了巴黎之后,布隆希尔德设法寻找其他伙伴。宫廷里有这么一个人——教育良好、彬彬有礼、爱好风雅——似乎引起了她的好奇:西吉贝尔特的私生弟弟贡多瓦尔德。

在童年的时候,贡多瓦尔德曾被他的王室家族承认过,而且被当成王子来教育,但是当他到了青春期,出于某些原因,他的父亲公开否认了他[1]。不过现在,贡多瓦尔德在哥哥们的宫廷里很受欢迎,他们甚至允许他留着王室风格的发型。墨洛温王室的男人们在童年之后不会剪掉头发,他们会让头发从中间分开,飘逸地披散在肩膀上,这是对他们力量和男子气概的展示。为此,他们的王朝拥有了"长发国王"的称号,而贡多瓦尔德也被允许以这样的形象示人。实际上,贡多瓦尔德曾经在巴黎查理贝尔特的宫廷里待过很长的时间,以至于很多人猜测,查理贝尔特要把小他许多的同父异母的弟弟培养成自己的继承人[2]。但是，在查理贝尔特的王后提乌德希尔德怀孕的时候，西吉贝尔特把贡多瓦尔德召唤到了梅兹，也许是想让他继续扮演他这位无子女兄长的替代继承人角色[3]。

布隆希尔德和贡多瓦尔德在宫廷里有某种交流，而且她很可能喜欢他，至少觉得他有意思。贡多瓦尔德在年轻的时候接受过良好的教育，而且在断断续续的流放中周游广阔。他还是个很有天赋的艺术家[4]，以教堂和礼拜堂的画家著称[5]。而且，正如之后发生的事情证明的那样，贡多瓦尔德非常有魅力并且有个性，能在各种环境中茁壮成长。从各方面来看，布隆希尔德也是一个值得铭记的人物："和蔼可亲，和谁都能轻松攀谈起来。"[6]在不同的场合里，他们都有可能成为好朋友。

但是在黄金宫廷，如果他们有互相交谈或者打趣过，那在这笑谈之下则是暗流涌动。双方为了保全自己的位置都只能以牺牲对方为代价。如果布隆希尔德生下一位继承人，贡多瓦尔德很有可能会被送走；如果布隆希尔德被证实是无法生育的，她自己的未来都会是个问题。尽管也许有人揣测过，在这两个人之间有过小小的调情[7]，但是更有可能的是，他们是在接连不断、小心谨慎地互相试探。然而，当布隆希尔德真的在婚后很快就怀孕时，在她的胜利之中也掺杂了某些对小叔子的同情。

当查理贝尔特逝世的消息传来时，他们似乎都得到了好运的祝福。查理贝尔特的死去如此突然，以至于他都没有时间亲自指定继承人；过去，贡多瓦尔德曾在他同父异母哥哥的宫廷里待过那么长的时间，有权力索取他哥哥的王国。布隆希尔德有了她的继承人，而贡多瓦尔德还能够得到自己的王国。

但有一天，布隆希尔德醒来后发现她的小叔子离开了。贡多瓦尔德的离场几乎和提乌德希尔德的退场一样迅速。

还活着的兄弟们并不希望贡多瓦尔德在自己即将得到的份额里横插一脚，因此他们开了个紧急会议。西吉贝尔特和贡特拉姆决定，虽然不应该把贡多瓦尔德完全处理掉，但除去他的锐气还是有必要的。布隆希尔德应该听说过，贡多瓦尔德不仅仅被遣送走了，他还遭到了其他象征性的侮辱。在一个长发国王的王朝里，短发曾经意味着被取消统治资格。考虑到这一传统，贡多瓦尔德同父异母的王室兄弟们剪掉了他的头发[8]，让他安于本分（他是幸运的，因为他的兄弟们决定放弃另一个选择——剥头皮）。

就算贡多瓦尔德不是布隆希尔德真正的朋友，那他至少也是她在宫廷里的一个陪伴者、一个局外人。现在，她要比怀孕之前更加孤单；她的脚踝肿胀，她的肚子疼痛难忍。布隆希尔德的母亲和姐姐远在西班牙，她们想必送来过一些令人愉快、鼓舞人心的消息。布隆希尔德已经证明了她的生育能力，而且，如果上帝庇佑，让她生下一个健康的孩子，她就完成了自己的任务。但是嫂子提乌德希尔德的命运让她不安——除了西吉贝尔特的安慰，似乎只有一个儿子——一个活生生的儿子，能保证她在宫廷里的影响和地位。

第四章 新盟友

这个婴儿是个女孩。

※　　※　　※

568年早春，剃发之后的贡多瓦尔德仓皇逃到了帝国边缘的科隆，那三个剩下的兄弟们着手瓜分长兄的土地。他们无法决定如何处理查理贝尔特的首都巴黎，因此，他们都同意让它成为一个中立区。在没有其他兄弟的允许下，任何人都不能进入或者占领它，而且他们将平分巴黎的税收。接着，他们瓜分了查理贝尔特在北方和阿奎丹剩下的土地。最后确定的地图是个古怪的东拼西凑的东西，就像是一个小孩画出来的一样。对这些兄弟们来说，分割的决定性因素是一个城市的繁荣（换句话说，它的税收），以及城市主教的威望（这将能让他的国王在神职人员中有更多影响力）。有些分割根据的则是哪些土地之前就和自己的土地接壤。

贡特拉姆已经通过欺骗提乌德希尔德得到了哥哥的财富，所以，就算只分到了地中海和大西洋沿岸的几个港口城市，他也心满意足了。希尔佩里克长久以来只拥有王国中的一小长条土地，此刻也终于得到了足够的土地，能够和兄弟们平起平坐了。但他还是觉得受到了阻碍——而且主要是来自后起之秀西吉贝尔特，他有最强的议价能力[9]。西吉贝尔特索要了图尔和普瓦提埃，这两个强大的城市不仅仅有丰厚的税收，而且就位于希尔佩里克新获得领土正中央的右侧。希尔佩里克曾希望能在大西洋沿岸有一片连续不断的土地，但在实现这一愿望后，他懊恼地发现他的领土被分割了，三分之二在北方，另外三分之一在西南方。

没有任何一个兄长会忘记，希尔佩里克在他们父亲的葬礼之前是如何试图攫取整个帝国的。而这些经历让西吉贝尔特尤其清楚希尔佩里克将不择手段夺走他的土地。前几年，一个叫作阿瓦尔的部落兴起了，这些杰出的骑手是匈奴王阿提拉古老帝国的后继者，他们曾经试图沿着东部边境入侵法兰克王国。西吉贝尔特策马出击，并向兄弟们求援。但是，就在西吉贝尔特拯救法兰克帝国免于侵略的时候，希尔佩里克不仅没有送来后援，他还决定趁乱出击。希尔佩里克围攻了兰斯和其他属于西吉贝尔特的城市，开启了内战。西吉贝尔特，这位"伟大的胜利者"，设法在两个战线都取得了胜利。他驱逐了东部的阿瓦尔人，并夺回了他在西边的城市。在保卫领土的过程中，他甚至抓住了希尔佩里克的一个儿子[10]：提乌德贝尔特王子。西吉贝尔特本可以流放他，甚至处决他。但他的侄子还只是个男孩，看起来最多十二岁，被送到战场上学习本领。（大多数法兰克王子在进入青春期之前就会在更有经验的军官的指导下开始学习战斗。）也许这就是为什么，西吉贝尔特仅仅是让提乌德贝尔特承诺不再攻击后，就把他送回家了。

现在，当法兰克帝国被摊在案板上像一块肉一样被分割时，希尔佩里克对自己分到的部分的失望再次迅速转变成了暴力。不满意于只是将领土扩大一倍以上，希尔佩里克入侵

第四章　新盟友　[041]

了西吉贝尔特刚刚继承的城市：图尔和普瓦提埃[11]。希尔佩里克甚至还让自己的儿子——就是西吉贝尔特在几年前放过他一命的那个——指挥其中一场战役，强迫他的儿子打破他曾经同自己叔叔许下的庄严誓言[12]。但希尔佩里克的部队再一次被击退了。

希尔佩里克对兄弟们无法压制的敌意究竟从何而来？一个可能的线索在于他们父母的养育：四个人有共同的父亲——克洛塔尔国王，但他们的母亲不一样。查理贝尔特、贡特拉姆和西吉贝尔特的母亲都是一个叫作英贡德的女人，她是克洛塔尔的侍女；克洛塔尔还和英贡德的妹妹搞到了一起，她生下了希尔佩里克。英贡德很年轻的时候就过世了，她的妹妹似乎当了一段时间侄子们的继母。

除了从坟墓中收集到的东西，我们对希尔佩里克的母亲知之甚少：她瘦弱娇小，身高仅五英尺，走起路来一瘸一拐，是儿时一场小儿麻痹发作的后果。在某个时间点，她不再受宠并离开了宫廷。她后来活了漫长的一生，直到七十余岁，但完全远离政治中心。也许，不爱出风头的性格正是希尔佩里克的母亲长寿的秘诀。但是，这也留下了为什么希尔佩里克的行为如此恶劣的线索。他的哥哥们倾向于抱团一起，面对这个处境，希尔佩里克长大后会觉得自己像个局外人。而且，关键是，他并没有一位强大的母亲为他辩护，确保他在父亲死后继承相应的遗产。现在，他持续不断地用入侵恐吓他的兄弟们，也不断地恐吓和勒索自己的臣民，这从他古怪的习惯——他在他的王国法令底部增加了一条："谁不服从这部法令，就把谁的眼睛挖出来"[13]——也能明显地看出来。

进攻图尔和普瓦提埃失败之后，希尔佩里克对再次失败怒不可遏。他被包围了，不仅被兄弟们团团围住，还被西吉贝尔特的新盟友——布隆希尔德的子民，西班牙的西哥特人——在最南部边界包围。如果希尔佩里克无法在战斗中赢过兄弟们，那么或许有另一个方法可以智取他们——拥有自己的外国同盟。继承了新的遗产之后，希尔佩里克终于有能力竞价，去获得一位享有盛誉的外国公主了。无论他有多享受和奴隶弗蕾德贡德的宫廷嬉戏，他都不能浪费这个可以匹配甚至超越兄弟们的政治地位的机会。希尔佩里克在寻找一位合适的、有价值的、有可能超过布隆希尔德的公主，他想没有谁能比布隆希尔德自己的亲姐姐加尔斯温特更好了。

一年前，阿塔纳吉尔德国王会嘲笑希尔佩里克的提议——为什么要把自己的长女和事实上的继承人浪费在领土最少、声望最弱的法兰克国王身上呢？但现在，希尔佩里克拥有了某些西哥特人想要的东西：与自己直接接壤的土地。希尔佩里克还提出了惊人的条件。当时的传统是，在新人完婚之后，会赠与新娘"**摩根加布**"（morgengabe），也就是"晨礼"（morning gift）。新娘的声望越高，晨礼就越奢靡。比如，西吉贝尔特似乎给了布隆希尔德特里博努姆（Tribonum）[14]——法国南部的一座豪华庄园。希尔佩里克则愿意给予加尔斯温特相当于他整个王国三分之一土地的晨礼。

这样的礼物在中世纪早期闻所未闻，在任何王国或者帝国都没有先例。加尔斯温特将掌控阿奎丹五座富裕的城市，以及整个波尔多、利摩日、卡奥尔、勒斯卡尔和雪塔[15]。一切都会是她的——它们的鹅卵石街道和城墙，它们的市民和士兵，它们奢华的庄园和丰富的娱乐竞技活动，以及它们极为可观的税收。希尔佩里克冒着无法估量的风险。如果他和加尔斯温特离婚了，或者，如果他死了（上帝保佑不要发生），西哥特公主可能会带着他三分之一的国土返回西班牙。阿塔纳吉尔德国王要是放过了这个机会，那他就是个傻瓜。

他肯定对自己的好运气极为震惊。也许他曾想过确保自己不会在东面面临法兰克人的入侵，或许他还想过能有一个孙子，可以成为西班牙的继承人。但他没有奢望过这样的结果——两个女儿在不到两年的时间里出嫁到相邻的两个王国，他的女儿们相距不过数天的路程。要是他或他的妻子有什么不测，他的女儿们都能够提供各自的支持和安慰。

但阿塔纳吉尔德国王并没有被希尔佩里克的条件冲昏头脑，以至于情愿忽视他所看到的国王的道德堕落。受到希尔佩里克花花公子的名声的告诫，阿塔纳吉尔德并没有马上接受希尔佩里克的联姻请求。布隆希尔德为了西吉贝尔特从阿里乌斯派改信天主教。加尔斯温特也将改信新夫婿倾向的宗教，但前提是，希尔佩里克确实是她忠诚的基督徒丈夫。西哥特人在这方面要谨慎得多；他们的法典禁止保留情妇[16]。因此，阿塔纳吉尔德要求希尔佩里克立下庄严的誓言，一个**神圣盟约（sacramentum）**[17]，声明放弃其他所有的女人。每一个人都明白，阿塔纳吉尔德指的究竟是谁。

这场希尔佩里克如此迫切寻求的婚姻的前提是：国王必

须发誓远离那个奴隶女孩。希尔佩里克被迫作出这个特殊承诺的事实说明，弗蕾德贡德对国王的控制已经引起了某些人的注意。似乎没有人担心他被驱逐的第一个妻子会从修女院回来，尽管她那三个合法的儿子正在他们父亲的军队里被训练成为战士，也没有人担心希尔佩里克之前的任何一个情妇会敢不尊重这位新的强大王后。但是弗蕾德贡德尤为特殊，她被看作一个潜在的问题。

希尔佩里克同意了这个要求。他更想要这个显赫的盟友，甚过任何奴隶女孩。他立刻答应把弗蕾德贡德送走。但弗蕾德贡德不会这么轻易地被抛弃。她有自己的考虑——并制定了自己的计划。

第五章　给拜占庭的信

如果布隆希尔德会因为没有生下男孩而焦虑的话,那西吉贝尔特对此似乎并不在意。他大肆庆祝女儿的出生,并以他死去的母亲英贡德为女儿命名。

对西吉贝尔特而言,568年越来越被证明是标志性的一年。查理贝尔特的死亡扩大了他的版图,现在,他的王后又已经证明了她能够生出健康的孩子;西吉贝尔特非常期待接下来将诞生的儿子们。他知道,一个帝国需要宏伟的建筑和公共工程项目,所以接下来他在梅兹开启了一场建筑狂潮[1],建造了教堂和官方建筑群,试图创造出一个杰出的首都。

西吉贝尔特全力投入保卫自己所有的边疆。他密切关注他的兄弟们,尤其是希尔佩里克,同时也研究国际格局。西吉贝尔特不再需要担忧西班牙的西哥特人或者东南方向的阿瓦尔人。图林根人和阿勒曼尼人位于东北方向,但是他们早已被他的父亲征服,现在是附属国。更北是朱特人和萨克森人,但他们也被近期的一场战役征服了。唯一让西吉贝尔特担忧的边疆在南边,和意大利接壤。在查士丁尼皇帝时期,拜占庭长期试图重新夺回意大利以再度统一古罗马帝国；实际上，正是这场战役对六世纪四十年代鼠疫的传播负有部分责任，当时沾满跳蚤的老鼠乘坐查士丁尼的军舰跨越了地中海。不过，到了568年，意大利还是在伦巴德人手中，他们金发碧眼，来自斯堪的纳维亚的南部。他们刚刚征服了这个半岛的大部分区域，破坏了拜占庭人收复领土的计划，而且迅速向北部的奥斯特拉西亚迁移。

查士丁尼已经死了，取而代之的是他雄心勃勃的侄子。查士丁二世因一场出乎意料的幸运事件获得了王位[2]——唯一的证人刚好在查士丁尼临死之时，听到他将侄子提名为自己的继承人。西吉贝尔特决定，自己下一步要与这位新皇帝交好。但是，他不想引起任何一位兄弟的猜疑，他们肯定会想尽办法阻拦他，或者急不可耐地去讨好拜占庭人。为了隐秘地做成这件事，他决定向一个不太可能的人寻求帮助——他父亲的第四任妻子拉德贡德，这个女人将改变布隆希尔德的一生。

和布隆希尔德一样，拉德贡德曾经也是一位外国的公主，之后成为法兰克人的王后。但她走向王位的路径大为不同。拉德贡德来自图林根，也就是现在臣服于法兰克王国的东北邻国。她曾在一场战斗中被俘虏为战利品，那时候她大约六岁。

在那之前，她的生活都极为艰难。拉德贡德的母亲过世了，之后她的叔叔在一场王位争夺中杀了她的父亲。当法兰克入侵图林根并当着她的面屠杀她的亲戚时，她正处于那个

第五章 给拜占庭的信 [047]

叔叔的抚养之下；似乎只有少数几个王室孩子幸免于难[3]，包括拉德贡德和她尚在襁褓中的弟弟。拉德贡德被运送到了远方，并在一所乡间宅邸中接受教育，以成为克洛塔尔国王未来的妻子之一，目的大概是为了加强国王对图林根的控制。然而，一旦到了结婚的年纪，拉德贡德就成了一位非常不情不愿的配偶。

尽管她似乎是以异教徒的身份出生并长大的，但拉德贡德欢欢喜喜地接受了基督教。她把它当成盾牌甚至是武器，来对抗她的劫持者丈夫。她不间断的祈祷和禁食让人不厌其烦；她拒绝宫廷中丰富的食物——而且之后，她严格吃素——看起来也很古怪。但是想必克洛塔尔国王最不满的是，她总是离开婚床，穿着毛衫躺在冰冷的地板上，呻吟和忏悔自己的婚姻责任。当被克洛塔尔哄骗和追赶时，她对自己的身体施行了更为极端的苦行——拖着铁链、用滚烫的铁板在身上烙上烙印。

最终，克洛塔尔似乎放弃了，转而去别处寻找更有激情的陪伴。他和他一位兄弟的遗孀搞在了一起[4]，之后和一个磨坊工人的妻子有了私生子贡多瓦尔德[5]。与此同时，拉德贡德用一系列慈善工作让自己变得更加遥不可及，她迅速投身教会工作，并和有影响力的主教们建立了关系。其余的时间，她则躲到那三座乡村宅邸来避开她的丈夫，那三座宅邸是成婚时赠与她的晨礼[6]。

如果没有克洛塔尔在图林根发动的一场政治阴谋，事情可能会以这样的方式延续下去。拉德贡德的小弟弟在法兰克王国长大，而且和姐姐关系密切。但当他长大之后，克洛塔尔越来越关注到这个男孩的政治抱负。这纯粹是疑神疑鬼[7]，就算真的存在威胁，克洛塔尔也有很多方法来处理这个年轻的王子，比如把他监禁在一座乡村宅邸里，或者把他送进修道院。但是，他选择杀了他。

这是压垮拉德贡德的最后一根稻草。拉德贡德在宫廷待的时间已然越来越少，但现在，她完全离开了。法兰克王国公开的玩笑是，克洛塔尔娶了一位修女。现在，这位王后祈求成为修女。修女院是墨洛温王朝的国王们放置麻烦新娘的地方，而且大多数王后都拒绝沦落到这样的处境里（想想四面楚歌的提乌德希尔德，她的逃跑计划被永远打破了）。但拉德贡德**欣然接受**了这种生活。

拉德贡德在一间教堂里避难，并请求备受尊重的梅达主教（Bishop Medard）授予她修女的地位。主教拒绝了拉德贡德的请求。他并不傻；克洛塔尔的某些手下早就恐吓了他，如果帮助了拉德贡德他就要受到身体上的损伤，而且，主教也知道其他人很乐意这么做。拉德贡德公开称他为懦夫，指责他"怕人甚过上帝"[8]。梅达主教最后妥协了，让王后成为执事——这个职位让她能够在某些教会圣礼中服务穷人和信徒——但是没有废除她的婚姻，也没有允诺她过贞洁的生活。

拉德贡德退守到了她在赛村的乡下房子里，并在那里建立了类似医院和救济院的机构。这让她在民众之中变得非常受欢迎，因为她提供一周两次的免费午餐、热水浴和干净的

第五章　给拜占庭的信

衣服，还有基本的医疗照顾[9]。这些举动有助于巩固她作为奇迹创造者的好名声。定期的洗澡和清洁——以及其他干预措施，例如在充满脓液的伤口上涂抹药膏——有助于对抗疾病和拯救生命[10]。拉德贡德似乎也雇佣了更多娴熟的医生，他们用草药和药膏治疗病人[11]。

拉德贡德对自己的新生活心满意足，但是数年之后，谣言四起，据说克洛塔尔国王打算来访并让她回到宫廷里。在这个时候——也许是绝望者的最后反抗，也许是她对自己施加的匮乏饮食和强烈忏悔行为产生的实际结果——拉德贡德宣称看到了一系列的幻象，其中，上帝让她建立自己的修女院。之后，拉德贡德依靠她小心谨慎建立起来的宗教关系，得到了强大的图尔和巴黎主教的支持。毕竟，如果**上帝**都让她建立一座修女院，那确信无疑，他们不该拒绝**他**。

克洛塔尔并没有被说服。他还在求自己的王后回去。作为回应，拉德贡德增加了对肉体的苦行，穿上"最粗糙的毛衫"[12]，施行极端的禁食和整夜的守夜。克洛塔尔接着试图唤起她的同情，恐吓她说"除非能让她回心转意，否则他都不想活下去了"[13]。但之后，拉德贡德和国王针锋相对，宣称**她**"决定结束自己的生命"[14]而不是回到国王的床上。尽管她无比虔诚，但她发现她的丈夫是如此令人厌恶，以至于她宁愿遭受永恒的诅咒，也要逃避自己的婚姻责任。

国王的婚姻陷入僵局的流言传遍了皇宫之外。克洛塔尔的主教们似乎建议过他，强迫一位虔诚的女人、一位王室女性进入性关系，对他来说是很粗鲁的。克洛塔尔也清楚，他那年轻、受欢迎的妻子被发现死于自杀，对自己的公共形象毫无益处。最后，克洛塔尔让步了。拉德贡德得到允许，可以将自己奉献给上帝，而克洛塔尔满腹牢骚地把王室土地捐赠给了她的新项目。

拉德贡德在六世纪五十年代建立的机构，普瓦提埃的圣十字修女院（Holy Cross Abbey），是法兰克王国最早建立的几座专门的修女院之一[15]（直到一千多年后的法国大革命时期它还存在）。从这一步开始，拉德贡德逐渐成为一个重要的政治和宗教角色。她不再是王后，但实质上等同于王后。虽然被禁止走入世界，但她让世界走向了她：拉德贡德在她普瓦提埃的基地欢迎政要并接待外交官，包括来自拜占庭帝国宫廷的代表们。因此，自然而然，拉德贡德就成了西吉贝尔特和布隆希尔德寻求帮助的对象，并开始帮助他们夺取对所有法兰克王国的控制权。

拉德贡德的宗教野心成为她世俗野心的完美掩护。她急于用珍贵的遗物——宗教世界的"货币"——来证明和提升她的新修女院。这些遗物往往是圣人骸骨或其他遗骸的碎片，拥有圣物箱的机构能够吸引参观者和朝圣者——以及他们丰厚的捐赠。自从拜占庭皇帝实际上占领了和耶稣以及最早一批殉道者有关的圣地后，可以说他拥有了大部分高级别的遗物，包括被认为在早期中世纪世界中最有价值的那一个：真十字架（the True Cross）。

西吉贝尔特和布隆希尔德派遣密使前往拉德贡德的修女院。福图纳图斯随即跟到，大概是想帮忙琢磨琢磨这封王室信件。接着，正如一位外交官向拜占庭人提议的，拉德贡德送出使者，正式请求一块真十字架的碎片。

然而，与她的神职人员一起到来的还有一首长诗，这首诗写给拉德贡德的表哥，他当时正被流放到拜占庭的皇宫。这首诗流传了下来，题目是 ***De excidio Thoringiae***，即《关于图林根的毁灭》。它明确指出了讲述者是拉德贡德，详细描述了法兰克人入侵她的家园的儿时经历，提供了只有幸存者才会知道的细节：比如，宫殿的拱形天花板是什么样的，或者被屠杀的宫廷侍从的发色[16]。这是那个年代最杰出的政治宣言。所以，自然而然，这首诗的作者依然有待商榷，因为，一个受过良好教育、有着敏锐头脑、常常写诗[17]的女人，显然是不可能写出这样的作品的。相反，历史学家们长期以来都声称，它是福图纳图斯写的，尽管语气和韵律和他的其他作品大相径庭[18]。近几年，有人重新思考，并认为这首诗是拉德贡德自己写的[19]，或者认为，尽管福图纳图斯可能帮忙处理了形式和节奏，但至少，她必定在诗歌写作上有过大量的投入[20]。

拉德贡德的诗歌不仅彰显了一位（女）政治家的才能，而且本身也是一篇杰出的艺术作品。它让人们深入了解征服文化是如何影响个人生活的，在当时的编年史和史诗对辉煌战斗的描述中，这个视角是缺失的。拉德贡德转述了令人心碎的插曲——一个被俘虏的女人，她的头发是如何被"撕扯"[21]的；"一个妻子赤裸的双脚"又是如何"踏入他丈夫的血泊之中"[22]；以及"当一个孩子被从母亲的怀中抢走"直至死亡时,他如何"直直地盯着母亲的眼睛"。但是,这首诗跨越时间传递给我们的,那即将紧紧抓住我们的心的,是拉德贡德对战争期间及之后她自己情感状态的描述,这是她整个童年时期的心灵创伤。她说,袭击发生后,她害怕极了,哪怕一刻都不敢与表哥(诗歌的致辞对象)分开:"我饱受焦虑的折磨,倘若我们不再在同一个屋檐之下;倘若你只是踏出门槛,我便觉得你要永远离开。"[23]即便在过了一生之后,她悲叹道若能和其他人一同死去也会好得多:"命运垂顾被敌人击败的人们;我独自存活,为众人哀哭。"[24]拉德贡德又描述道,如今对她兄弟的谋杀如何撕开了陈旧的伤口,她如何为了他的死亡而自责[25]。童年的经历给拉德贡德留下了深刻而持久的精神创伤,使她过度警觉,并对自己的幸存充满愧疚,这些情感是如此强烈,以至1500年后的我们也能感同身受。

为什么在试图获得宗教遗物的时候,拉德贡德会把这样一首痛苦且炽烈的诗歌寄送到数百英里之外呢?尽管这首诗是寄给她的表哥的,但它曾在整个拜占庭王宫里被大声朗诵过,正如所有王室信件那样,拉德贡德早该明白这个外交礼节。她是在试着唤起同情吗?她是在试着证明自己是个虔诚的女人,没有政治动机,对世俗世界及它对战争的狂热彻底心灰意冷吗?都有可能。而且,为什么要向亲历过的表哥详述法兰克人带来的破坏?难道这首诗也暗含着某种威胁?看看法兰克人犯下的暴行吧!拉德贡德似乎如此呐喊。能在眨眼之间就将"艺术一度昌盛的宫廷"化成"悲哀而灼热的灰

第五章 给拜占庭的信

烬"[26]的人，没有人愿意与他们为敌。幸运的是，拉德贡德吐露心声，这些残暴的人现在"虔诚地尊我为母亲"[27]。她似乎把自己当成了中间人。这是绝妙的外交手腕。

回复不是来自皇帝，而是皇后。尽管富于野心，但查士丁二世并没有成为拜占庭皇宫的主导人物。相反，他威严而又能干的妻子索菲亚让他黯然失色，她是显赫一时的西奥多拉皇后（Theodora Empress）的侄女。如果奥斯特拉西亚的大使和密探们完成了自己的任务，西吉贝尔特和布隆希尔德便早已经获悉了这个事实。也许，索菲亚一直以来就是他们预想中的收件人，而拉德贡德只是把她的诗歌包装成了一个有权力的女人向另一个有权力的女人的请求。

索菲亚皇后把价值连城的真十字架碎片送给了拉德贡德。整个普瓦提埃都为之狂喜，但镇上的主教拒绝参与庆典。他不乐意被一个受欢迎、有魅力的修女抢了风头，这个修女现在还拥有了比自己大教堂里所有遗物都要好的遗物。他曾经期望能主持一场宗教仪式，借机正式恭迎真十字架，但现在，他离开了小镇以免被迫参与这场庆典。拉德贡德向西吉贝尔特抱怨道，"她的灵魂在战斗中燃烧"[28]。国王马上就介入了，派另一位主教代替他行事。福图纳图斯为这个场合作了诗篇以示支持；直到今日，耶稣受难日时，教堂中还会传唱其中一首《王的旗帜》（*Vexilla Regis*）。人们用与这个伟大遗物相匹配的盛大仪式和典礼恭迎了真十字架的就位。

之后不久，一个额外的礼物从拜占庭到达了普瓦提埃：一本嵌有黄金和宝石的《圣经》，随之而来的还有一位王室特使。特使们往往只处理重大的外交事务；他们才不是一个女人向其他女人递送礼物的普通信使[29]。当这本满是宝石的《圣经》被送到圣十字修女院时，特使显然还有其他任务。不久之后，西吉贝尔特向君士坦丁堡派送一位官方大使，奥斯特拉西亚和拜占庭皇帝之间的联盟正式成立[30]，勃艮第和纽斯特里亚都无法将其废止。

这次合作也给了布隆希尔德一个机会来建立自己的联盟。在这个缜密的过程中，信使们来来往往，拉德贡德感谢了王后的帮助；修女院院长之后还说她"深深地爱着"[31]布隆希尔德。而在宫廷中依然孤独的布隆希尔德，迫切地需要一位盟友兼朋友。

拉德贡德对布隆希尔德的善意扩及到了她的全家。当布隆希尔德的姐姐加尔斯温特作为希尔佩里克的未婚妻于568年7月[32]到达法兰克的土地上时，她带来了甚至比自己的妹妹当时所带更多的财宝和华服，拉德贡德是第一个欢迎这位公主到来的人。"怀着母亲般的爱，温柔的拉德贡德迫切地想要见到她，以便为她提供任何帮助"[33]，福图纳图斯又叙述道，她们俩"亲密地交流"。毫无疑问，这位前王后传递了布隆希尔德的美好祝愿，同时提供了自己的支持。

不过，加尔斯温特很快就离开了普瓦提埃，向北前往鲁昂，希尔佩里克守候在那里准备了一个欢迎仪式，甚至比自己的哥哥给予布隆希尔德的还要盛大。他让军队向西开拔了一百多英里，这样他们就能在塞纳河"靠近弯曲的河道"[34]附近，在他的新娘刚一下船的时候就见到她。迎接加尔斯温

第五章　给拜占庭的信　　[055]

特的不是宫廷贵族，而是希尔佩里克的全部军队，他们屈膝恭候[35]，宣誓效忠他们的王后。希尔佩里克做事从不有所权宜。加尔斯温特的婚礼并不是在哪座改建过的大教堂的大厅里举行的，而是在鲁昂的大教堂。

✠ ✠ ✠

接着，此后六个月不到，第三场婚礼即将举行。这次不是在大教堂，只有屈指可数的几个贵族快速聚集在一座王室庄园的大房间里。

在第三场婚礼的一个星期之前，希尔佩里克国王和加尔斯温特王后发生了争吵。当她狂暴怒吼时，人们看到信使们时不时地从宫殿里出来，向她的妹妹和母亲传送信函和消息。加尔斯温特又一次捉奸在床：希尔佩里克和她的女奴弗蕾德贡德。王后十分震怒，"他对她没有丝毫的尊重"；她对"自己不得不忍受的侮辱"感到心烦意乱[36]。她想回家。真的有这么不堪忍受吗？被这样愚弄的话，答案是肯定的。而希尔佩里克又是个暴脾气！她要回家，即便那意味着她要把巨额的嫁妆留下。

在那之后的一个早晨，人们甫一醒来就目睹了可怕的一幕。加尔斯温特被发现死在了床上，她在睡梦中被勒死了。

三天后，弗蕾德贡德穿着染得鲜艳的亚麻布，戴着她前任的珠宝，站在祭坛前，朝着希尔佩里克微笑。

第六章　奴隶王后

在法兰克人的婚宴上，桌上堆着满坑满谷的食物，我们现在也能轻易辨认出它们：比如，一条条的白面包[1]，汁水满溢的牛肉，洒了盐和胡椒的胡萝卜和芜菁[2]。法兰克人对培根的喜爱十分出名[3]，他们也非常喜欢甜食，甚至于国王们拥有众多当时的"糖厂"——蜂箱[4]。蜂蜜是用来让特殊场合使用的蛋糕变甜的。

即便弗蕾德贡德的婚礼筹备得非常匆忙，但依然提供了某些种类的婚礼蛋糕，甚至还准备了一只婚戒。希尔佩里克套进新王后手指的这只戒指，上面镶有一颗石榴石[5]，是从印度的一个矿场一路运送过来的。这些石头风靡一时，甚至比钻石还珍贵。她其余的新珠宝也是从这样远的地方运来的。缠绕在她脖子上的琥珀项链来自波罗的海，耳环上镶嵌的青金石则来自阿富汗。珠宝从东方流入，奴隶们则像弗蕾德贡德一样，被马车从北方运来，他们的手臂上绑着黄麻绳子。

究竟，这位名为弗蕾德贡德的红发奴隶王后[6]来自**哪里**？

她是被遗弃在门口了吗？还是被出售用来还债？还是像

最有可能的那样，在小时候被抓的？征服是驱动中世纪早期历史的转轮。人们争先寻求一个离开农场的机会，去追寻一场伟大的冒险。几乎每个人都有这样一个传闻中的朋友，他去打仗后带回了足够的战利品，能够买下一个更大的农场，或者吸引到一个出身更高贵的妻子。同样，几乎每个人都知道这样的故事，总有些人最后成了奴隶，被当成战利品的一部分带走。

劫掠而来的战利品可能同时包括贵族和农场工人；无论他们人生的前一站是什么，之后他们都将被戴上枷锁、装上推车[7]，运到等候在地中海港口城市的船只上。不过有些人就只是被送到最近的大城市，被迫为拥有他们的贵族或者国王服务。这也许能解释弗蕾德贡德是如何停留在苏瓦松的宫殿里的，她在那里努力吸引希尔佩里克的第一任妻子——奥多韦拉王后——的注意，正是她把弗蕾德贡德从厨房女佣提拔为了王室侍女。但凡事都难以预料。虽然法兰克人热爱起源故事——正如他们的神秘海怪传说和特洛伊战士故事证明的那样——但是关于弗蕾德贡德确切出身的历史记录却一片空白。

后世的人试图为弗蕾德贡德找到一个出生地，甚至给她某种名号，叫她康布雷的弗蕾德贡德，或者蒙迪迪耶的弗蕾德贡德[8]。但在作为王后的统治期，她压制了任何关于她的出身的讨论。并不清楚她的父母是否死亡，或者她希望他们如此。至于她的远亲，历史记录并没有提到她任命过某个亲戚，而其他奴隶在获得有影响力的地位后通常会那样做。没有迹象表明她是否编造了个不伦不类的故事，比如她是仙女或海妖的后裔,来美化她的形象。可以确定的是,如果有谣言说,在弗蕾德贡德的家族中,某个亲戚有座摇摇欲坠的罗马别墅,她就会利用这个来抵御整个法兰克王国对她的窃窃私语——**暴发户**、**篡位者**。但她没有编造一个类似的故事,也没有让强大的新丈夫为自己制造一个,这说明一个事实,即有足够多的人知道弗蕾德贡德究竟来自哪种家庭——洗地板、清理马厩以及倒便壶的那种。但是现在,她如何控制了他们的国王?她要让他做什么?

因为假如希尔佩里克**真的感到**悲痛,那他就不可能做出更糟糕的事情了。他没有就加尔斯温特的早逝向他的臣民发表任何讲话,也没有下令搜寻行凶者,或是发出悬赏令。没有人被问询或者受惩罚,甚至连那天晚上看守王宫寝室的守卫们也没有被问责。

福图纳图斯的朋友格雷戈里清楚地说出了整个法兰克王国的猜测:"希尔佩里克下令勒死加尔斯温特……接着她被发现死在了床上。"[9]

此后的几个世纪里,加尔斯温特的谋杀在艺术作品中被刻画了无数次,指责的对象往往都是希尔佩里克,以至于在手稿插图和画像中,这位纽斯特里亚国王头戴皇冠、笑容放荡,用一块布缠住他沉睡的妻子的脖子[10]。在某些版本中,弗蕾德贡德旁观在侧[11]。不管弗蕾德贡德是不是真的催促他这么做,但她知道人们都认为她巧妙地解决了一个情敌。

一个多世纪后流传的一个故事[12]宣称,她最初是通过智取希尔佩里克国王的第一个王后来吸引国王的注意的。希尔

第六章 奴隶王后 [059]

佩里克外出攻打萨克森时，奥多韦拉生下了她的第五个孩子，据说弗蕾德贡德曾对她的王后说："夫人，吾王陛下即将凯旋。如果他的女儿未曾受洗，他怎能满心欢喜地接纳她呢？"[13]

于是，一场匆忙的仪式举行了，故事继续说道，但是没有一位贵族女性可以当教母。所以，弗蕾德贡德怂恿奥多韦拉当自己女儿的教母："永远找不到一个人能像您这样接纳这个孩子[14]。您自己来带她就好了。"但这是个诡计。教会律法规定，父母的任何一方都不能和子女的教父母有性关系。当希尔佩里克从战场上回来时，弗蕾德贡德确切无疑地让他知道发生了什么："陛下今天晚上要和谁就寝呢？[15]因为我的王后夫人是您女儿的教母了……和您是灵魂相合吗？"希尔佩里克轻描淡写地回答："如果我不能和她睡觉，就和你睡。"

这个故事不可能是真的。在六世纪六十年代，教会等级制度还很难让人们不再和自己的叔嫂弟妹、姨娘叔伯睡觉。官方关于"精神乱伦"[16]——和教父教母们睡觉——的禁令，直到弗蕾德贡德死后一个多世纪才开始推行。但这个故事很有启发性，因为它说明，后来的编年史家发现，一个没有接受过正式教育的奴隶竟然比王后更熟悉教会洗礼律法的技术性细节，这是合理的。弗蕾德贡德不仅仅有机敏的名声，人们也认为她识字。在当时，贵族妇女能识字是正常的，因为她们被要求监督后代的教育。而一个奴隶女孩怎么会识字呢？然而，有大量证据显示[17]，习惯用法兰克语交流的弗蕾德贡德曾经学过拉丁语的说与读。

这样一个聪明的女人一定知道，在希尔佩里克和加尔斯温特婚礼前夕大发雷霆，必定会让自己被赶到修女院，或被发配到任何远离政治权力中心的偏僻庄园里当个厨娘。用一种老练愉快的漫不经心来应对婚讯更有意义。她回到了自己在宫廷里的岗位——她被公开降级、不再是王室情妇了，但她确定，这个位置能让希尔佩里克在走廊或者庭院里瞥见她，诱使他回想起更加轻松愉快的时光。

现在，希尔佩里克已经让她成为了自己的王后，但是，弗蕾德贡德并不清楚她应该回报国王什么。她很有希望能为他生下孩子，但希尔佩里克已经有继承人了——三个健康的男孩——未来的将军们，以及一个等待出嫁的可爱女儿。他究竟想从弗蕾德贡德这里得到什么呢？如果她给不了，她的命运又会如何呢？当她钻进几天前前任用过的那床被子里，即便她用了一切力量虚张声势，弗蕾德贡德也必然颤抖不已。

⚔ ⚔ ⚔

"托莱多为你送来两座高塔，高卢，"福图纳图斯如此提及两位西哥特的公主。"第二座倾倒破败，"他写道，然而"第一座依然伫立"。[18]

勉强如此。

就在加尔斯温特婚礼后的数月，布隆希尔德就接到了她的父亲疑因心脏病发而倒下身亡的消息。当第二个消息传来时，据说布隆希尔德大惊失色[19]，那是加尔斯温特惊恐万分的贴身女仆送来的。

在不到十八个月的时间里，布隆希尔德失去了她的故乡、她的父亲，现在是她唯一的手足。她在陌生的土地上孑然一身，她甚至很难理解这里的方言。描述事件的转折时，福图纳图斯将这出悲剧比喻成"在薄冰上失足"[20]。布隆希尔德如何能承受这一切？她年轻、灵巧，身后有着一个强大家族的支持，这些于她而言是有帮助的，但是，同样的这些条件并不足以拯救加尔斯温特。而布隆希尔德也大概明白了，法兰克人法律的特殊性质意味着它保护自己的力量是极其有限的。

西吉贝尔特的祖父、伟大的克洛维国王，曾经试图为所有法兰克人建立起一顶皇冠和一座首都。但这二者都没有保留下来，不过他的法典留了下来。他的《萨利克法典》（*Lex Salica*）——影响长达几个世纪，后来欧洲诸王国的法律体系也是据此建立的——对常见罪行处以相应的罚金，即赔偿金（wergeld）。杀死一个法兰克自由男性的赔偿金是两百索里达（金币）。而杀死一个罗马人的赔偿金只有一百索里达。帝国中赔偿金最高的是正值育龄的自由女性，已怀孕的女人甚至可以更高。一个普通的法兰克女人能够要求的赔偿金等同于贵族女性的赔偿金——六百索里达，如果她怀孕了则能达到七百索里达。

根据《萨利克法典》，法兰克王国的女人拥有比罗马法律给予的更大的价值和权利，甚至高过了绝大多数中世纪和文艺复兴时期王国中女人的价值。然而，尽管法典的条款看起来是进步的,但一个女人的价值与她的生育潜力直接关联,包括她能够生育更多战士或王子的能力。对于一个刚进入育龄年龄的王后,正如加尔斯温特那样,赔偿金是不可计数的。但谁有权力找到杀她的人并让他赔偿呢?

如果布隆希尔德满脸泪痕地直接去找西吉贝尔特,恳切哀求,他可能会分担她的愤怒。趁其熟睡时杀死一个无力自保的女人——这样的行为违反了上帝和人类的法律!但是,一个墨洛温王朝的国王不能独断专行。他至少需要部分朝臣的支持。

布隆希尔德在朝廷中当然也有影响。她的着装被模仿,她的发型也风靡一时。她吃什么、穿什么、喜欢哪个音乐家和诗人——这一切都被人密切跟风。但让一屋子的战士们突然宣称喜欢吃烤鸭并不是真正的力量。她需要的是建立政治同盟,是编织出一百条线——在和盯着看她吃了什么的战士领主之间、和为她取来衣服的侍从之间、和为她祈祷的神职人员之间、和在她睡觉时为她守门的守卫之间——并把这些线编织成网,假如她滑倒了,这张网将足够强大到能接住她。

第七章 国王的人马

西吉贝尔特有条不紊地完成着组建联盟的工作，专注于自己的雄心壮志，甚至显得有些慎重呆板。希尔佩里克则相反，他东一榔头西一棒槌。当他颇具声望的新娘加尔斯温特带来的新鲜感过去之后，希尔佩里克意识到自己把王国那么大一块土地抵押出去是多么愚蠢。一旦这对新婚夫妇开始激烈争吵，希尔佩里克就会产生把她装上船送到修女院的想法，但他可能也担心她会步拉德贡德的后尘，在他的土地上把自己塑造成一个非正式的王后。

当加尔斯温特的父亲猝然离世，希尔佩里克想到的却是一个既能解决这个问题又不会因此带来恶果的机会。和法兰克人不同，西哥特人的王权不是世袭的。当一位国王倒下，地主贵族们就会聚议选出他的接班人。他们这么做的时候，西班牙就会进入正式的空位期，因此在几个月内都无力对外发动战争。

据说，在加尔斯温特被谋杀后不久，希尔佩里克流过几滴也许真诚的眼泪[1]：他很遗憾事情变成了这样。但那无关个人情感；加尔斯温特对他已经没有用处了。

但弗蕾德贡德则对他用处很大。显然，希尔佩里克不可思议地迷恋着她。而他的迷恋也解决了几个问题。一个出身低微的女人意味着他不需要处理王后娘家的强大势力；无论他给她的晨礼有多微薄，她都会高兴。希尔佩里克早已有了一大堆合法的继承人，以及可能不计其数的秘密床伴。他想要的似乎是一个能够分担他的无情与神经质的妻子——一个能够帮助他扩张王国、战胜兄弟的伙伴。为了这个任务，弗蕾德贡德在王室宅院中作为奴隶的过去并不完全是件坏事。它也许很有用。她早就听过无数的流言蜚语，也在纽斯特里亚贵族的厨房和卧室里建立了遍布耳目的网络。她知道所有事情——哪个主教和他的侍女睡觉了，哪个公爵和随身男仆好上了；哪个贵族喝醉了威胁要割开另一个贵族的喉咙。她已经习惯了服低做小，并把它变成自己的优势。

而布隆希尔德也学习得相当迅速。当然，她拥有受教育的特权。她从小就玩着用黏土制成的动物玩具和用象牙制作的娃娃[2]。她有保姆和私人教师；有一群侍奉左右的仆人。但布隆希尔德并不总是个公主。他的父亲曾经是一位贵族将军，反抗过前任国王。虽然是阿塔纳吉尔德在战场上大显神勇，废黜了前任统治者，但在"幕后战役"中，是他的妻子戈伊斯温特发挥着举足轻重的作用（如果不是领导作用的话），帮助他赢得选票，成为一位合法的国王。布隆希尔德自小看着她的母亲巩固权力、了解地势、广交朋友。现在，布隆希尔德试图以她的母亲为榜样。

第七章　国王的人马

然而，法兰克王国的政治形势几乎是西班牙的反面——在这里，王权是世袭的，不是选举出来的，但贵族等级是选出来的，而且大部分是临时指派的。在这个王国只有两个主要的头衔：*comes* 和 *dux*。*comes*，或者说伯爵[3]，是指定的城市管理者，负责计算和收缴税收。为了完成这个任务以及保卫城市不受攻击，他掌控有武装人员，可以认为那是早期的警察。高一级的等级是 *dux*，或者说公爵[4]，他是熟练的战士，有足够的号召力，能号令自己的私人军队。虽然公爵们主要是执行军事战役的军官，但他们也会被任命为外交官或者法官[5]。在法兰克领土上似乎有二十几个伯爵，以及大约四十个公爵[6]。其他获得头衔的机会来自皇室内部的任命，比如王室侍从或者王室治安官（出自拉丁语词汇 *comes stabuli*，或称"马厩伯爵"）。

这些被任命的贵族往往是从已经立足且有影响力的家族中选出的，但这不是世袭的；社会等级是有争议而且流动的。无论他们的背景是什么，没有一个贵族能高枕无忧地享有这份差事。大多数人一般在掌权几年后，就会失去他们的头衔，有的时候还包括生命[7]。虽然也有少数伯爵或公爵试图让他们的儿子或其他亲戚成为自己的接班人，但那还得再花上半个世纪才能让这些等级成为世袭的[8]。

虽然地位并不稳固，但这些贵族们并不是完全没有权力。布隆希尔德可能会意识到，西吉贝尔特和他的兄弟们一样，十分仰仗他手下的贵族们，因为他的领土十分分散。在他最北部的领地上，乡镇之间的平均距离是六十五英里[9]，不论骑马还是乘马车都需要花费超过十二个小时。如果侵略者攻击了像科隆这样的前哨，在梅兹的西吉贝尔特需要三天才能收到消息。他需要依靠他的贵族们来抵御侵略者——甚至是来自他自己家族内部的挑战。

即便他的边境和王位相当稳固，一位墨洛温王朝的国王也需要帮助。他不只是一个战士；他还是一位管理者，深陷文书工作之中。他需要会晤外交官、决断宫廷事宜、制定法律条文、收缴赋税。再加上行程和递信所需的时间，他的日常工作效率低下。一个不满的贵族会让情况恶化，他会破坏贸易谈判、将税款转移他处，甚至还会煽动叛乱。如果几个贵族联合起来，威胁就更大了。

布隆希尔德快速调查了她丈夫宫廷中的贵族，并把他们分成了三个主要的派别。所有派别都想确保奥斯特拉西亚的存活，但是关于如何实现各自有不同的想法。

一派想和拜占庭帝国有密切的联盟关系。

另一派想和希尔佩里克以及纽斯特里亚王国有更好的关系。

而第三派则希冀奥斯特拉西亚与贡特拉姆联合，把希尔佩里克挤出去。在加尔斯温特的谋杀案后，布隆希尔德迫切希望能跻身的正是这个派别。

这个反希尔佩里克的队伍是由她早已熟悉的人——戈哥伯爵——领导的。这位雄辩的外交官[10]曾被派往西班牙协商她的婚事，而且，在回到奥斯特拉西亚长达一个月的返程中，两人也有熟络的机会。在婚姻被证实很成功之后，戈哥曾被大力提拔以示嘉奖——在年仅二十三岁[11]的时候，他就成了国王的首席顾问——宫相——之一了[12]，这个职位类似于现在的国务卿，因此就算不完全是感激，戈哥早就有额外的理由，对布隆希尔德心怀起码的感谢和恭敬。

戈哥并不是出自贵族之家；他的生活的提升有赖于他的机敏、一流的传统教养以及在人际关系上的天赋[13]。为了弥补家庭关系上的缺失，戈哥和古罗马贵族的子孙结盟。当征伐的法兰克人指挥军队时，来自这些家族的人们往往主导着教会和文化生活。其中一个罗马文化领袖是迪纳米乌斯，新任的普罗旺斯总督。风度翩翩、温文尔雅的迪纳米乌斯不仅仅是一个城市领导者，还是一位卓有成就的诗人和高产的作家[14]。就连福图纳图斯也被迪纳米乌斯的文学才华（也许还有他英俊的外表）折服了。福图纳图斯写给普罗旺斯新朋友的诗充满少见的亲昵，他甚至按照当时的风俗，将迪纳米乌斯致敬为"我的爱"和"我的光之源泉"，而且似乎十分想念他，宣称"望眼欲穿，你和我，心连心"[15]。福图纳图斯对迪纳米乌斯的依附说明，为什么这位意大利诗人也发现，自己和宫廷中的反希尔佩里克一派有着松散的关系。和福图纳图斯一起到来的还有他的朋友格雷戈里，以及教会中其他的罗马盟友。

这些诗人和主教们是由一个更为实干的人召集起来的：沃尔夫。他和迪纳米乌斯以及格雷戈里一样，都是古罗马家族的后代，那个家族拥有香槟地区平原上广袤的土地。但是，与和他相同处境的人通常寻求的路径——投身公共服务或教会事业，或监督乡村庄园的悠闲生活——不同，沃尔夫加入了军队。他希望这是个在法兰克国王手下晋升的稳妥方式，而他的赌博有了回报。沃尔夫在北方与丹麦人和萨克森人战斗[16]，凯旋之时，西吉贝尔特国王嘉奖他香槟公爵的头衔。

现在，这个派别——野心勃勃的伯爵戈哥、温文尔雅的总督迪纳米乌斯，以及战功卓著的战士沃尔夫——看到了在宫廷占据上风的机会。他们王后的姐姐被谋杀了，而加尔斯温特的晨礼，即希尔佩里克王国三分之一的土地归属尚且不明。还会有比这更吸引人的理由——保卫王后的荣誉和索取丰饶的土地——去进攻纽斯特里亚吗？尚不清楚究竟是谁和谁联系组建了这个联盟，但显然，与布隆希尔德合作是明智的。

在西吉贝尔特的宫廷，亲纽斯特里亚派竞相阻挠对希尔佩里克任何可能的报复。这个群体由沃尔夫公爵的死敌、兰斯主教埃吉迪乌斯率领。两个人的家族在香槟地区都拥有非常可观的土地；他们长期陷入领土争端之中。对于位于奥斯特拉西亚和纽斯特里亚边境上的那些土地，像埃吉迪乌斯这样更为谨慎的人似乎会担心，两个王国之间的战争也许意味着他的土地将被入侵和征用。

但埃吉迪乌斯更愿意自居于家族竞争和世俗事务之上。他毕竟是一位主教。西吉贝尔特和希尔佩里克早就互相扼住了对方的喉咙。以上帝之名调和这两位国王堪称壮举；促成此事的圣人将在天堂获得极大的回报。

埃吉迪乌斯阵营的其他人毫无疑问也有相似的看法，他们试图阻止一场旷日持久的内战并统一法兰克王国。不过，他们阵营中都是信仰法兰克传统的人，这些人尊重本民族的野蛮人历史，对舶来的罗马风俗少有热爱。他们的领袖是乌尔西奥公爵及其王室伙伴贝尔特弗雷德公爵。乌尔西奥不信任外来者；尽管他热爱征服和掠夺，但是他不想和其他法兰克人同室操戈。他怀疑外国盟友，尤其是外国公主，这在后面的事件中有所证实。

傲立在这个分歧之间的是贡特拉姆·博索。女士们在宫廷中对他频送秋波；男人们则退避三舍。

贡特拉姆·博索公爵[17]是我们已知的在法兰克王国唯一拥有两个名字的人——大概是确有其必要。由于他是如此显赫，以至于贡特拉姆公爵的事迹能够和另一位著名的贡特拉姆——勃艮第的国王——相提并论，甚至让后者相形见绌。

贡特拉姆·博索生来就有种世间难得一见的蛮勇之力。如今，他也许会成为一个明星四分卫或者奥运会选手；在六世纪，博索公爵在战场上大放异彩。他可以策马奔驰，轻轻松松就砍倒几十号人。就算是沃尔夫这样经验老道的战士，也无法企及博索在剑术上的造诣。在推崇勇士的世界里，他享有近乎神话般的地位。这种奉承也相当自然地让贡特拉姆·博索变得目中无人、骄傲蛮横，说话口无遮拦。这位公爵享有更少的约束，因为国王和其他贵族们都希望博索能继续为奥斯特拉西亚而战,而不是反对它。

公爵似乎领导了西吉贝尔特宫廷上的第三个政治派别,即亲拜占庭派[18]。但也许,把它看成亲博索派更为合适。贡特拉姆·博索只在名义上服务于奥斯特拉西亚。人人都知道,他的个人利益排在首位,只是人们往往并不清楚那个利益究竟是什么——即便博索自己也不明确。假如他提倡和拜占庭人有更密切的联系,那不是出于任何理念上的原因。更有可能的是,博索被拜占庭宫廷的魅力和财富迷住了,梦想着得到比在奥斯特拉西亚能得到的更大的荣耀。

正当西吉贝尔特的庭臣们为了如何应对希尔佩里克最近的侵略争吵不休时,戈哥一派可能正在幕后运作怂恿博索公爵。近期不会有任何和萨克森人或丹麦人的对外战争,和纽斯特里亚的战争能够填补空白,还能提供一个机会来展示他的英勇并收获更多战利品。而当贡特拉姆·博索暗示自己不会反对他们时,尽管亲纽斯特里亚派牢骚不断,但戈哥一派说服了西吉贝尔特。

他们有一个计划。布隆希尔德的身体一直都有政治意义。现在,她的悲痛亦是如此。福图纳图斯在普瓦提埃哀悼,他在那里的住所靠近乐善好施的拉德贡德。他被委托为加尔斯温特撰写一首正式的挽歌,这么做的目的似乎是要帮助布隆希尔德公开哀悼自己的姐姐。但这也是公关活动中的第一次出击,这将为西吉贝尔特入侵希尔佩里克的领土扫清障碍,并最终让后者付出代价。

✖ ✖ ✖

福图纳图斯为加尔斯温特所作的挽歌成为他写就的最长的诗歌之一，整整三百七十行。它将加尔斯温特和希尔佩里克的婚姻描述为从一开始就注定是失败的，这与西吉贝尔特和布隆希尔德那被丘比特和夜莺赞颂的结合有天渊之别。福图纳图斯写道，加尔斯温特因为得知要和希尔佩里克成婚而害怕得发抖[19]，整个西班牙都因她即将离去而"泪流满面"[20]地哀恸。

加尔斯温特死亡的消息传来时，西班牙陷入了更大的悲痛之中，她那哀伤的母亲"在哀痛中崩溃，双膝跪地"[21]，昏厥了过去。这位被谋杀的公主的母亲愤怒不已；她依然是国际政治中有影响力的人物，在阿塔纳吉尔德国王逝世之后，她嫁给了他的接班人。福图纳图斯的挽歌提醒法兰克人称，希尔佩里克的行为使得他们随时可能受到报复性的进攻。

这首诗还浓墨重彩地描述了一个据称在安葬加尔斯温特时发生的奇迹[22]：一盏玻璃吊灯掉到了石板上，但它不仅没有摔碎，就连灯光都没有熄灭，这被看作她的灵魂尚未消散的象征。福图纳图斯试图说明，加尔斯温特是无辜的，是个圣人。因此，法兰克人不仅容易遭受西哥特人的报复，他们还有可能招致上帝的愤怒。

福图纳图斯的挽歌奠定了基础。之后在570年，一个法庭被召集起来[23]，为了加尔斯温特被谋杀一事审判希尔佩里克。

一个幸运的事实促成了这个法律程序：布隆希尔德刚刚生下了一个儿子。这个男孩出生在复活节，这被看成是一个极好的兆头。当他在圣灵降临节受洗时[24]，他被以西吉贝尔特一位杰出的叔叔希尔德贝尔特的名字命名，这是伟大的克洛维国王的勇士儿子，十分著名（国王自己则以虔诚和长达四十五载的统治著称）。布隆希尔德和西吉贝尔特有意使用这个名字，不仅仅是宣称了他们的儿子对法兰克帝国的统治权，也是将王室成员渴望拥有的所有东西给予了他们的儿子：战场的胜利、教会的尊重和长久的统治。

希尔德贝尔特的出生不仅仅确保了奥斯特拉西亚的王位继承，还缓解了西吉贝尔特与其兄贡特拉姆刚刚缔结的联盟关系的紧张。加尔斯温特死后，关于她晨礼土地的权力被转移给了她的家人；有人担心她的母亲和西哥特人会夺取这珍贵的土地。在即便晨礼被收回却仍有可能落到墨洛温王朝王室之外的情形下，西吉贝尔特依旧未能说服贡特拉姆去报复希尔佩里克。但现在，他们可以认为，布隆希尔德应当是她姐姐的继承人。因为布隆希尔德已经有了两个健康存活的孩子，而且预计未来还会有更多，贡特拉姆能够确定，就算布隆希尔德发生了什么，那些土地也依然会掌握在法兰克人手中。

贡特拉姆国王是现在最为年长的墨洛温王室成员，担任这场审判的法官。他在高高的台子上主持，奥斯特拉西亚的一个陪审团和勃艮第的贵族们坐在他下方的长椅上。他们的陪臣在他们身后围成一圈，拿着各自领主的宝剑和盾牌[25]。

西吉贝尔特站在法庭前面，代表他的妻子提出正式的控诉，指控希尔佩里克精心策划了对加尔斯温特的谋杀，并以其兄弟古怪的行为和他在王后死后的仓促再婚作为证据。

希尔佩里克被传唤到陪审团前。他本可以出席法庭、立下誓言。在缺乏目击者的犯罪中，法兰克的法律允许一个人带上七十二个贵族出席法庭，他们会在他的身后排队站好，左边三十六个，右边三十六个，为他的清白立下庄重的誓言[26]。

希尔佩里克当然也可以认罪，并赔付西吉贝尔特配得上他妻子姐姐的赔偿金，不过这将远远超出一个普通女人要求的六百索里达。对于谋杀王后的罪行，赔偿金的前例高达五万索里达[27]，这将耗尽希尔佩里克的国库。

希尔佩里克选择了第三个选项：他从未出席法庭回应指控。毫不意外，他在缺席的审判中被定罪。

这个定罪其实是西吉贝尔特和贡特拉姆早已计划好的入侵借口。他们意图收回晨礼，加上战利品和掠夺物，来补偿他们军队的付出。但是，尽管他们将从五个位于阿奎丹的赠与加尔斯温特的城市开始，西吉贝尔特和贡特拉姆还是希望，他们可以把这场战争当作跳板，以夺取他们兄弟的整个王国，并瓜分胜利果实。

第八章　围城

西吉贝尔特和贡特拉姆的军队在初期多次告捷。加尔斯温特的晨礼城市，受到福图纳图斯的挽歌的鼓动，甚少抵抗，很快被占领。

事情进展得如此顺利，以至于贡特拉姆开始有了别的想法。有生之年，贡特拉姆都没有一丝勇气或者意愿，试图为自己夺取整个帝国。但他也总是确保，没有哪个兄弟能完成那个壮举。让他帮忙驱逐侵略者，他是值得信任的，但要让他奋战到底并彻底击败对方，则不是那么可靠了。贡特拉姆思忖着，假如他和西吉贝尔特真的胜利了，那么他将面临什么？一旦西吉贝尔特征服了纽斯特里亚，他接下来会不会把目光投向勃艮第？贡特拉姆决定打破和西吉贝尔特的联盟，思考假如希尔佩里克不再能满足他弟弟的野心，自己会发生什么。

然而，当西吉贝尔特在他的边境集结了一支入侵军队时，贡特拉姆又被说服加入了这场行动。这样做的时候，西吉贝尔特展现出了他的足智多谋和无所畏惧。这些新兵不是法兰克人，而是来自西吉贝尔特东方诸侯国的日耳曼异教徒[1]。西吉贝尔特承诺他们将赢得无限的战利品，以此引诱他们加入战争。有些法兰克士兵不情愿和其他法兰克人战斗；这些新兵却没有这样的内疚。贡特拉姆是想让这只难以驾驭的军队为他而战，还是与他为敌呢？

一旦集结完毕，这兄弟俩看起来势不可挡。他们很快就让希尔佩里克撤退了，在过去的每个月里他都在不断失去更多的土地。希尔佩里克被迫采取更加绝望的策略。随着征服（和控制）城市愈加无望，他开始采取焦土策略，甚至在自己的领土上劫掠和摧毁城镇。

到了575年，战斗蔓延到了希尔佩里克位于苏瓦松的家门口。他被迫打包珍宝并仓皇溜走。和他一起出逃的还有弗蕾德贡德和他们的孩子。

和布隆希尔德一样，弗蕾德贡德在婚后很快就生下了一个女儿，接着在570年又生下了儿子克洛多贝尔特（Clodobert），他的名字是向克洛维致敬。弗蕾德贡德现在的地位更加稳固了一些，她不仅仅是国王的床伴，还是一位潜在继承者的母亲，因此，人们对她的尊重也日渐增加。假如她失去了国王的喜爱，也许她还会被送到修女院去，但因为有了一个活生生的儿子，她不太可能会被直接杀死。

一开始，克洛多贝尔特的前景堪忧。他已经有了三个同父异母的哥哥，他们都被培养成为父亲军队的将领，所以他继承大量土地的可能性很小。但随着战事的胶着，即便这让纽斯特里亚付出了巨大的代价，弗蕾德贡德一定已经意识到，她小儿子人生中的机会也许要比她一开始想的好得多。

第一个倒下的是希尔佩里克的大儿子提乌德贝尔特，就是在前些年的战役中，被西吉贝尔特饶过一命的那位王子。这一次，希尔佩里克只给提乌德贝尔特留下很少的士兵，来保卫通往巴黎的道路。当非凡的战士贡特拉姆·博索公爵和新兵骑马进入时，提乌德贝尔特唯一的选择就是战斗，就是打破不再攻击叔叔之王国的誓言。博索公爵的军队迅速征服了年轻的王子。提乌德贝尔特发起了注定要失败的冲锋，最终在自己的马鞍上被杀死。

现在，可能要和弗蕾德贡德的儿子瓜分遗产的只剩下两个男孩了，他们都在前线奋战。更好的是，弗蕾德贡德又一次怀孕了。她很确定自己怀的是另一个男孩，这是她的保险单——一个继承者和一个备选人。

⚔　⚔　⚔

当一往无前的博索公爵向北前进时，西吉贝尔特率军赶上了他们。信使已被遣回梅兹去接布隆希尔德和孩子们。他们要一家人大张旗鼓地进入巴黎。这对王室夫妇的计划正在达成。他们得到了西边西哥特西班牙盟友的热情支持。有了拉德贡德的帮助，他们和东部拜占庭的关系也愈加和缓。贡特拉姆也是囊中之物。即便巴黎在不久前成为查理贝尔特的首都，但它曾一度是伟大的克洛维国王的王座所在地；他就

第八章　围城　　[077]

是在这里统治整个法兰克王国的。西吉贝尔特和布隆希尔德希望他们的联盟能开启一个新的王朝，自然也明白夺取这座城市的象征意义。

当奥斯特拉西亚军队逼近巴黎的消息传来时，当地的主教日耳曼努斯正坐着写信。这座城市在内战时期承受了巨大的破坏，日耳曼努斯很担心它会承受更大的毁灭。但是，这封信不是写给西吉贝尔特的，也不是写给他任何一个公爵的。相反，日耳曼努斯主教的这封信是写给布隆希尔德的。

在早期中世纪世界，一个国王所能追求的最高贵的头衔是 *praecellentissimus rex*，或者说"最卓越的陛下"，只有最强大的君主才能冠以此名。现在，日耳曼努斯主教为布隆希尔德使用了一个类似的头衔：*paraecellentissima...regin [a]*，"最卓越的女王"[2]。福图纳图斯曾在布隆希尔德的婚礼当天评论过她，那听起来也许有点言过其实，但是回过头看，却很像个预言：*under magis pollens regina uocatur*，"越来越强大，她被奉为女王"[3]。现在，布隆希尔德的影响在显而易见地增长，以至于日耳曼努斯主教都认为，**她**要比任何伯爵或者公爵更能说服国王。日耳曼努斯向奥斯特拉西亚人提出了一个条件——只要保证不掠夺巴黎，他愿将巴黎奉上以作交换："展现你们的谨慎和活力，以及对这个地区尽善尽美的信念……让这［里］的人们安居乐业。"[4]

巴黎并不是毫无防御之力。西岱岛外环绕着七英尺高的石头壁垒以及护城的塞纳河。在岛的西侧，也就是如今的巴黎地方法院的位置，有一座堡垒，它曾经被改造成一座宫殿；

［078］　黑暗王后：缔造中世纪世界的血腥竞争

不久之前，它还是查理贝尔特的家。

塞纳河右岸的一小块地区设了防[5]，里面有人居住，仅通过一座名为"大桥"（the Grand Pont）的桥和西岱岛连通。居住区的北面环绕着一个王室狩猎场[6]，那是一片古老的橡树林，里面满是熊和鹿。整个左岸通过"小桥"（the Petit Pont）和城市的其他区域相连，都没有设防，墓园和农田错落分布其间（之后，日耳曼努斯主教将用自己的名字命名巴黎这个区域的一个街区：如今的圣日尔曼德佩区）。这些农田是巴黎重要的食物来源，在这场内战期间曾被摧毁过一次。当时，进入岛屿的这两座木桥已被拉起或烧毁，巴黎人正从西岱岛城墙的后面等待着入侵者，见证着战争带来的破坏。

但这一次，这两座木桥依然屹立。布隆希尔德、西吉贝尔特和他们的三个孩子，在挥舞的横幅和旗帜中以胜利者姿态到来，并在宫殿里住下。

⚔   ⚔   ⚔

日耳曼努斯主教对布隆希尔德的恳求，并非布隆希尔德在法兰克教会中影响日盛的孤证。她还设法让格雷戈里牧师被任命为图尔的主教。

这是个绝佳的任命。图尔这座城市有着重大的战略意义，因为它位于卢瓦尔河畔，既是通往大西洋的门户，也贯穿起一条南北贸易路线。图尔还是整个教省的首都城市。它的主

教被称为 *metropolitan*，类似当代的总主教（archbishop），只有远在罗马的教皇是他的教会上级。图尔的主教不仅监督着教区里所有神职人员，还控制着圣马丁大教堂（Basilica of Saint Martin），即整个法兰克王国中最重要的教堂。那是一座巍峨高耸、闪闪发光的大教堂[7]，保存着法兰克守护圣人的遗骸。（他们对圣马丁分外亲近似乎是因为他曾经在罗马军队中当过骑兵官员。这位战士出身的修士在法兰克王国两个最大的组织——军队和教会——之间建立起了桥梁。）圣马丁大教堂不只是一个特殊的圣地，它还具备政治意义——它曾经是克洛维国王行加冕礼的地方。

尽管格雷戈里长久以来都被培养成为这样的主教（在他的母方家族中一共有七位主教），但是他的候选资格依旧遇到了一些反对[8]。布隆希尔德以及西吉贝尔特国王的支持，有助于稳固他的位置。格雷戈里似乎因被认为需要女人的帮助而羞愧，他在自己的作品中轻巧地抹去了这些细节；我们只能从福图纳图斯对这些事件的描述中发现布隆希尔德的作用[9]。

图尔的格雷戈里在最糟糕的时机被任命。提乌德贝尔特王子在战死之前，曾经遵照父亲希尔佩里克的命令将乡村夷为平地；他的目标之一就是格雷戈里的新领地。新主教十分愤慨，因为这位王子"焚烧了图尔的大部分地区，如果不是居民及时投降，他会将整个图尔夷为平地"[10]。现在，这位布隆希尔德花了大力气安排的主教落入了希尔佩里克的管辖区。

但是，仍然有充分的理由相信此次波折只是暂时的。纽斯特里亚的王室家族刚刚逃出了他们通常的据点，并向北躲进了图尔奈。格雷戈里愉快地记录下一个预兆，这似乎预示着希尔佩里克的末日临近了："有闪电在空中划过，就像我们在（他的父亲）克洛塔尔临死之前看到的那样。"[11]

※ ※ ※

正当布隆希尔德被奉为巴黎的王后时，弗蕾德贡德发觉自己成为了幽居于地堡的王后，而且随时会再次分娩。

图尔奈是斯凯尔特河畔的一座港口城市，在更加平常的时期可以作为王室旅途的落脚点：它曾是克洛维国王的出生地，也是在他把大本营搬到巴黎之前的第一个首都。但现在，图尔奈的主要景观是它坚固的城墙。在这些城墙之内，弗蕾德贡德和她的孩子们——她六岁的女儿里贡特和四岁的儿子克洛多贝尔特——日日都听着金戈铁马之声：哨兵拉响的警报声、箭矢从塔楼射出的嗖嗖声、梯子撞倒后的哐啷声、巨石从城墙射出的碎裂声、攻城锤撞击城门的咚咚声，还有各种各样的尖叫声。

还有烟。刺鼻、呛人、无处不在。煮饭的火、为整个堡垒的石头房间供暖的火、庭院中的火，这些火不仅仅是为了士兵们，还为了一起被困在城墙后面的商人和乡下人。而在城墙的外面，田野、草甸和果园都在燃烧。奥斯特拉西亚军队到处放火，以确保无处可以猎获动物、无地可以生长粮食、无物可以充饥。

第八章 围城

每天都有叛逃的消息传来，希尔佩里克的又一位伯爵或者公爵宣誓效忠西吉贝尔特了。希尔佩里克自己则陷入了某种麻木，"既不知道他能否活着逃出，也不知道他会不会被杀死"[12]。就在那时，弗蕾德贡德开始分娩。

她活了下来，而这个孩子又是一个男孩，这为灾难中的人们带来一点小小的快乐。但是，无论是哪个清洗婴儿或用毯子将其包裹起来的侍从告诉了弗蕾德贡德这个消息，她都不接过他，也不给他喂奶。她不想看到自己的孩子，也不想抱他。

原因成谜。格雷戈里的作品是那个时代仅存的记录。而他的行文又很难理解。一种直译是弗蕾德贡德把孩子"放在一旁"，而且"想要杀了他"[13]；另有一些译者采用了更为柔和的表述，说弗蕾德贡德"希望他死去"[14]。弗蕾德贡德这么做是因为 ob metum mortis[15]——她畏惧死亡。

格雷戈里的文本并没有准确说明弗蕾德贡德害怕的是谁的死亡。一个解释是利他的——弗蕾德贡德完全预料到会死在城外军队的手上，要么是在围城期间饿死，要么是在图尔奈陷落时被俘虏，而她希望能将自己的孩子从痛苦中拯救出来。或者是，弗蕾德贡德预计自己会因为分娩而死，她也因为某种感染而神智不清。同样令人感到奇怪的是，格雷戈里提到王后拒绝给这个孩子洗礼，而一个未洗礼的婴儿是不能跟着她到天堂去的。

一个更加冷酷的解释是，弗蕾德贡德害怕自己的孩子会死去，而她的第一优先级是自保——如果这个孩子很虚弱或者体弱多病，那她不想投入任何时间或资源来照顾他。第三种可能性——被历史学家们忽视了，但同样可信——是弗蕾德贡德正在遭遇产后抑郁症，甚至精神病。围城的创伤也许会让这样的挣扎变得更糟糕，尤其是她可能会因此被迫回忆起儿时遭受过的某些战斗的情形。

无论原因是什么，希尔佩里克都被迫走出自己的麻木，并予以干预。他"斥责"[16]自己的王后，而弗蕾德贡德在他的命令下让孩子受洗。仪式由图尔奈的主教主持[17]，他和他们一起被困在了城墙里。这个孩子也许接受过王子的洗礼，但他被给了一个明显不是墨洛温皇室的名字，一个在那个时代的编年史中鹤立鸡群的名字：参孙。用《圣经》中长发力士的名字来命名这位王子，也许是为了掩饰他作为王室成员的身份，并让他过上修士的生活。也或者，这是一个反抗的行为，把这个还未长出头发的婴儿和他家族中的长发国王们永远联系在一起。又或者，这个古怪的名字是一个预示——这个孩子将永远无法统治。

⚔   ⚔   ⚔

甫一率军进驻巴黎，西吉贝尔特就接待了来自希尔佩里克最北部领土的贵族们组成的一个代表团，他们提出"废黜希尔佩里克，立（西吉贝尔特）为他们的国王"[18]。西吉贝尔特骑马出城接受他们的提议，并参与了对图尔奈的围城，以铲除他的兄弟。大约在图尔奈城外四十英里处,西吉贝尔特征用了附近一处希尔佩里克的王室别墅[19]。叛逃的纽斯特里亚贵族们,还有成排挥舞着投降白旗的士兵们加入了他的阵营。不久,别墅外围就挤满了士兵们的帐篷[20],成千上万人齐聚赞颂新王。

按照传统,西吉贝尔特被高举在盾牌之上[21],抬过仰慕他的众人。士兵们用剑身击打自己的盾牌[22],山谷中响彻他们的欢呼:"西吉贝尔特,法兰克之王!国王万岁!"[23]

希尔佩里克和他留下的几个忠诚的顾问一直商议到深夜。结局临近了——是时候作出最后的告白、念出祷词、写下遗嘱、分发个人的财产。但是,在一个单独的房间里,弗蕾德贡德把两个人叫进自己的房间,他们俩都不是牧师。他们是 *duo pueri*[24]——两个奴隶男孩,弗蕾德贡德早就认识了他们——无论是她作为奴隶在王室中服务的时候,还是成为王后指挥王室的时候。

她可能还在产后出血,她的胸部也因为涨奶而疼痛。在参孙创伤性地出生之后,尽管大大小小的风暴依旧在肆虐,但她出乎意料地头脑清醒。弗蕾德贡德坐着和男孩们说了好一会儿话。她想让他们溜出图尔奈,骑马到维特里昂纳图瓦的集会去,军队们正在那里庆祝西吉贝尔特成为奥斯特拉西亚和纽斯特里亚的国王。一旦到了那里，她希望他们刺杀西吉贝尔特。

这是个鲁莽的计划，走进敌人的军营，而且还是在国王的就职庆典上。男孩们不确定自己能否接近西吉贝尔特，他身边围绕着成千上万忠心耿耿、全副武装的人。而且，就算做到了，他们也没有任何生还的希望。这是个自杀式任务。

打败西吉贝尔特训练有素的护卫是不可能的，所以，弗蕾德贡德想出了更加新奇的主意。在那个时候，人们普遍携带着斯卡玛萨匕首，那是一种猎刀，有着十二英尺长的单刃。它们往往用于切割肉或者绳子，除非是近身肉搏，否则造成不了大的伤害。因为这样的刀随处可见，男孩们可以把它公然别在腰带上，看起来和没有武器一样。弗蕾德贡德还递给了男孩们一小玻璃瓶的——毒药。

虽然毒匕首在现在是个老掉牙的说法，但在那时几乎闻所未闻。墨洛温王朝时期，最为广泛使用的毒药是从杏子中提取出来的氰化物，只有直接服用才能生效。此外，还有大量用药草和浆果制成的毒液。因此，食物和饮料中毒极为普遍。博物馆陈列出了当时的杯子[25]，它们被设计出不平整的底部以作为安全措施；如果杯子的主人把饮料放置一旁，液体就会自动流出。

毒箭[26]通常用于狩猎或者战争。箭矢上涂上类似粪便或者动物脓液的物质，可以令伤口感染，但这样只能缓慢致死。更快的是用茄属植物或者杜鹃花汁液制成毒液。在墨洛温王朝军械库中已知的、能在接触中致死的毒药，是狼毒和

第八章 围城 [085]

蛇毒[27]。二者有其局限：它们失效很快，必须在即将进攻前使用。

如果这个刺杀西吉贝尔特的记录是可信的[28]，那么弗蕾德贡德既能接触到古代的医学典籍，也能合成危险的药草或者提炼蛇毒。她也非常了解这些毒药如何起作用，才会指导男孩们在进入营地之后再把毒药涂在各自的匕首上。男孩们允诺下来，奔赴确切无疑的死亡。没有人知道这个计划能否成功。

早晨，男孩们似乎借助宣称自己是纽斯特里亚的叛逃者进入了营地。他们用毒药涂抹匕首，把匕首挂在腰带背后，赶去看看能否接近西吉贝尔特国王。他们很幸运。他们正好在国王从一个帐篷到另一个帐篷的路上遇到了他，于是"假装他们有什么事情要和他商量"[29]。他们年轻，身无武装，让国王的护卫很放心。当国王驻足转身倾听他们要说什么时，"他们从两侧袭击了他"[30]。

这次袭击并不太凶险，只造成了轻微的伤口。迷惑不解的西吉贝尔特轻轻呼喊了一声就倒下了。护卫立刻杀了这两个男孩[31]，但无济于事。几分钟后，这位"伟大的胜利者"就撒手人寰了。

第九章　女巫和修女

当希尔佩里克召见妻儿的时候，他的披风和靴子上一定还沾满着灰尘。在这之前，他全力骑行至维特里昂纳图瓦亲自查验尸体，发现那确实是自己的哥哥，便下令为哥哥穿上裹尸布，并举行了基督教的葬礼。现在，他告诉孩子们，多谢他们的母亲，围城结束了。他们将回家，回到自己的宫殿，远离尖叫声和浓烟。

刺杀西吉贝尔特破坏了武装交战的规则，对于一个推崇和敌人在战场上面对面战斗的民族来说，更是如此。一位主教不以为然地提到，西吉贝尔特"早已困住了（希尔佩里克）"，而这位胜利者只有"通过欺骗"才能被打败[1]。尽管其他人认为刺杀兄弟是怯懦的行为，但希尔佩里克对于这个事实似乎不以为意。

只有在弗蕾德贡德参与并使用毒药的传说中，才会强化西吉贝尔特之死卑劣而且诡诈的观点。这种含沙射影的指控包含在字里行间——拉丁语的毒药venenum，本就和表示巫术的词——veneficium——有部分的重合（这两个词都有相同的词根 Venus——狡猾的爱神）。据此，在对庇护者布隆希尔德满怀忠诚的记述中，格雷戈里更进一步，用拉丁词汇 *malificati*[2] 描述弗蕾德贡德的行为，即巫术的行为。这个奴隶王后不仅可以阅读，也不仅能说服一位国王为了自己冷落公主，她还能说服随从执行自杀式任务。一个出身低微的奴隶怎么可能会有如此谋略的本事？傲慢的格雷戈里认为她肯定是个女巫，只要弗蕾德贡德出现在公众视线中，这样的谣言就会一直跟着她。

法兰克人对于是否还有龙在树林中游荡意见不一，但他们一致认为树林中游荡着女巫。当然，发生的究竟是魔法还是奇迹，和敌人是谁有莫大的关系。即便在教会之中，一个崭露头角的牧师也可能会在因实施了奇迹而被表扬的同时而被他的政敌谴责为巫师。不过，因为周围环绕着无法解释的力量，法兰克人便用一套强大的词汇来描述那些能够驾驭超自然力量的人，从**占星家**（*astrologi*）到**魔法师**（*incantores*）[3]，还有描绘各种类型的巫术用具和罪行的法律术语。实行"**魔咒**"（*maleficium*）[4] 要付出极重的赔偿金。还有一些特殊词汇，来形容帮助携带女巫的**炼药锅**的人（*strioportio*）[5]，以及"**女巫吃人**"的罪行（*granderba*）[6]。

人们不能随意或者开玩笑地称呼一个女人为女巫。这是一项严重的指控，比质疑她的贞操还要糟糕。造谣一个女人为女巫的赔偿金是一百八十七又半个索里达[7]，但误称她为妓女只要四十五个索里达[8]。法律甚至认为，指控女人行巫术比强奸她还要严重——其赔偿金是强奸的三倍之多[9]。用这种方式攻击一位王后，格雷戈里冒了很大的风险。他必定不把自己当成持有这个观点的异类；这样想的人数量众多。如果说，仆人们早就窃窃私语地讨论弗蕾德贡德的黑魔法，那如今，来自主教和贵族的指责也纷至沓来。

弗蕾德贡德不在乎。实际上，在她的统治时期，无论是她还是她的丈夫，都不曾试图驳斥谋杀的指控或是禁止巫术的谣言。她更愿意被畏惧。当人们蜂拥而来观望王室策马回到纽斯特里亚的首都苏瓦松时，弗蕾德贡德不会低下自己的头。她会迎上他们的目光，面带微笑。

⚔ ⚔ ⚔

在对抗希尔佩里克的战斗末期，一些握有权力的纽斯特里亚人曾经审时度势，向西吉贝尔特投诚。如今，在他被暗杀后的风云变幻和迷茫之中，那些曾经投降的人突然争先恐后地证明起自己的忠诚。他们抓住西吉贝尔特的几个随从，用巧妙的借口处决了这些随从。有些投机的奥斯特拉西亚人甚至加入了他们[10]。

在维特里昂纳图瓦的其他奥斯特拉西亚人，眼睁睁看着他们的国王倒在他的荣耀巅峰上，备受震撼。他们既不明白刺客的运气怎么会这么好，也不知道该如何应对背叛。西吉贝尔特的小儿子回到巴黎时是否已经死去了呢？他们选择迅速撤退，回到奥斯特拉西亚的土地上，重整旗鼓。在南行的路上，他们经过了巴黎，在那里，在俯瞰塞纳河的堡垒的窗户前，三个年幼的孩子和一位富有、年轻的寡妇还在等待。

布隆希尔德曾希望，在就职典礼之后，西吉贝尔特就会回到巴黎，身后尾随着高呼的战士们。一个极速前进的信使，大概在一天之内就把西吉贝尔特遇刺的消息送到了巴黎。假如布隆希尔德曾经注意到那个孤零零向着城门疯狂奔驰的身影，那么她起初对此并不会有任何惊惧。如果她曾设想过有任何的消息，那也是希尔佩里克的投降或死亡。

这个消息是个双重打击。她深切哀恸西吉贝尔特的故去。就算没有浪漫的爱情，至少，这对皇室夫妇也曾相敬如宾、相互扶持。同时，她也会哀叹自己在政治地位上的损失。

为了确保自己的生存，一个选择是试着亲自去夺取王冠。布隆希尔德的处境要比提乌德希尔德的好得多，因为她是有着活生生儿子的母亲。但是王室财富都在梅兹，没有它，布隆希尔德就没有经济基础来确保西吉贝尔特贵族们的忠诚。回到梅兹将花上几天，尤其是还要带上三个年幼的孩子，而且她在乡下将缺乏保护，会成为强盗和刺客轻而易举拿下的目标。强盗也许是最不用担忧的——就像西吉贝尔特逃走的贵族们，她无从得知刺杀西吉贝尔特的刺客是否只是运气好，还是说他们是更大的阴谋的一环。她决定在巴黎逗留，至少在那里还有城墙的保护，同时还能想出自己的下一步。

她必须让自己的儿子活着，这样才有机会保持自己的影响力。总是有五岁的男孩死于意外或者疾病。如果这位年轻的国王落入他叔叔的手中，遭遇这种不幸的概率会更大，后者正对仓皇逃跑的奥斯特拉西亚人穷追不舍。

年幼的希尔德贝尔特得偷偷逃出巴黎，而且必须尽快。尚不清楚这是怎么办到的——是躲在一篮被单里，还是一卡车的蔬菜里？将近一个世纪后的一份编年史描述了这个男孩如何被装进一个麻袋，又如何被从窗户中送出去[11]。可以想象，一艘木船在浑浊的塞纳河上摇摇晃晃，就在堡垒下方约七英尺的地方，麻袋溅起小小的水花，随后被捞起，而在窗边的是那位年轻母亲用手捂着嘴的剪影。

⚔　　⚔　　⚔

几天之后，希尔佩里克就在巴黎的宫殿里和布隆希尔德会面了。这个时刻一直被描绘成，希尔佩里克在一个惊恐的王后前发狂，后者则忙着保护自己的孩子免于他的暴怒。但是，最贴近事件真相的资料显示，希尔佩里克面对王后时，她面容冰冷、态度傲慢，他则惊讶地发现她是孤身一人[12]。

一直以来，人们都疑惑于布隆希尔德为什么不和孩子们一起逃离巴黎。就算她不能返回梅兹，奥斯特拉西亚的边境线就在三十多英里之外，这不是一个遥不可及的距离。是因为没有可以藏身的乡下别墅或者贵族庄园吗？还是像格雷戈里猜测的那样，她过于心慌意乱所以无法清醒思考[13]？抑或因为，她不愿意抛下世俗的财富？

如果离开了巴黎，布隆希尔德也必定要抛下自己仅有的

第九章　女巫和修女

财富。她曾经带了一些个人财富到达巴黎，五包金子[14]，约有一万二千五百索里达。它太多了以至于无法轻易抛弃，就算只是抛弃一部分也不容易，但是它不足以保证她的政治生命，所以，她找到了另一个使用它的最佳方法。布隆希尔德向动物世界借鉴了巧妙的花招，她和可观的财富待在巴黎，引诱希尔佩里克前来，让自己的孩子们有时间逃跑。逃出巴黎的不仅仅是希尔德贝尔特，还有她的女儿们。女孩们越过奥斯特拉西亚边境到达了莫城。

希尔佩里克国王夺走了布隆希尔德和她的财富，接着派出士兵到乡下搜寻她的孩子们。年幼的希尔德贝尔特早就逃跑了，但布隆希尔德的女儿们还没有逃到足以摆脱追兵的奥斯特拉西亚腹地。希尔佩里克的手下在莫城扣留了他的侄女们[15]（这似乎是得到了他忠诚的宫务大臣的帮助，后者的家族生活在那个城市[16]）。

希尔佩里克对侄子的逃跑无疑很恼火，但他还是兴致高涨——他为自己还活着并且依然拥有一个王国而狂喜。他比其他任何时候都更加宽宏大量。当他的护卫们要把她押送走时，希尔佩里克告诉布隆希尔德她还能活下去，也会被好生照顾；然而，和大多数王室遗孀一样，她将被关进一家修女院。但如果布隆希尔德想和女儿们团聚，这位国王会让她迅速打消那个念头。

希尔佩里克不是个傻子。如果布隆希尔德的西哥特亲戚们打算实施一场营救任务——或者，像提乌德希尔德一样，她有任何逃跑的念头——她就只能让女儿们任由希尔佩里克的摆布了。她的女儿们现在是安全的，但是这位国王会让布隆希尔德清楚地知道，只有她不出现，他才不太会伤害她们的性命。

⚔   ⚔   ⚔

575年的圣诞节[17]，一个男孩在昏暗的宫廷里戴上了奥斯特拉西亚皇冠。他还没开始换乳牙，只勉勉强强抬得起权杖。对于他那些看重战场上的实力甚过一切的法兰克臣民来说，这十分令人担忧，尤其是他们预测来年春天的时候希尔佩里克会来进攻。

谁将领导臣民捍卫他们的王国？在重聚于梅兹的贵族和士兵之间，反纽斯特里亚的情绪十分高涨，人们也非常同情仍囚禁在希尔佩里克手中的悲伤的王后。由布隆希尔德最亲近的盟友沃尔夫公爵和戈哥伯爵领导的派系占据了上风。戈哥甚至谋求并得到了少年王的 *nutritor* 这个职位[18]。这个头衔直译过来就是"喂养国王的人"，它意味着戈哥本质上是这个男孩正式的摄政者和保护者。

与此同时，布隆希尔德被武装押送到鲁昂的纽斯特里亚要塞，并被安置在一座修女院里，很可能是在乡下的莱斯安德利斯。这座小修女院曾经由克洛维的妻子建立[19]，是为了前任王后们设计的。它矗立在一座山谷的高处，俯瞰着石灰岩悬崖和塞纳河的河湾。

很多修女院，包括拉德贡德在普瓦提埃建立的那座，和用于监禁提乌德希尔德的位于阿尔的那座，都遵循严格的规则，这些规则是由阿尔禁欲的凯撒里乌斯（Caesarius）在他的《处女的规则》（*Rule for Virgins*）中制定的。凯撒里乌斯规定了修女们能吃的食物，以及能穿的布料（"普通布料或者亚麻布"制成的白袍），还有她们该如何装扮自己（只能佩戴白色或黑色的简单十字架）[20]。贵族女人们早已习惯了有一大群仆人为自己穿衣服、弄头发，到了修女院会发现自己竟然连一个女佣都没有[21]。但最重要的是，所有生活在凯撒里乌斯的规则下的女人，都是完全离群索居的，完全不能踏进外面的世界[22]。和牧师或商人的交流，都必须在面纱或者木格栅后面进行（尽管拉德贡德不出所料地设法绕开了这个禁令）。

虽然莱斯安德利斯遵守的规则似乎更加宽松——对此我们并不确定，但布隆希尔德的日常生活还是发生了翻天覆地的变化。她把染得鲜艳的丝绸放在一边，换上简单、粗糙的袍子。凌晨两点，她在黑暗的牢房中醒来，在钟声的召唤下，开始进行每日八次中的首次祷告和颂唱。她的时间被用于阅读宗教书籍、抄写手抄本、刺绣和编织，以及为亡夫的灵魂祈祷。布隆希尔德不想这般与世隔绝、阴暗而沉默地生活。但如果她不想继续留在修女院，她需要一条出路，而最快的就是找到一个丈夫。

布隆希尔德的母亲戈伊斯温特王后，通过嫁给丈夫的继任者继续留在了国际事务之中。这是曾被教给布隆希尔德的生存之道，是已被实践过的通往权力之路。有一个新的、有影响力的丈夫在侧，她就能回到奥斯特拉西亚的宫廷，甚至能取代戈哥成为自己年幼儿子的摄政者。但是，在这围墙花园和拱形走廊里，布隆希尔德要去哪里为自己找个男人呢?

第十章　秘密渠道

在被可耻地剪掉头发之后，西吉贝尔特同父异母的哥哥贡多瓦尔德就被放逐到了科隆——法兰克帝国的前哨。但是数周之内，他就在拜占庭的帮助下逃了出来，他们还让他待在拜占庭位于意大利的宫廷里[1]，直到长出了头发。除了和西吉贝尔特王国的新联盟——这是由拉德贡德帮助协商的，拜占庭人也看到拥有一位墨洛温王朝王子的用处，就算那是个私生子。如果其他兄弟接连死去，贡多瓦尔德就有可能在未来称王，一个拜占庭的傀儡国王。

贡多瓦尔德后来结婚了，还有了两个儿子；他的妻子似乎在分娩小儿子时过世了[2]。一旦鳏居，他就搬到了君士坦丁堡，加入了帝国宫廷的一群外国人中——被推翻的王子、被流放的贵族，以及备用的王室私生子。但是，西吉贝尔特一倒台，那个五岁的男孩一登上王位，拜占庭宫廷就为他们的墨洛温王朝王子准备了一项完美的任务。他是布隆希尔德显而易见的新丈夫人选[3]，是西吉贝尔特的复制品。他只是被谋杀国王的非法的同父异母兄弟，这个事实也许能让他与教会的乱伦禁令擦边而过。更好的是,贡多瓦尔德有可能得到查理贝尔特之前的土地,而且值得注意的是,他早已和丧偶的王后建立了良好的关系。

这是个简单的解决办法,还能让两个主要的奥斯特拉西亚派别都满意,布隆希尔德自己也很可能会接受,但是出现了很多复杂的情况。拜占庭的新皇帝查士丁二世在大约573年发疯了,就在墨洛温王朝兄弟内战期间。目前认为,他的疾病成因是甲状旁腺肿瘤,但在当时,他的臣民们认为他是被附身了。传说,这位皇帝在连续几个小时躲在床底下之前,就已经"像条狗一样狂吠,像只山羊一样咩咩叫;甚至时而像猫喵喵叫,时而又像公鸡喔喔叫"[4]。

他的妻子索菲亚代替他进行统治。皇后早已证明了自己是位伶俐的政客,而且在超过一年的时间里,她也确实非常称职地完成了工作。然而,在574年年末,为了战胜公众对有权力女性的不信任,她询问禁卫军司令提贝里乌斯,能否和她联合摄政统治。

通过帮拉德贡德的修女院获得真十字架进行谈判,皇后已经和布隆希尔德建立了联系。但就算是在最好的情况下,索菲亚也会发现,只要新娘还被关在由纽斯特里亚人控制的修女院中,就很难为贡多瓦尔德和布隆希尔德的婚姻牵线搭桥。而在575年,索菲亚忙得腾不出手——她在雇佣木匠把窗户都封上,以防查士丁自己逃出去。她还得继续补充宫廷侍从,因为查士丁不断攻击和狂咬他们。她很难静下来思考了:为了减轻查士丁的发作和梦魇,管风琴日夜不停地奏响。在皇帝稍微冷静的时刻，人们可以听到他在和弦上咆哮，因为他的侍从们让他坐在"一辆置有王座的小马车"[5]上，并推着他在宫殿走廊里走来走去。

提贝里乌斯几乎帮不上忙。他在王位上只待了几个月，而且没有合适的联络渠道来和奥斯特拉西亚宫廷商议婚事[6]，在西吉贝尔特遇刺死亡及众多贵族叛逃后，这仍是个烂摊子。

但另一种可能性很快就出现了。

⚔　　⚔　　⚔

很容易想象，她们第一次注意到对方，是在修女院大厅的长桌上食用简朴的炖菜时。或者是，当她们跪下唱颂歌时，一个人溜了进来，挨着在教堂长椅上的另一个人。

希尔佩里克的第一任妻子奥多韦拉那一年正住在鲁昂。很多年前，她曾在那里的一家修女院停留，而且几乎没有理由认为她在那之后就离开了。（很难想象，希尔佩里克会允许第一任妻子在自己迎娶加尔斯温特之时在乡镇间随意游荡，也很难想象弗蕾德贡德在登上王位之后会允许相同的事情。）由于没有记录显示，在鲁昂地区，除了莱斯安德利斯还有其他修女院，因此奥多韦拉和布隆希尔德非常有可能就是在这个地方遇到彼此的。

就算出于某些原因，奥多韦拉并不在这个修女院，而是住在乡下的另外某座宅邸里，但对她来说，安排一场见面也是非常容易的。她在鲁昂已经待了至少十年，有足够的时间建立邻里关系和有用的友谊，这将让她能够直接（或至少通过一个可靠的中间人）接触到布隆希尔德。

这两个女人有非常多可以聊的。她们分享了成为被驱逐王后的经历，她们都有一个迫切的担忧——弗蕾德贡德。她参与了谋杀布隆希尔德的姐姐，还策划刺杀了布隆希尔德的丈夫。她也夺走了奥多韦拉的头衔，现在她是奥多韦拉的孩子们日益严重的威胁。

被自己的奴隶婢女赶出王宫，走的时候还抱着个婴儿[7]，这肯定深深伤害了奥多韦拉的自尊。更糟糕的是，这个婴儿还死了。但奥多韦拉一直在努力为自己的孩子们谋求最好的选择。她的一个女儿也许还能得到一桩重要的婚姻，而此时，她的儿子们已经在希尔佩里克的王国中获得了显赫的职位，而且能够在他死后继承一切。最好的做法似乎就是静静等待他的前夫厌倦他的新玩物。

但奥多韦拉现在不得不惊慌，因为弗蕾德贡德已经生下了两个男孩。王室女人为了子嗣利益的争吵常常会变得致命；就在最近，贡特拉姆国王的一个妾室为了自己孩子的利益，毒害了另一个妾室的儿子。有什么能让弗蕾德贡德不做同样的事情呢？奥多韦拉大概听说过沸沸扬扬的流言[8]，即当提乌德贝尔特在战斗中倒下时，弗蕾德贡德欣喜若狂。又少了一个人和弗蕾德贡德的儿子们瓜分王国了。实际上——尽管大家都知道，希尔佩里克策划了一场报复博索公爵的阴谋，而这个阵营要为王子的死负大部分责任——据说，弗蕾德贡德

第十章 秘密渠道 [099]

公开表扬了杀死提乌德贝尔特的人。只有最勇敢的母亲，才会对尚在人世的两个儿子可能面临的危险置之不理。

因此，当布隆希尔德和奥多韦拉从晨祷中回来或者在花园中散步时，计划就成形了。但要让它起作用，她们还需要其他修女们的帮助。

⚔　　⚔　　⚔

鲁昂的主教普雷特克斯塔图斯是一位六十多岁的老人。他早在希尔佩里克戴上王冠之前就受到了任命，但是在希尔佩里克的父亲死后，他效忠于纽斯特里亚国王，即便在内战期间也是如此。就是因为这个原因，先是奥多韦拉再是布隆希尔德都被送到了鲁昂。对主教来说，在他的城市中有位重要的王室"客人"是受国王青睐的标志，无论那个客人有多么不情愿。而主教则会在客人逗留期间保管他们的个人财物。

另一个受青睐的标志则是，普雷特克斯塔图斯曾经被奥多韦拉指定，成为希尔佩里克次子的教父。这个男孩被吉祥地命名为墨洛维，用的是整个墨洛温王朝创始人的名字。在其哥哥提乌德贝尔特死后，这第二个墨洛维现在是他父亲在战场上最信任的将军。但是墨洛维和他的母亲一样，也意识到了弗蕾德贡德的野心。他作为纽斯特里亚军队的新首领，很快就会引起继母的注意，除非他能够建立新的同盟，以确保自己安然无恙。

希尔佩里克收复了在内战中失去的领地,接着,得知奥斯特拉西亚宫廷正处于混乱之中,便开始图谋亡兄的部分财产。他盯上了普瓦提埃和图尔,早在西吉贝尔特还活着的时候,他就已经想把这两个重要的供税城市抢走了。在576年的春天,墨洛维和纽斯特里亚军队一起,被派去征服普瓦提埃[9]。但奇怪的是,他违抗了父亲的命令,先去了图尔这座城市。

✼ ✼ ✼

在修女院的高墙之内,女人为王。在圣事上,她们须仰仗牧师,但除此之外,她们自治。虽然某些修女院更适合富有的寡妇或者被流放的贵族,但所有修女院都混合了不同年龄和社会阶层的女人。它们的成员包含了许多把修女院当成真正避难所的人——逃避不合心意的婚姻的女人,以及逃离家庭暴力的女人。高高的石墙让她们免于强奸和绑架,而对女性的强奸和绑架在当时十分常见。对于其他人,修女院则是在家庭以外发展事业的机会。让女人与外部世界隔离的规则,同样让她们免于繁重无聊的家务活:她们被禁止为除修女以外的人做饭、做针线活[10],相比要为丈夫的一大家子人和孩子们做无穷无尽的家务活,这也许是个更好的选择。

不过,还有一些东西是这些女人不会放弃的——据说,虔诚的拉德贡德痴迷于玩骰子[11]，她是不会放弃赌博游戏这项王室特权的。她修女院中的修女偶尔也会加入喧闹的赌博游戏。显然，很多修女不愿意放弃自己和外部世界的联系。寡居的提乌德希尔德王后曾经把消息偷偷递给亲爱的哥特人，这就足以说明依然存在某些通往外部的渠道。

提乌德希尔德的计划受到了阿尔修女院中其他女人的阻碍。就像显然有人帮她把消息偷偷送出去一样，也有人向修女院院长告发了她。但是奥多韦拉牢牢掌控了修女院的事务，而且很清楚能信任哪些姐妹，她们会守口如瓶，甚至还能帮上忙。一扇尚未落锁的门。一道无人把守的木栅栏。一个消息便传给了一个来访者——修补墙壁的石匠、送来新奶牛的农妇，或者是带来新生或死亡消息的家人。消息也能通过宗教的官僚机构传递，通过前来送圣餐的牧师，或是前来运送遗物的修士，这些遗物是为了特定的神圣庆典而被借出的。

墨洛维正好赶上复活节那周到达了图尔。这位王子正准备庆祝一年中最神圣的基督教仪式，之后将在这座城市的大教堂中停下祈祷，并亲吻法兰克王国守护神的石棺。图尔的圣马丁大教堂是克洛维国王加冕为奥古斯都的地方[12]，也是墨洛维思考如何获得自己的王冠的好地方。

信使是谁尚不清楚。第一个而且最明显的可能性是格雷戈里主教本人。布隆希尔德的盟友和墨洛维肯定当面见过；至少，格雷戈里按照惯例欢迎过王子来到这座城市，并邀请他参加复活节弥撒。另一个在墨洛维参加弥撒往返途中能够遇到他的信使，有可能是关系良好的英格利特（Ingritude）[13]

修女，因为她刚好住在圣马丁大教堂的庭院中。她曾在宫廷中度过自己的青春时光，甚至在戴上面纱后，也继续涉足政治。英格利特也是拉德贡德的朋友（想必也对布隆希尔德很忠诚）。但是，在大教堂内部有另一个十分显赫的奥斯特拉西亚人：贡特拉姆·博索公爵，就是在战斗中杀死墨洛维的哥哥的人。为了躲避希尔佩里克国王的报复性追捕行动，博索前往圣地寻求庇护——此时，公爵及其家人正避居在教堂里。所以，当墨洛维来到圣马丁大教堂的时候，至少有三个机会让他能够接触到来自奥多韦拉和布隆希尔德的信息。

墨洛维在图尔的逗留并不是悄无声息或偷偷摸摸的绕道而行；他已经直接违抗了父亲的命令，他的大军急于参加战斗和劫掠，"对那个地区造成了巨大的破坏"[14]，希尔佩里克肯定会听到对此的抱怨。尽管如此，墨洛维还是停在了图尔，并在他曾祖父确认了自己统治的教堂中祈祷——这给了他时间去送信，去为一些重要的决定做准备。因为，复活节庆典一结束，墨洛维并没有直接向南前往普瓦提埃，而是向北开拔，在相反的方向走了将近两百英里，去拜访他在鲁昂的母亲[15]。

※　　※　　※

布隆希尔德的第二场婚礼要简朴得多，但和第一场倒也没有天壤之别。她换回了染得鲜艳的亚麻布和丝绸，摘掉了修女的面纱,让头发披散在肩膀上,再一次被鲜花所簇拥[16]。另一位著名的战士脱下铠甲跪在她的身边,而一位有影响力的主教又一次主持了誓言的交换。

这一次是普雷特克斯塔图斯主教,新郎则是他的教子墨洛维。普雷特克斯塔图斯的参与令人好奇,原因有二:第一,他公然违抗他效忠已久的国王;第二,他所祝福的结合实际上是乱伦的。教会法律禁止和叔叔的遗孀结婚[17]。就在几年前,普雷特克斯塔图斯曾投票放逐查理贝尔特国王,因为后者和姐妹两人有越轨的行为,但现在,他的标准似乎更加灵活了。

也许普雷特克斯塔图斯觉得,自己作为墨洛维教父的身份超过了一切。抑或他对乱伦禁令的解释相当宽松,以至于他并不认为它适用于当下的情况。毕竟,希尔佩里克和西吉贝尔特本来就是同父异母的兄弟,布隆希尔德也仅仅是墨洛维法律上的婶婶。还有可能是,普雷特克斯塔图斯心里有更世俗的盘算。新郎现在是奥斯特拉西亚国王的继父了,也是纽斯特里亚王国的继承人之一。老主教可以不再只是看守两位被废黜王后的狱卒;他还会成为新王的精神顾问。

鲁昂大教堂,这里曾经因为加尔斯温特的婚礼而被挤得满满当当,但现在空空荡荡。可以想象这对夫妇在祭坛前偷偷瞄了几眼对方。新郎要比新娘小上几岁,但几乎没什么差别。布隆希尔德现在二十五六岁,看起来还是很年轻,而且依然非常美丽。他们是一对郎才女貌的璧人,他们自己也很清楚。

但这不是爱情。这是一场谋反。

第十一章 叛乱

奥斯特拉西亚的寡居王后和纽斯特里亚王子的婚姻是叛国的——甚至是乱伦的，所以，这样冒险结合的目的是什么呢？

历史学家们对这个问题的回答，十分有代表性地反映出他们自己的偏见。有的学者推测[1]，墨洛维利用了一个悲伤的寡妇。因为不确定自己是否有机会继承父亲的王位，同时又理所当然地警惕他的继母，所以王子决定在邻国奥斯特拉西亚玩弄权力。布隆希尔德要么是头脑糊涂，要么是心灰意懒，把他的婚姻提议当成自己唯一的出路。

但是，这个解释并不符合我们对布隆希尔德作为一个母亲和女政治家的认识。在确保五岁的儿子安全逃出巴黎并继位成为国王之后，这位王后不太可能会密谋推翻他。而且，布隆希尔德已经守寡将近半年了[2]；无论她的悲伤有多深，她也不太可能会因受此打击而动弹不得。在西吉贝尔特死后，她立即有策略地行动起来，而且从那之后，她就有了更多时间来重新定位自己。更有可能的是，她在奥多韦拉的祝福下，自己提议了这场婚姻。一个七世纪的抄写员在叙述这场婚礼时,甚至改动了将新郎作为主动主语的拉丁语语法,而把它用在了布隆希尔德身上:"她把**他**(墨洛维)带进了婚姻。"[3]

然而,那些把布隆希尔德看成是婚姻主谋的历史学家们,往往将她描述成为了短期利益利用墨洛维。他们宣称,这位年轻的王子在婚礼之前见过这位王后(比如,当希尔佩里克在巴黎面对寡居的王后时,墨洛维曾是其父亲的随行人员之一),而布隆希尔德不知怎的用美色迷住了他。王后利用墨洛维迷恋美色的弱点,以及奥多韦拉对孩子们的担忧,密谋策划逃离修女院[4]。

这个理论相当轻巧地低估了女性团结的可能性——布隆希尔德和奥多韦拉之间,以及王后们和修女院的其他修女之间。它也不符合我们对布隆希尔德形象的了解。这位王后早就显示出建立联盟的才能,而且,在她的一生中,通常都非常忠诚。不过,最重要的是,这样的理论也低估了她的野心。

布隆希尔德当然想离开修女院,但她真正的目的似乎远超于此。她的新丈夫将推翻他的父亲并统治纽斯特里亚[5];她的儿子将继续是奥斯特拉西亚的国王。在中世纪早期的世界,女性的身体成为转移与巩固权力的媒介;在这种情况下,布隆希尔德的身体将是连接这两个王国的纽带。这样一来,她就可以同时作为王后和太后,在法兰克帝国超过三分之二的土地上行使权力。

⚔ ⚔ ⚔

正当布隆希尔德和墨洛维跪在大教堂里时，新郎的军队在外面严阵以待。窃窃私语和潦草的信息被修女院院长传递给了执事，又传递给了农民，被修女院的见习修女传递给牧羊人的亲戚——一场推翻国王的阴谋由此而生。

成功的政变需要士兵、金钱、不满的精英、绝望的人民，以及无可挑剔的时机。这对新婚夫妇拥有前面四项，并大力祈祷最后一项。墨洛维提供了军队，而布隆希尔德提供了资金。在西吉贝尔特死后，她连着自己的财产被困在了巴黎；这些财富跟着她到了鲁昂，并由普雷特克斯塔图斯照管。主教拿着那五袋金子和珠宝[6]，忙着收买纽斯特里亚主要贵族的忠诚和沉默。

因此，夫妇俩把鲁昂作为他们的行动基地；整个城市都不再效忠希尔佩里克，而是宣称墨洛维为他们的国王[7]。在和奥斯特拉西亚接壤的香槟地区，很多来自显赫家族的伟大勇士也这么做了[8]。布隆希尔德和墨洛维有充分的理由期待会得到更多的支持。法兰克王国已经交战了六年，其中大部分是纽斯特里亚和奥斯特拉西亚之间的内战。法兰克战士们"烧杀抢掠"[9]；这就是他们全部的行为模式。每当战士们摧毁了一个异族国家并带回满满的战利品时，几乎不会有人抱怨。但是现在，同样的这些战士们竟然瞄准了自己的人民，而法兰克人再也无法长期忍受如此大规模的暴力——庄稼年年被烧毁、市场关门大吉、人们在漫长的战役中死去。这对新婚夫妇用向商人和农民提供长期稳定生活的机会，换取一场相对快速的军事行动：推翻希尔佩里克。

很难确定他们究竟准备如何做，毕竟在通常的叙述中有一段空白。我们之前较多采信诗人福图纳图斯和图尔的格雷戈里主教的描述，但现在，他们两人要么完全沉默，要么故意含糊其辞。当然，这也在意料之中，因为这两个人很有可能也卷入了阴谋之中，或者急于撇清关系。但对现存证据的仔细检查揭示了另一种可能的情况。当布隆希尔德和墨洛维立下誓言时，一个刺客就已经策马奔驰、穿越森林、径直奔向希尔佩里克[10]。假如刺客成功了，这对夫妇也许就不需要启动其余的计划了。但如果他失败了，他们就准备发动战争。夫妇俩将在两条战线上进攻希尔佩里克的首都苏瓦松。墨洛维以及他在鲁昂的军队将从西面进军；而沃尔夫公爵将利用香槟地区对墨洛维的支持，从东面前往苏瓦松。布隆希尔德和墨洛维在苏瓦松内部还有一个内应，一旦该城被围，他就为他们打开城门。

就阴谋来讲，这很合理，也很有可能成功。但是，在婚礼后一个月左右，墨洛维的军队就从编年史中完全消失了。没有任何记述提到他们的投降或屠杀；实际上，后来的事件表明，墨洛维的很多手下分散并躲避到了周围的乡村里。更奇怪的是，下一次提到这对新人时，他们被围困在鲁昂一座不起眼的木质小教堂里，四周布满了障碍物，希尔佩里克正试着用各种手段恐吓和引诱他们出来[11]。

为什么？

在婚礼和被围困之间最有可能发生的，是围城[12]。

显然，刺客没有成功，而且似乎是希尔佩里克接到了婚礼的消息，他旋即向鲁昂进军，甚至比这对夫妇预想的还要快。墨洛维和他的军队决定在鲁昂城里驻扎下来，而他父亲的军队仍在努力攻城——用常用的燃烧的箭矢、弹射的岩石和攻城锤。布隆希尔德和墨洛维决定等待援军，或者是等希尔佩里克的军队补给用尽并放弃进攻。这对新人在城墙上目睹了围城战的进展，每当战事陷入僵局，或者这座城市的粮食越来越少时，他们就到"用木板建在城墙高处"[13]的小教堂里祈祷指示。

如果希尔佩里克打开了鲁昂城墙的缺口，他们依然可以待在小教堂里，宣称避难。国王的政敌有权在神圣土地上寻求庇护，这是一项早已定立的传统[14]。（在战斗中打败提乌德贝尔特王子后，博索公爵在图尔的大教堂中躲避希尔佩里克的狂怒，他也是诉诸相同的传统。）当然，避难所有时候也会受到侵犯。曾有避难者在经过一扇敞开的门，或是从窗户中探出身时被抓走过。但是，希尔佩里克不能冒那个险。无论这对新婚夫妇躲进的教堂有多么朴素，它也是献给法兰克王国的守护神圣马丁的；亵渎任何献给他的教堂都会激怒神职人员，而希尔佩里克还需要他们的支持来平息叛乱。

新婚夫妇还决定，他们最好的做法是表现得好像他们的婚姻是一场爱情的结合。墨洛维的叛乱可以被定位成个人的

第十一章 叛乱 [109]

而非政治的；墨洛维被激情冲昏了头脑，而现在他只想保护自己免于父亲的怒火。这对夫妇很有可能认为，国王会对事件的这个解释感同身受——由于他对弗蕾德贡德的迷恋，希尔佩里克自己不也作了些有问题的决定吗？

最后，作为停止敌对行动的休战协定，希尔佩里克庄严发誓，"只要这是上帝的旨意，他不会试着拆散他们"[15]。

作为回应，布隆希尔德和墨洛维从小教堂中出现。当墨洛维和布隆希尔德同意这个休战协定时，他们早就得知自己计划的第二部分正在进行。沃尔夫公爵带领的一支军队已经开始向苏瓦松行军。他们所要做的就是让希尔佩里克在鲁昂待上一段时间。一旦希尔佩里克收到消息，得知他的王后和继承人们都身处险境，他必然会抛下在鲁昂的这两人去加入战斗。这似乎解释了墨洛维的军队是怎么消失的——王子让自己的手下分散开来（而且有可能，在乡下重新整顿，以更好地辅助沃尔夫），直到他和他的新娘见到了自己的父亲。

我们知道，接下来发生的是，希尔佩里克给了这对夫妇仪式上的和平之吻，并和他们一起吃了顿饭。希尔佩里克宣称，因为他儿子的结合在教会看来是乱伦的，这让他深陷困扰，但是，他接着承认了他们的婚姻，并把布隆希尔德和墨洛维当作夫妻对待[16]。显然，希尔佩里克乐于相信，这场暴乱是他儿子对这个寡居王后迷恋的不幸后果。

然而几天之内，信使们骑马进入鲁昂，报告说希尔佩里克的首都正被进攻，弗蕾德贡德王后再一次和她年幼的孩子们被迫逃离苏瓦松。希尔佩里克命令他的军队立刻开拔，离开鲁昂。如果墨洛维和布隆希尔德曾经希望这个消息能让希尔佩里克和他的部队离开鲁昂，让他们能够随心所欲地谋划叛乱的下一阶段，那他们就错了。国王的护卫们包围了墨洛维，希尔佩里克通知他的儿子，他也要回到苏瓦松。这对新人对此表示抗议，提醒国王他在上帝和众人面前的誓言。但是希尔佩里克在誓言里说的是，如果这是上帝的旨意，就不**试着**拆散他们。但有谁能比他——一位国王——更了解上帝的旨意呢？墨洛维理应迫切地想要守卫自己王国的首都。不过他的新婚妻子不应该被带到战场上。布隆希尔德将不得不留在后方。

※ ※ ※

苏瓦松没有陷落。沃尔夫公爵本以为会和一群杂乱无章的部队作战，后者大抵在鲁昂围城战中就已经筋疲力尽了。但是留在苏瓦松的人展开了英勇的防御，接着希尔佩里克雷霆万钧地出现在前线，战胜了沃尔夫的部队，并把他们赶跑了[17]。很多在刺杀事件后投奔了希尔佩里克王国的奥斯特拉西亚人，现在和撤军一起逃离了[18]。希尔佩里克曾经想要相信，西吉贝尔特之前的人马愿意选择效忠他。他甚至对他们大行奖赏，给予他们土地和庄园。但他们还是背叛了他。

很难相信这一切都是巧合：他的儿子娶了敌人的遗孀，紧接而来的鲁昂叛乱，奥斯特拉西亚军队袭击他的首都，还

第十一章 叛乱 [111]

有许多手下的背叛。在这个时候，希尔佩里克必然明白了哪些才是反抗自己的势力。因此，这位国王开始肃清宫廷[19]，排除任何对他可能不够忠诚的人。希尔佩里克还剥夺了墨洛维的军权和头衔，并严加看管。他将墨洛维的军事头衔和指挥权授予了墨洛维的弟弟，希尔佩里克的第三个儿子克洛维[20]（当然，是以他备受尊崇的曾祖父的名字命名的）。整整一个夏天，墨洛维都被软禁在苏瓦松宫廷的后面。有了克洛维王子来指挥军队，希尔佩里克得以继续推进他的扩张计划。谁能够阻止他呢？

希尔佩里克的哥哥贡特拉姆终于介入了，他以兑现他们之间原有盟约的方式来缅怀西吉贝尔特。贡特拉姆甚至设法夺回了原属于加尔斯温特晨礼的一座城市，它现在属于布隆希尔德。在这过程中，希尔佩里克的五千名士兵丧生[21]。希尔佩里克从这次损失中清醒过来，也很可能是在弗蕾德贡德的催促之下，希尔佩里克下令墨洛维不再是王位的合法继承人。

让墨洛维的婚姻变得不合法的行动也实施了。毕竟，就算墨洛维和布隆希尔德在肉体上分开了，但仅仅一次幽会就能彻底弄乱王位继承的顺序。教会制定了针对乱伦的新的教规，主要关注与嫂子或姐夫、妹夫等近亲结婚的情况，而这些规定可以追溯到567年对查理贝尔特的审判。希尔佩里克现在又对民法作了补充。他在《萨利克法典》中增加了一条特别具体的禁令[22]，禁止一个男人和他死去叔叔的妻子发生关系。这让墨洛维的婚姻不仅在教会看来是有问题的，就连在世俗看来也是非法的。

576年的早秋，希尔佩里克下令让墨洛维剃度[23]（变成修士的发型）。他的头发几乎被剃光了，只留下一点环绕住他的脑袋。就像几年前的贡多瓦尔德，除了他的名字，没有任何东西可以更清楚地表示他曾经是一位长头发的墨洛温王室成员。接着，在暴力胁迫之下，他被任命为一位牧师。这样，就算墨洛维能够和布隆希尔德保持名义上的婚姻，他也不能再和她同床共枕了。布隆希尔德怀上的任何孩子都将是亵渎的结果，他或她都无法进行统治。

墨洛维将被送到勒芒附近的圣加莱（Saint Galais）修道院[24]，那是一个非正式的"国家监狱"[25]。在这里，人们期望墨洛维能更多地了解他父亲给予他的新生活。他再也不能继承王位了，但他可以成为一位学士，而且，如果墨洛维安分守己，他甚至能在有朝一日获得主教这个安逸的职位。同年秋天，希尔佩里克让布隆希尔德在她的新婚丈夫和孩子们之间作出选择。如果她能放弃墨洛维，希尔佩里克将允许她回到奥斯特拉西亚，并把她的两个女儿也送回去[26]。

布隆希尔德选择了她的孩子们。

希尔佩里克如此急切地想要摆脱布隆希尔德，以至于他都不想掳夺她带来的任何金钱或财宝，他命令手下"让这个女人带着她的东西回去"[27]。他把她匆匆忙忙地赶走，宣称他想要避免"自己和侄子希尔德贝尔特之间的争吵"，以及未来任何的scandalum（丑闻）[28]。但王后一边磨磨蹭蹭地收拾东西，一边又不愿带走自己的财宝。希尔佩里克再一次低估了她，他猜测布隆希尔德是担心在回去的路上被强盗劫

第十一章　叛乱　　[113]

掠。实际上，她更关心的是，确保普雷特克斯塔图斯能继续资助墨洛维的叛乱。希尔佩里克毫不怀疑地同意她把金子和珠宝留给了主教，还殷情地承诺她之后可以派侍从过来取走它们。

当布隆希尔德回到梅兹，她终于在分离了一年之后和自己的三个孩子团聚。她六岁的儿子似乎最想她：年幼的希尔德贝尔特从那之后就紧紧地跟着他的母亲，再也不和她分离。她也和宫廷中的旧日盟友——戈哥和沃尔夫重逢；前者依然是小希尔德贝尔特的摄政者。在数月的混乱之后，奥斯特拉西亚的秩序得到恢复，王国内部的政治派系也将再次崛起。

第十二章 避难所的法律

光线静静流入窗户，在墙壁的玻璃和镀金马赛克壁画上跃动着。熏香在拱形天花板上缭绕，一如会众们萦绕于耳的诵唱："主啊，怜悯我们（Kyrie eleison）"。

格雷戈里主教正在主持这场仪式，在领圣餐前进行三场诵读的某个时刻，他注意到了门外的马嘶声，以及大教堂沉重木门打开的嘎吱嘎吱声。一个人走了进来，他的头被遮住了，斗篷上沾满泥土。这个人是墨洛维。

这位王子从未抵达囚禁他的修道院监狱。就在他动身之前，在576年11月，从图尔城来的一位执事抵达希尔佩里克的宫廷，并偷偷将一条消息传递给墨洛维。图尔现在正在纽斯特里亚人的控制之下，但这座城市著名的大教堂依然在布隆希尔德的盟友格雷戈里主教的掌控中。而且在里面，在这座避难所中，还住着奥斯特拉西亚的博索公爵。这条消息就是博索公爵传来的，他催促墨洛维前往这座大教堂与自己会合，在那里他们能一起隐匿并计划逃离[1]。

当希尔佩里克把墨洛维送到他的修道院去时，押送的队伍看管并不严。墨洛维的一位密友——一个叫作盖伦（Gailen）的人，自小就是他的侍从，谋划了一场伏击[2]。盖伦给他带来了替换的衣服，包括一件连帽斗篷，加上他具有掩饰性的光头，墨洛维可以在不被发觉的情况下向西南方骑行六十英里到达图尔。这位王子带着一小队支持者出现在正在举行弥撒的大教堂，他打断了格雷戈里主教并要求庇护。

※ ※ ※

墨洛维背叛了他。不忠诚的贵族们欺骗了他。目之所及全是叛逆，希尔佩里克开始越来越倚重他的妻子。这位王后煽动了他渐重的疑心——他还能信任什么人呢？就算没有允许女人审查战斗计划和税收记录的先例，但她是弗蕾德贡德，就是她曾用刺杀西吉贝尔特的计谋拯救了他的王国。在这个时期，她的身份不再只是一位王后，更是一位权力日益强大的政治顾问[3]。

布隆希尔德真的抛弃了墨洛维和他的事业了吗？弗蕾德贡德对此保有怀疑。而且她正确地怀疑，格雷戈里在叛乱中的作用不仅仅在于提供来自主教的庇护。不久之后，格雷戈里会告诉希尔佩里克国王，他在自己的大教堂给予墨洛维庇护只是出于畏惧和义务，但是弗蕾德贡德在墨洛维逃跑的整个过程里都看到了格雷戈里的蛛丝马迹：是他的执事把信息送给墨洛维的；是藏身在他教堂中的避难者提供了邀请；而他的靠山布隆希尔德王后从中受益匪浅。

当两位特使——一位是格雷戈里主教的亲戚，另一位是教堂的事务员——因为另一件事到达纽斯特里亚宫廷，弗蕾德贡德在接待他们的房间里大发雷霆，指责他们是密探："他们是来刺探国王在做什么的，这样他们就能报告给墨洛维！"[4]弗蕾德贡德没有等到把自己的担忧告诉希尔佩里克就自行采取了行动。当年她的第一个刺杀阴谋启用的是低微的侍从。现在，她可以命令贵族和宫廷护卫，他们毫不犹豫地遵循她的指令。在剑锋的威胁之下，她剥夺了这两个特使的财产并将其流放[5]。

✕ ✕ ✕

王宫之外，土地冻得硬邦邦的，但是反对的种子已经种下。当纽斯特里亚和奥斯特拉西亚的敌对关系进入第七个年头，民怨愈演愈烈。在曾经属于西吉贝尔特的众多城市里，对墨洛维叛乱的同情十分高涨。图尔就是这样一座城市，而且在这里，一场国王和其儿子的对峙似乎一触即发。格雷戈里主教的教堂迅速成为了冲突的爆发地。

圣马丁大教堂是一座宏伟的建筑，有着气势恢宏的高塔、大理石柱子和玻璃窗户[6]。就算以今天的标准来看，它也十分巨大：几乎长达半个足球场[7]。在内部，有大量房间提供给贡特拉姆·博索、墨洛维和他们各自的随行人员。在

第十二章 避难所的法律

外部，访客络绎不绝。每天都有新的朝圣者到来；年迈体弱的人被抬在担架上前来，富有的人骑着马到达；但绝大多数人是步行着从河港跋涉而来。他们被乞求施舍的乞丐和兜售纪念品的小商贩们挤来挤去。熙熙攘攘的人群让墨洛维的随从们能够轻易带着食物、补给、地图和计划溜进教堂，这些随从有好几百人都驻扎在图尔。但这些支持者们正与图尔伯爵的爪牙们愈加频繁地爆发冲突。

在每一座城市，教会的权力都体现在主教身上，能够制约它的世俗权力则由掌管城市的伯爵体现。在图尔，格雷戈里主教的权力被他所鄙视的对手柳达斯特伯爵（Count Leudast）削弱了。这两个人简直是天壤之别。格雷戈里惯于夸耀自己古罗马家族的出身，而柳达斯特伯爵以前是个奴隶，他有着一只残耳[8]，那是对逃跑奴隶的惩罚。查理贝尔特国王的最后一个王后，就是那个命运多舛的前修女，同情柳达斯特就让他当自己的马夫。柳达斯特之后节节高升，成了宫殿治安员，然后，不知怎的成了图尔伯爵。格雷戈里非常看重自己的特权，似乎没有什么能比社会野心家更能激怒他；柳达斯特则不惮于认为自己有权和格雷戈里平起平坐。

这位伯爵现在向希尔佩里克投诚，决意要让格雷戈里和他收留的避难者们没有好日子过。柳达斯特伯爵出现的时候，穿着"他的胸甲（胸铠）和锁子甲，身边挂着箭筒，手上拿着标枪，头上戴着头盔"。全副武装地出现在教堂既是对抗教会的律法[10]，也是堂而皇之地试图恐吓格雷戈里。作为回应，墨洛维则命令随从们袭击柳达斯特的地产[11]，并偷回任何他们能偷的东西。事件继续升级：柳达斯特伏击了墨洛维的部分支持者，墨洛维和博索以牙还牙，攻击并抢劫了希尔佩里克的王室医生[12]。最后，希尔佩里克国王向格雷戈里主教派来信使，要求他把墨洛维从圣马丁大教堂放逐出去："如果你拒绝，我就烧掉你的整个乡村。"[13]格雷戈里**确实**拒绝了，所以，希尔佩里克预备在来年春天派遣一支军队出征图尔。

墨洛维和博索一家在大教堂里度过了圣诞节假期，当577年新年来临之时，他还在纠结下一步该做什么。如果墨洛维继续待在图尔，这座城市和周围的乡村将会被踩躏。这不是赢得普通民众支持的方法，而他的父亲甚至会狂怒到挑衅关于避难所的律法，并在大教堂中抓住他。他有足够的支持能直接在战场上挑战他的父亲吗？或者，是时候该为奥斯特拉西亚的边境撕开一个缺口了吗？人们看见墨洛维在圣马丁的坟墓旁祈祷[14]，希望能从法兰克人的守护神那里得到何时行动的指示。

当希尔佩里克在准备战争的时候，弗蕾德贡德并未与他并肩作战，而是利用自己新得到的权力在暗中行动。博索公爵依然是希尔佩里克公开的敌人。希尔佩里克憎恨博索在战场上杀害了他最年长的儿子；他一门心思地想要复仇，这也许是为了减轻他对自己没有保护好儿子而产生的愧疚。但是弗蕾德贡德送了个消息给博索，承诺只要他做一件简单的事情就会给他丰厚的回报：让墨洛维走出教堂[15]。

王后这么做不啻于一场豪赌。如果墨洛维成功了，她的两个儿子克洛多贝尔特和参孙将很有可能被关在修道院里，甚至被杀死。但是寻求博索的帮助也有着很大的风险。他有可能告诉墨洛维和其他奥斯特拉西亚人这个提议；她的欺骗言语甚至会传给她的丈夫。

弗蕾德贡德的间谍网络肯定告诉过她，博索并不以忠诚著称。正如格雷戈里曾经写到这个公爵："博索是一个非常好的人，但是信守诺言对他来说太难了。"[16]同样众所周知的是，博索有着昂贵的喜好，而且他以先行动后思考著称。博索是一个令人害怕的敌人，但这些特征合在一起意味着，作为盟友，他可能与敌人同样危险，甚至比敌人更加危险。

弗蕾德贡德算计着，和家人在圣马丁大教堂躲藏了漫长的两年后，博索会焦躁不安。当希尔佩里克的大军逐渐逼近图尔，他也许会在那里被困得更久。赢得弗蕾德贡德的欢心，尤其是在她的势力正日益壮大之时，这对他和他的家人来说意味着获得一条安全归家之路。因此，博索决定接受弗蕾德贡德的提议。

自墨洛维剃度以来，已经过去了两个月；王子被剃光的脑袋长出了一些头发，他终于能够出现在公共场合了。博索提议他们带上鹰和猎狗到乡下打猎："在空旷的田野驰骋对我们都会有好处。"[17]对于墨洛维来说，被人看到在外打猎将会证明他是个勇士，而不是个修士。整整一天，两人都在圣马丁大教堂的墙垣外享受着清新的空气。

但是博索和弗蕾德贡德的计划出了点纰漏。要么是她没有收到博索的回复，要么是她的同谋把事情搞砸了。整个过程中，都没有出现刺客的身影。但还有一线希望。弗蕾德贡德相信她已经发现了墨洛维铠甲中的裂缝：博索公爵。和墨洛维一起寻求庇护的同伴能够被买通，这在以后也许能派上用场。

当博索啰啰嗦嗦讲着接下来该干什么时，墨洛维对新朋友的表里不一没有丝毫察觉。他已经向常去的算命师寻求了建议。这个女人预言[18]，希尔佩里克会在那一年死去，而墨洛维会成为纽斯特里亚的下一任国王。博索公爵还有漫长的一生，她说，他首先会是新王的首席军事指挥官，然后会成为一位有影响力的主教。基于这则预言，博索决定不再继续和弗蕾德贡德合作，相反，他开始加倍努力地帮助墨洛维的大业。他们决定，在春季作战以及希尔佩里克开始进攻图尔之前，他们将一起逃到奥斯特拉西亚的边境。王子和公爵集结了五百位追随者，连夜潜逃。

逃跑本身相对顺利。这些人被逮捕过，但又很快溜掉了。他们不得不在另一所教堂寻求庇护长达两个月。墨洛维证明了自己并不缺乏勇气和创造力，但是他被极其糟糕的时机困住了。两个月的迟滞意味着，当这群人到达边境时，政治形势发生了不可挽回的变化。

在577年的春天，贡特拉姆国王失去了两个罹患痢疾的儿子，他们才十几岁。勃艮第没有了继承人，而贡特拉姆和他的第三任妻子已经垂垂老矣，他们不太可能再生育孩子了。在577年的4月底[19]，贡特拉姆向奥斯特拉西亚人提出了一项提议。他将收养七岁的希尔德贝尔特。王子和一小队贵族到达了贡特拉姆的宫廷；贡特拉姆让他的侄子挨着他坐在王位上，并宣布希尔德贝尔特是他的继承人[20]。贡特拉姆还

第十二章　避难所的法律　　［121］

宣布了勃艮第和奥斯特拉西亚的联盟："愿同一面盾牌护佑我们；同一杆长矛保卫我们。"[21]但贡特拉姆有一个条件。他也厌倦了战争，他希望战争结束。如果战争结束，布隆希尔德的儿子就能得到法兰克王国三顶王冠中的两顶。

布隆希尔德处在一个进退两难的位置上。希尔佩里克和弗蕾德贡德是她不共戴天的敌人；他们刺杀了她的姐姐和丈夫。她推翻他们的最好机会在墨洛维身上。当墨洛维戴上纽斯特里亚的王冠，奥斯特拉西亚就不用再害怕西方邻居的进攻。但如果她真的支持墨洛维，她就扼杀了她亲生儿子的机会。

当了几个月的逃亡者后，墨洛维和博索抵达奥斯特拉西亚。博索回到自己的宅邸，大概是开始了新的谋划——想办法救出她的女儿们，她们还困在圣马丁大教堂里。墨洛维大概享受了和妻子短暂的重逢时光。但除了博索和他的派别，墨洛维发现自己在奥斯特拉西亚宫廷中没有多少朋友。希尔佩里克和贡特拉姆都依赖各自的支持者来结束这位王子的叛乱。埃吉迪乌斯主教和亲纽斯特里亚派都在积极游说反对他，而亲勃艮第派对他也没有更多的同情，他们并不想公然反对贡特拉姆国王，尤其是在他提出要收养希尔德贝尔特之后。奥斯特拉西亚的贵族们决定，这位逃亡的王子不能留在他们的宫廷[22]。墨洛维，这个没有了国家的人，又一次逃亡了。

第十三章　罪与罚

当希尔佩里克的军队到达图尔，墨洛维和博索早就逃走了。希尔佩里克勃然大怒，决定无论如何也要摧毁村庄。就连圣马丁大教堂都遭受了残酷的报复；希尔佩里克无视公约和法律，劫掠教堂的物品。他还派人在边境巡逻，甚至命令十几支突袭队跨越边境进入奥斯特拉西亚，试图搜捕墨洛维。尽管布隆希尔德不能公开支持丈夫的事业，因为她害怕会引起朝中他的反对者的怨恨，但她并没有完全放弃他。墨洛维躲在奥斯特拉西亚的边境一带，藏身在兰斯区域属于王后盟友沃尔夫公爵的领地内。计划似乎是让墨洛维在那里暂避风头，直到政治环境变得更有利于他的事业。

弗蕾德贡德意识到，只要墨洛维仍在逍遥法外，仅凭一支军队不足以平息叛乱。要剥离对墨洛维的支持，扰乱布隆希尔德和她的盟友们在纽斯特里亚已然建立起来的网络，弗蕾德贡德和希尔佩里克还需要锁定墨洛维的金钱来源。弗蕾德贡德的密探们很快就回信说，普雷特克斯塔图斯主教在向纽斯特里亚的贵族和富商们送礼，以交换马匹、补给和他们向墨洛维效忠的誓言。弗蕾德贡德不想简单地杀掉或者抓住普雷特克斯塔图斯，她想让他在公开审判中饱受屈辱，这也许能让其他神职人员和贵族们再三考虑支持墨洛维的事。她把自己的想法告诉希尔佩里克，而国王急切地支持"以确保王后能自行其是"[1]。

普雷特克斯塔图斯因叛国罪的指控被捕。他和格雷戈里一样是一位大主教，是鲁昂省的省会城市的主教，正因如此，他不在任何世俗宫廷的管辖之下。因此，看似臣服于教会权力之下的希尔佩里克转而在巴黎召开了一场教会会议，呼吁普雷特克斯塔图斯的同僚主教们来审判他违反信仰的罪过。这是个聪明的决定。这对王室夫妇在教会里有很多盟友。至少有十四位主教定期帮助他们处理外交和审判事务[2]；历史记录告诉我们，弗蕾德贡德至少还有三位忠实的支持者[3]。

主教们齐聚在坐落于西岱岛城墙外右岸的圣彼得大教堂。所有人都为了这个场合盛装出席——白色的亚麻布法衣、镶有金线的沉重的白色斗篷。大多数出席的杰出主教，肩上都垂下了一条白色的披带。他们都是忠诚的纽斯特里亚人；格雷戈里是在场的唯一一位奥斯特拉西亚人，因为图尔刚刚易主。

主教们一入座，希尔佩里克国王就指控普雷特克斯塔图斯违反了教会的乱伦禁令，因为他主持了反叛王子和布隆希尔德的婚礼，而且他还积极地试图推翻自己。"你居然送了礼物，还催促（墨洛维）杀了我！"希尔佩里克指责这位年迈的主教："你用钱诱惑人们，这样他们中就没有人会再信任我!"[4]

格雷戈里的记述是仅存的目击者记录,而他不可否认是有偏见的。但是他描述了一场被操控的审判,目击者们都被贿赂或胁迫配合。他宣称,尽管名义上是希尔佩里克在负责,但主教们都很清楚真正操纵缰绳的是谁:"他们畏惧王后的愤怒,这一切在她的煽动下得以完成。"[5]

当希尔佩里克了解到格雷戈里不想投票定罪时,国王邀请主教共进晚餐,并声称格雷戈里是在试图掩盖自己和奥斯特拉西亚人的勾结[6]。格雷戈里灵巧地躲开了这个指控,希尔佩里克继而恐吓要在图尔谋划一场能让主教免职的暴动[7]。格雷戈里宣称他勇敢地反驳了:"如果人们在你攻击我时因为虚情假意而大声呼号,这没什么,因为所有人都知道你才是始作俑者。因此,不是我而是你才应该在怒号中感到羞耻。"[8]

当格雷戈里在那次晚餐后回到住所时,弗蕾德贡德派来的信使很快就出现在了他的门口。如果丈夫的恐吓没有奏效,那她就将试试另一个方法,承诺格雷戈里判处普雷特克斯塔图斯就能得到"两百磅白银"[9]。信使又说道,王后已经和其他主教达成了合作。格雷戈里可以对王后的钱嗤之以鼻,但如果他决心要捍卫原则,那么他将孤立无援。

当格雷戈里还是拒绝时,弗蕾德贡德尝试了其他策略。她让其他主教说服普雷特克斯塔图斯认罪,并乞求国王的怜悯;这对年迈的主教来说,是避免更残酷惩罚的最好办法。正如格雷戈里后来说的,也许普雷特克斯塔图斯被"下套"了,或者他只是看到反对自己的证据越来越多。无论如何,

第十三章 罪与罚 [125]

在第二天的公开法庭上，他向希尔佩里克承认："我想杀了你，并扶持你的儿子坐上王位。"[10]

主教们不想将自己的特权让渡给贵族，他们同意普雷特克斯塔图斯应该被惩罚，但下判决的应该是他们，而且只遵照教规来判决。因此，希尔佩里克送给主教们一本教规，上面还有一条奇怪的补充规定："新抄录的（16页）插页"宣称，"如果一位主教被判谋杀、通奸或者作伪证，应被驱逐出他的主教辖区。"[11]虽然格雷戈里没有明说这些教规是伪造的，但他显然是这个意思。（但是，这些教规是真实的，就算不是很清晰。格雷戈里要么是完全搞错了，他之前从没见过它们，要么就是在非常努力地抹黑希尔佩里克国王。）根据这些新的抄录页，普雷特克斯塔图斯失去了他的教职，并在"惨遭殴打"后被流放[12]。

※　　※　　※

墨洛维在纽斯特里亚的支持力量现在受到了严重破坏。普雷特克斯塔图斯的网络被摧毁了，格雷戈里又处于严密的监视中。为了防止他再次帮助墨洛维，希尔佩里克在图尔大教堂的外面布置了守卫，下令关闭所有大门，只留下一扇，以保证进出的一切都能被监控到。这些困难本可以在强大的外部援助下得到克服，但是奥斯特拉西亚对王子事业的兴趣正在消失。在进攻苏瓦松失败之后，很少有人愿意投入更多的士兵和金钱了；主流的观点是，奥斯特拉西亚首先需要的是重整旗鼓，以确保能够保卫自己的边境。

但是，墨洛维仍然逃亡在外。布隆希尔德和她的盟友们帮助他在希尔佩里克发动的越境袭击中成功躲藏。最后，还是博索公爵再一次背叛了墨洛维。

纽斯特里亚最北端的泰鲁昂纳人送来了一个消息，说他们支持墨洛维的事业，并愿意让他将他们的城镇作为发动反抗的基地。既然鲁昂和图尔不再是他的选择，这正是墨洛维所需要的。他不想继续在沃尔夫公爵的领地里东躲西藏，完全依赖于他的妻子和她的盟友们，因为他发现，希尔佩里克的地位日渐稳固，而自己则越来越弱小。没有咨询过布隆希尔德的意见，墨洛维就急躁地和最信任的手下骑马离开了。博索公爵顺势找了个理由跟在后面。在墨洛维抵达泰鲁昂纳后不久，他就发现自己掉进了一个陷阱。他和他的支持者们被全副武装的人迅速围住，而王子则被囚禁在镇上的旅店里过了一晚。

等待父亲的时候，墨洛维有时间思考未来会发生什么。他知道，最痛苦的折磨是为背叛了父亲的儿子们准备的。他请求自己的老朋友盖伦——这位侍从曾经帮助他从修道院中逃跑——最后的忠诚："我求你不要让我落入敌人的手中。拿走我的剑，杀了我吧！"[13]在希尔佩里克到达泰鲁昂纳之前，墨洛维就死了。

同样，弗蕾德贡德参与了墨洛维之死的流言在人们之间传开，这是图尔的格雷戈里渴望传播的八卦："有人说，墨洛

第十三章　罪与罚　　[127]

维最后的（那些）话……是王后捏造的，他是因为她的命令才被秘密谋杀的。"[14]他只是想让墨洛维不背负自杀的名声吗？他重复了其他谣言——"埃吉迪乌斯主教和贡特拉姆·博索是这场埋伏的罪魁祸首"[15]，他还让他的读者们把这两个人和纽斯特里亚的王后联想到了一起。博索公爵"享有弗蕾德贡德王后秘密的欢心"[16]，而埃吉迪乌斯主教曾在很长一段时间里是"她最喜欢的人之一"[17]。格雷戈里主教使他的读者们能够无比容易地串联起种种蛛丝马迹，想象出主教和公爵之间匆忙的会面，看到黄金易手，进而猜测是弗蕾德贡德主导了整个事件。

⚔ ⚔ ⚔

577年的秋天，尽管乡下依然酝酿着不满的情绪，但墨洛维的叛乱被消灭了。

那一年，希尔佩里克失去了两个继承人。墨洛维前脚刚过世，弗蕾德贡德和她的儿子参孙就因为痢疾病得非常厉害。参孙曾在她母亲企图杀害他的情况下幸存，在图尔奈漫长的围城战中活了下来，但未能战胜高烧和腹泻[18]。剩下的只有奥多韦拉的儿子克洛维王子和弗蕾德贡德的儿子克洛多贝尔特了，前者活在兄长发动叛乱的阴影之下，后者只有七岁。

无视这些损失，也不管他的哥哥和侄子现在联合起来反对自己，希尔佩里克以罗马皇帝风格的"面包和马戏团"庆贺胜利。他携家带口地搬进了巴黎的宫殿，宣称那相当于第二首都（并声称他对王国这片土地的所有权，他的哥哥查理贝尔特生前曾统治过这里）。接着，他恢复了巴黎城墙外的鲁特西亚竞技场[19]，并在苏瓦松组建了一个马戏团，"为市民提供精彩的表演"[20]——剧场演出和充满异国情调的动物狩猎活动[21]。不久，他就又有了一个庆祝的理由：弗蕾德贡德又分娩了，是一个男孩——婴儿达戈贝尔特，他的名字——"明亮的日子"——代表这对王室夫妇对纽斯特里亚新起点的希望。

边境另一边的奥斯特拉西亚，情绪要沮丧一些。在墨洛维的潜伏阵营中有许多奥斯特拉西亚人。一位伯爵被斩首，其他地位更低的人则"被残忍地屠杀"[22]。而布隆希尔德在短短两年内再度成为寡妇。虽然她的儿子被擢升为勃艮第继承人，但她也付出了高昂的代价。然而，墨洛维的不幸并没有减弱她在宫廷中的影响力。到了579年，她以某种方式充分影响了戈哥和奥斯特拉西亚宫廷的其他人，从而能够决定她的大女儿的婚事。十二岁的英贡德尽管还未到完婚的年龄，但足以开始谈婚论嫁了。

布隆希尔德不希望她的女儿遭遇和自己的姐姐一样的命运，即发现自己在一个外国的宫廷中孤立无援。还有什么安排会比嫁回能得到祖母照看的西哥特王室更好的呢？布隆希尔德的母亲戈伊斯温特通过嫁给第一任丈夫的继承者柳维吉尔德而在西班牙保存了权力，并在这个过程中获得了两个继子。年长的是十四岁的赫尔曼吉尔德，未来他将成为国王。

是布隆希尔德而非戈哥主导了这些谈判,派遣一位主教"前往西班牙执行任务,以完成(她的)事务"[23]。她的儿子将成为两个国家的国王,而她的女儿将成为另一个国家的王后——一位全心全意奉献的母亲还能期望更多吗?只有一样:她自己来统治。

第十四章 "明智的顾问"

在580年的夏天,法兰克王国的民众都在谈论两件事——一件是雨,另一件是一则流言。

未来十年气候都将变得潮湿[1],而这一年犹为如此——有一次甚至连着下了十二天的雨[2]。农民们无法播种,牛被冲走并被淹死。

至于流言:据说弗蕾德贡德和波尔多主教贝尔特拉姆给国王戴了绿帽子。

弗蕾德贡德和贝尔特拉姆主教相处愉快——这不是秘密。这位主教是她丈夫的一位堂兄弟[3],也是她值得信赖的教会同盟之一。在对普雷特克斯塔图斯主教的审判中,贝尔特拉姆曾是希尔佩里克的得力助手。主教和王后曾一起为此做准备工作,在此过程中两人也许曾被人看到了在高声谈笑。但他们真的睡在一起了吗?弗蕾德贡德就是这样来确保大主教的忠诚吗?

同一年在巴黎,贵族们因为一个女人的贞操起了纠纷,之后圣丹尼斯大教堂(Saint-Denis)[4]里"血流满地"[5]。一位父亲来到圣丹尼斯的坟墓前，发誓关于他的已婚女儿的谣言是不实的；丈夫的亲戚们攻击他，坚称他在撒谎。随后在祭坛上发生了剑斗，等到其他人介入时，教堂内部已经满目疮痍，它的大门"被剑和标枪刺穿"[6]。法兰克人的法律十分执着于一个女人的称呼——"女巫""食男女妖""妓女"[7]——而侮辱一个女人的名誉则会点燃此种血仇。如果一个人侮辱另一个人的母亲、妻子或女儿，那么将迅速引发肢体冲突。肉搏将变成剑斗，很快双方家庭的房子就会被烧成废墟。而且，如果关于一个贵族女性的贞洁的谣言危害到她家族的荣誉，在王室家族中，它就会威胁到整条继承脉络。弗蕾德贡德的新生男婴呢？他还不到一岁，是在对普雷特克斯塔图斯的审判之后出生的，那他有可能就是在那期间被怀上的。到了8月，在河水漫上大坝之时，这则有毒的流言变得沸沸扬扬。

奥弗涅地区受到的打击尤为严重。卢瓦尔河、罗纳河、阿利埃河、索恩河泛滥和肆虐的程度远超先前的洪水。意大利的大部分地区也都被淹了[8]。疫情接踵而至。格雷戈里讲述了"痢疾如何抓住了几乎所有的高卢人"[9]。

对法兰克人来说，痢疾早已司空见惯。当时的一本菜谱中包含了许多治疗它的方子——不仅仅是煮沸的鹌鹑木梨汤，还有混合了热红酒的大麦粥[10]。人们都明白得了痢疾后不能喝生牛奶，只能喝煮沸了的牛奶，而且他们只能吃熟米饭这样清淡的食物[11]。结合其他资料可以清楚地看出，**痢疾**是一个笼统的词汇，被用来描述各种消化紊乱和不同程度的食物中毒。

然而,在580年暴发的疾病是最严重的那种:患者"高烧、呕吐,腰背部疼痛剧烈;他们因头疼导致脖子也疼。他们的呕吐物是黄色甚至绿色的"[12]。这是什么导致的?与其说是因为体液失调,不如说罪魁祸首是"一种不为人知的毒药"[13]。这个解释和我们当前对痢疾的理解相似——病因是一种特殊的毒药:痢疾杆菌。洪水中充满了排泄物,它们来自被冲刷过的厕所、牲畜棚,以及被淹死的牲畜和宠物的肿胀的尸体。法兰克人知道要饮用山泉和溪流中干净的活水。早在五个世纪以前,通过煮沸过滤有问题的水来得到饮用水的方法就已经形成了[14];这一方法在拜占庭也一直被采用。但就算不喝洪水,人们也要从洪水中涉水而过;洪水就在他们的靴子里、他们的衣服里,最终被带进了他们的家中。

但是,相比得上这种病,格雷戈里有更值得害怕的东西。关于弗蕾德贡德王后的谣言被归咎于他,这还多亏了他的长期政敌:只有一只耳朵的图尔伯爵柳达斯特。格雷戈里常常侮辱这位伯爵,给他起了各种各样的绰号,包括"贪婪的强盗、大嘴巴的长舌男以及肮脏的奸夫"[15]。现在,柳达斯特看到了自己的机会,他出现在希尔佩里克面前,宣称格雷戈里主教曾经质疑过弗蕾德贡德的贞操。

格雷戈里当然曾经质疑过弗蕾德贡德的许多方面。尽管在他的作品中保留下了愤怒的申辩,但格雷戈里很有可能**确实**嚼过王后通奸行为的舌根。虽然弗蕾德贡德可以忍受被指控犯有巫术或谋杀的致命罪行,但她不能忍受也不能让自己

第十四章 "明智的顾问"

儿子的出身被质疑。如果她的男孩们不是国王的儿子，他们就不能统治王国，那么奥多韦拉的儿子克洛维或者布隆希尔德的儿子希尔德贝尔特，就会是纽斯特里亚继承人的正统人选。

雨停了，但疫情仍在肆虐。九月，格雷戈里主教被勒令出席王室法庭，接受对其犯下叛国罪的指控的审判。即将到来的审判让格雷戈里惊慌失措，他试图抓住任何能够得到的支持。不知怎的，他试图争取弗蕾德贡德亲女儿的同情。里贡特现在十一岁了，被证实是出奇地任性。她公开"和所有仆人一起绝食"[16]来声援格雷戈里，这也许是激怒她母亲的一个方法。

诗人福图纳图斯很快就接到了老朋友格雷戈里的恳求。在这个时候，这两个人已经互通信件、诗歌和玩笑十多年了。尽管格雷戈里只年长八岁，但他对于这位常常捉襟见肘的诗人表现得像是个长辈，送给福图纳图斯很多实用的东西，比如凉鞋、嫁接的苹果树，还有很多书[17]。格雷戈里甚至从自己家族可观的地产中给了福图纳图斯一座别墅[18]。现在他只想要一个东西作为回报——福图纳图斯需要写首诗来拍希尔佩里克的马屁，并在对格雷戈里的审判会上宣读。

格雷戈里的请求最终让福图纳图斯有机会离开普瓦提埃去旅行。福图纳图斯已经定居在靠近拉德贡德的城市；诗人和前王后成了亲密的朋友。他们有很多共同点，因为拉德贡德以贪婪的读者著称。相比她的其他苦行——严格的食物限制、粗毛布衬衣和烙印——她的强迫性阅读行为看起来几乎是无害的。拉德贡德的修女们被要求效仿，因此她们每天都要花上数个小时阅读手稿，再多花几个小时抄录手稿。在以其"不寻常的文学氛围"[19]著称的修女院里，福图纳图斯如鱼得水。

但这次访问并不打算持续太久。在经久不息的内战中，普瓦提埃曾经落入希尔佩里克的控制，这让福图纳图斯和其主要盟友与收入来源——奥斯特拉西亚宫廷——断绝了联系。同往常一样，他发现了一个在糟糕处境中获得最大好处的办法：成为信奉基督教的前王后的宫廷诗人，并且协助她促成交战的墨洛温王朝兄弟之间的和平[20]。通过这个关系，他也和经过她修女院的官员和旅行者们有了联系。但是，当士兵们在乡下巡逻、旅行因而变得越来越困难时，福图纳图斯不得不放下吟游诗人的生活，无法再从一个闪闪发光的宫廷游荡到另一个。取而代之的是，他和拉德贡德及她的修女院院长阿格内斯（Agnes）定期交换信件和诗歌，而三人也在很多个下午相互大声朗诵。

他似乎很享受这样更为简单的生活。他的诗歌内容改变了：更少虚荣的统治者，更多简单的快乐，比如野花和新鲜的李子。也许他发现，被拉德贡德和她的修女们环绕，能更容易甚至更安全地把无所适从的感觉放下。福图纳图斯的私人诗歌表达出了对女性身体不断增加的厌恶[21]，以及对某些男性友人更加明显的渴望[22]。在一首写给教会执事的诗中，他称其为"爱人"，福图纳图斯遗憾地回顾没有说再见就让这人睡去：

［你的］身体瘫软在床上：

第十四章 "明智的顾问" ［135］

摇摆着，不愿用罪责烦扰你的平静

我的内疚留你独自一人。

我潜逃，一如暗夜的小偷，无人知晓。[1]23

在其他诗中，他写给另一个叫作鲁科的"爱人"24：这是他为巴黎新主教拉格内莫德起的充满爱意的昵称，这位主教也出席了对格雷戈里的审判。所以，福图纳图斯之所以对有机会在诉讼中朗诵而激动不已，也许另有缘由。

与此同时，他知道这首诗歌有多么重要。在过去的委托中，他面临过难堪、失去赞助者和收入，甚至还有雇佣他的国王或贵族的不满。但如果这一次福图纳图斯表现不佳的话，他的老朋友将会被判叛国罪，对这项罪名的惩罚轻则剥去法衣和流放，重则肢解和处死。如果他因为这首诗歌而惹恼了希尔佩里克，福图纳图斯甚至有可能会被当成帮凶而被捕。

审判将在贝尔尼-里维耶尔举行，这是希尔佩里克最喜欢的别墅，就坐落在苏瓦松省会城市的外面。埃纳河穿越河谷流经该区，这座王室别苑就耸立在岸边。希尔佩里克最重要的官员和贵族们在那里都有房舍；那是个小型宫廷。那里还保存有王室财宝25，一箱箱的金币和珠宝都被严加看管。

主教们再次聚集，全都身着华服。根据教规传统，因为

---

[1] 原文为：[your] body limp-lying on the bed: wavering, unwilling to vex your calm with sin my guilt left you undisturbed. I crawled away, a thief in the night, no one will ever know of it.——译者注

贝尔特拉姆主教是受害方，他将担任原告，对格雷戈里进行质询，而希尔佩里克则担任法官主持审判。站在他们的面前，福图纳图斯确切地发出了通常的赞美：希尔佩里克具有贵族血统。他的名字本身意味着"英勇的保卫者"[26]，而国王也不负此名，是一名声名赫赫的勇士。福图纳图斯还试着缓和希尔佩里克和格雷戈里过去的分歧。格雷戈里曾说国王是不公正的，而且在对普雷特克斯塔图斯的审判中舞弊；现在，福图纳图斯赞扬希尔佩里克的公正感："在你诚实的演讲中，秉持着衡量正义的天平，一切直指公正。"[27]

福图纳图斯小心翼翼地将国王描绘成他希望自己被认为的样子。希尔佩里克曾花了大半辈子与自卑感较劲，在和兄长们有关的事情上尤其如此，但在福图纳图斯的诗歌中，他被重塑为克洛塔尔最好、最杰出的儿子。他是最讨父亲欢心的孩子，是"他最爱的孩子"[28]。福图纳图斯甚至着力恭维了国王的文学野心。希尔佩里克在很长一段时间里都自认为诗人，甚至写了两本诗集，但格雷戈里主教曾讥笑说，国王的努力是"微不足道"[29]的，甚至"连一个公认的韵律规则都没有找到"[30]。[希尔佩里克显然"不（理解）他在做的是什么"，格雷戈里写道，因为"他把短音节放在长音节的位置上"，又反过来这么做[31]。]现在，福图纳图斯宣称，希尔佩里克不仅是家族中最聪明的一位[32]，还是一位伟大的诗人。希尔佩里克因为这位著名的古典诗人公开承认自己的诗歌是"杰出的"[33]而乐不可支。

诗歌的第二部分奉承了弗蕾德贡德。福图纳图斯用上了经典的赞美：除了美貌以外，王后还是"（她的）宫殿的好女主人"，而且"有着令人愉悦的慷慨"[34]。他称她为希尔佩里克的"合法配偶"，这是对奥多韦拉和被谋杀的加尔斯温特的轻蔑。出轨的谣言不可能是真的，福图纳图斯澄清道，因为王后只为王室带来了"更伟大的荣耀"[35]。称赞一位王后的美丽、贞洁和持家有方都是意料之中的。

但是，福图纳图斯还令人意外地大量提到了弗蕾德贡德的头脑和政治见解。他很清楚这位王后希望人们如何看待她。在由王国最有权力和学识的男人组成的议会面前，弗蕾德贡德并非以一位需要他们保护的柔弱女子形象出现。她获得了通常用在男人身上的称赞："明智的顾问，聪明、机敏……（而且）智慧。"[36]她还被描述为和国王平起平坐，能够与国王"共同统治"并"承担起治理国家的重担"，还能"在（国王）身边提供指导"[37]。

格雷戈里幸免于难。

主教陪审团认可格雷戈里给出的解释：他的敌人和控告者新贵柳达斯特，才是这些谣言的祸根。这位图尔的伯爵在缺席审判的情况下被革除出教会，听到这个消息后，他仓皇出逃。不过，弗蕾德贡德绝对不会忘了柳达斯特的话，并在数年之后让他为此付出了代价。他被她的士兵们抓住，并经历了数天的折磨，在弗蕾德贡德的命令下，"一根巨大的铁棍放在他的脖子下面，士兵们用另一根铁棍击打他的喉咙"[38]。能说会道的柳达斯特伯爵奄奄一息地死去，一句话都说不出来。

第十五章　弗蕾德贡德的忧伤

谣言停止了，但是痢疾没有。在对格雷戈里的审判结束后不久，传染病缠住了王室。希尔佩里克自己病得非常严重，高烧不退。国王好了，但他最小的儿子达戈贝尔特又病了。小王子的父母匆匆忙忙地为他洗礼。之后，这个婴儿稍有好转，他的哥哥又患上了。

弗蕾德贡德惶恐不安。帝国境内的孩子们不断死去；据记载，纽斯特里亚王国受到的打击最大。她意志坚决的内心正在与一种超越认知之物相抗争。她总是能用钢铁般的意志改变环境，但是她并不知道病原体的存在，这让她无法以智取胜。她接受了另一种可能的原因。如果瘟疫是上帝的审判，那这必然是对她曾经做过的某些事情的惩罚。

一年前，王国金库因为漫长的内战已经枯竭，希尔佩里克在领土上征收苛刻的新税。这些税收十分严苛，以至于他的很多臣民更愿意移居到其他王国去[1]。地主们必须为一阿邦（一种法国旧时使用的土地面积单位，一阿邦约合一英亩）的土地支付一瓶葡萄酒[2]，或者大约"每半英亩五加仑葡萄酒"[3]，还有针对其他商品和奴隶的税收。结果爆发了骚乱，尤其是在曾经被西吉贝尔特统治的城市：这是墨洛维反叛的最后一击。情况最糟的是在利摩日，这是加尔斯温特的晨礼中有争议的城市之一。人们试图杀害收税官[4]，并烧了税收登记册以示反抗。作为报复，希尔佩里克折磨和杀害了任何反抗过税收的人，甚至包括神职人员，并征收了更多的税。

在墨洛温王室成员中，亲族间的暴力行为被当成是这一身份所能接受的意外。但就算一位君主对自己的家人十分残酷，人们认为他也应该同情普罗大众，去效仿上帝对待贫苦病痛之人。弗蕾德贡德把这个好国王（bonus rex）的想法铭记于心。

她判断，她儿子染上疾病是上帝在惩罚她的贪婪。"是穷人的眼泪、寡妇的哭号和孤儿的叹息，在摧毁（我的儿子们）！"[5]据说她痛哭流涕。她在自己的城市——就是作为晨礼赠送给她的城市——里找到了税收登记册，并把它们扔进火里。接着，她又说服希尔佩里克在王国的每个城市里如此行事。所有税收债务一笔勾销：王国的全部税收政策在一个下午被全部抹去。

然而，小达戈贝尔特还是死了。这是意料之中的；很少有幼儿能逃过这个疫病。但是克洛多贝尔特那时候已经九岁，或者十岁了。他的父亲已经康复；他当然也应该好起来。

弗蕾德贡德和希尔佩里克把王子放在担架上，并迅速把他抬去圣梅达尔（Saint Medard）[1]的坟墓前，此处距苏瓦松

---

[1] 法国高级教士，大约出生于457年。——译者注

的宫殿不到两英里。在同一个教堂的地下墓室中埋葬着希尔佩里克的父亲——以及他被谋杀了的哥哥西吉贝尔特。但这对王室夫妇并没有意识到,在距离他们的一位受害者的坟墓仅有几步之遥的地方向上帝乞求怜悯,是多么讽刺的一件事。在这座圣人的坟墓前,有一口笨重的石灰岩石棺,国王和王后为了爱子的复苏忙不迭地祈祷,尽管在那个时候,这位王子"已经面如死灰,再也无法呼吸"[6]了。

他们的恳求来得太迟了。就在对格雷戈里的审判——这场审判的目的是为了镇压对弗蕾德贡德儿子出身的谣言——召开后的二十天里,两个男孩都去世了。

※ ※ ※

纽斯特里亚继承人的离世是一个全国性的悲剧。克洛多贝尔特王子的送葬游行队伍中,有几百个平民,"男人们掩面哭泣,女人们身披寡妇的黑袍"[7]。两位王子接连去世,熄灭了国王逝世之后和平移交权力的希望。这可能也标志着弗蕾德贡德事业的结束。无子王后的政治前途堪忧。

但是,这一时期的肖像画描摹的不是一个不安的王后,而是一个盛气凌人的人。这一时期的记录表示,希尔佩里克顺从于她的心情和反复无常,急于取悦弗蕾德贡德,或至少是不惹恼她。这个看法也许被贵族和主教们的偏见渲染了,他们因为她的影响力而愤怒,甚或迫切地想把希尔佩里克塑

第十五章 弗蕾德贡德的忧伤 [141]

造成虚弱无能的形象。但是在很多情况下，希尔佩里克都显然违背了自己的意愿来迎合王后的喜好。比如，希尔佩里克曾经在自己的新税收政策上投入了时间和资源，也曾经冒着灵魂不能永生的风险杀害和折磨神职人员，以在致命的反对前保卫税收政策。然而，在弗蕾德贡德的催促下，他突如其然地改变了想法。但是，没有什么比在对待仅剩的一个儿子——克洛维王子上，更能看出弗蕾德贡德是如何控制希尔佩里克的了。

580年10月，就在克洛多贝尔特王子的国葬之后，弗蕾德贡德和希尔佩里克离开贝尔尼-里维耶尔，到居斯森林深处隐居。这是珍贵的狩猎保护区（而且还能为未来所有的法国国王使用）[8]，长满了巨大的橡树和山毛榉。他们想不受打扰地哀悼，也希望能躲过仍在王室别墅中肆虐的痢疾疫情，毫无疑问，别墅中痢疾肆虐都是因为它靠近泛滥的埃纳河。到了月底，在疫情还没有缓和的迹象时，弗蕾德贡德建议国王把克洛维王子送到贝尔尼-里维耶尔。我们只能猜测她希望这个王子也染上疾病。希尔佩里克也许会理解，他的妻子是在要求他选择自己，甚至将她置于他的王国和他自己的利益之上。然而，希尔佩里克同意了，他命令自己仅剩的继承人前往极有可能带来死亡的疫情之地。尽管克洛维很有可能是在某些借口下被送去贝尔尼-里维耶尔的，比如告诉他他需要在官方事务上代表自己的父亲，这位王子也不会忘记，他的父亲和继母在肆虐的疫情中对自己的健康有多么不在乎。

不知为何，克洛维王子幸免于难。假如这对王室夫妇真的在寻求上帝的指示，那么它显然就是：正如他的名讳——伟大的克洛维国王——那般，这位王子深受上天恩宠，是天选继承者。希尔佩里克邀请儿子来与自己作伴，而王后在他们的另一个乡下宅邸——谢尔的狩猎别墅；他正在昭告天下克洛维是他的继承人。这位儿子庆祝自己命运的转折：他趾高气扬、狂欢作乐，和侍女们调情。想到自己战无不胜，他甚至还大声欢叫："我的敌人们现在就在我的掌握之中，对他们我想做什么就做什么。"[9]

据说，在这些言论中，弗蕾德贡德十分惧怕——*pavore nimio terrebatur*[10]，即被恐惧完全吞噬。弗蕾德贡德曾把克洛维的母亲和姐姐流放到了修女院；她曾经庆贺他的一位哥哥的死亡，还帮助策划伏击他的另一位哥哥并让其死亡。如果这位王子要写下仇人清单，他的继母毫无疑问应该居于首位。

弗蕾德贡德此时三十岁左右，尽管已经分娩了至少四次，但她只剩下了一个活着的孩子——一个女孩。无论她对国王的控制有多深，对另一个女人也许会吸引希尔佩里克的担忧依然会在她的脑海中飞过，就像任何完全依赖于国王之爱的女人那样。弗蕾德贡德还不得不担心，希尔佩里克现在已经四十多岁了，他不再是个年轻人，有可能会因故死去——无论是因为战斗还是疾病。那时，她会怎么样呢？

当然，弗蕾德贡德密切监视了围绕着纽斯特里亚继承人的所有支持者和随从。但她尤其关注一个女孩，这个女孩是她一名侍从的女儿，克洛维王子总是带着她。曾几何时，她

第十五章　弗蕾德贡德的忧伤　　[143]

自己也多像这个女孩啊，满心希望能得到王储的关注。

另一个仆人则心怀嫉妒地不断向王后打小报告，说克洛维的新女友及其母亲都是女巫。这个女孩非常美丽；王子对她的喜欢无需任何超自然的解释。但是，弗蕾德贡德轻易就相信了这个潜在的竞争对手会为了保障自己的地位而涉足黑魔法。不久，她就得知，正是这个野心勃勃的女孩的巫术，导致了自己挚爱的儿子的死亡。她忏悔了吗？她祈祷了吗？奥多韦拉的儿子能在这可怕的疫情中活下来，难道不是有点太容易了吗？她的两个儿子可都未能幸存。也许克洛维的幸免不是出于上帝的喜爱，而是出于某种更加罪恶的企图。假如他的新女友急切地想成为王后，那她让她的母亲，也就是弗蕾德贡德自己的侍女，在王子的食物或饮料中放点什么东西不是轻而易举吗？

弗蕾德贡德下令毁掉这个女孩子的容颜并羞辱她——她光泽的鬘发被砍断，漂亮的脸蛋被打得血肉模糊——接着，又把她绑在一根克洛维肯定能看见她的火刑柱上[11]。女孩的母亲也饱受凌辱，直到这个可怜的女人为了结束痛苦承认自己确实是一个女巫，而且她曾帮助克洛维王子施法来杀死弗蕾德贡德的儿子。当弗蕾德贡德把侍女的供词展示给希尔佩里克时（她自己又添油加醋了一番[12]），国王一蹶不振。在弗蕾德贡德的请求下，国王剥夺了克洛维的武器和华服，克洛维被戴上锁链扭送到弗蕾德贡德面前接受进一步的审问。王后接着就把自己的继子转移到了另一座庄园里，据后来的传言说，克洛维用在那里找到的一把小刀自杀了。从来没有人解释过，在独自一人被关在房间里并且双手被绑在背后的情况下，他是如何做到的。克洛维王子的尸体很快就被焚烧[13]，国王再也没有机会求证他死于自杀的传闻了。

弗蕾德贡德派遣自己的士兵前往鲁昂解决她的前任奥多韦拉。这位前王后可能会咒骂自己在那一天选了这个机智的厨房女奴作为侍女。但是，就算是一位被抛弃的前妻，奥多韦拉的地位看起来都是不容置疑的；她是三位继承人的母亲。现在，她比他们都长寿。奥多韦拉的谋划不是一个女人为了自己的利益而耍的心机，而是一个母亲绝望地想拯救自己的孩子。

现在，奥多韦拉已经被抓住并残忍地谋杀了。她的女儿巴西娜被送到了拉德贡德的修女院，她是这个家庭里唯一的幸存者。有的人猜测，巴西娜被弗蕾德贡德的士兵们强奸了[14]。无论是否真实，她名誉上的污点是去不掉了。既然已经名声扫地，巴西娜就嫁不出去了；只有弗蕾德贡德的女儿——越来越夸夸其谈的里贡特——能成为适于联姻的新娘。

弗蕾德贡德的侍女，也就是克洛维的女朋友的母亲，一不再被折磨，就推翻了自己的供词。她不是女巫；她没有杀害王子们。但无论如何，她都被从监狱中拖了出来，绑在火刑柱上，并"在一息尚存时被活活烧死"[15]。

第十六章　背弃盟约的布隆希尔德

群马嘶鸣,紧张不安;士兵们用剑柄拍打自己的木质盾牌。

当沃尔夫公爵出发前往位于香槟的庄园时,他和他的手下肯定是有武器的。但是,他们准备应付的是强盗,而不是这样的伏击。现在,他们的通路被兰斯的埃吉迪乌斯主教的军队以及他的支持者们堵截。在空地上排列开来的士兵浑身装备了铠甲——胸甲、锁子甲,以及独特的尖顶头盔,他们还挥舞着飞斧、长矛和剑。

当接到遭遇伏击的消息时,布隆希尔德就下定了决心。在她举起沉重的腰带[1],将其系于腰间,并紧握剑鞘中剑柄的那一刻,她的呼吸不禁有些急促。

风度翩翩又能言善辩的戈哥已经钳制埃吉迪乌斯的亲纽斯特里亚派十余年了。但现在,戈哥死了,十一岁的希尔德贝尔特国王的摄政者位置空缺了出来。公爵病得如此迅速,以至于他花费多年建立起来的联盟来不及重整旗鼓。埃吉迪乌斯主教的小分队看到了他们的机会。既然希尔佩里克没有继承人，先前顽固的贵族们也能被说服，那么纽斯特里亚的国王就不再是一个严重的威胁。在几次类似的谈话后，埃吉迪乌斯成功地迫使宫廷接受他成为年幼的希尔德贝尔特的摄政者人选[2]，从而限制了布隆希尔德对自己儿子的影响，并霸占了摄政权。

埃吉迪乌斯现在有能力来清算旧账了，他的头一个目标就是沃尔夫公爵；他们双方的家族在兰斯地区一直有土地纠纷。戈哥的铁齿铜牙再也不能平息事端，而希尔德贝尔特国王太过年幼，不足以调停贵族们的纠纷。但布隆希尔德不会让如此坚定的盟友倒下。沃尔夫公爵不仅公开承认她的权威，他还一如既往地支持墨洛维的夺权事宜，甚至在这不幸王子的最后数月里帮助藏匿他。布隆希尔德试着进行调解，但是贵族们不会听命于她——一位王后也许能操纵法律，但实施它的是国王。布隆希尔德下定决心，获得对国王的尊崇的最好方式，就是让自己看起来像一位国王。所以，她"把自己像个男人一样武装起来"[3]——*praecingens se viriliter*，准备去战斗。然后，布隆希尔德阔步迈入战场，来到沃尔夫和集结的军队之间。

有一些法兰克男人像女人一样穿戴甚至生活，甚至有一个人住在了拉德贡德的修女院里[4]，而他的故事能被如此随意地提起则暗示着，他不是唯一的一个。在另一个例子里，一个生理性别是男性的男人与一堆为年长女性所拥有的各类用品一同埋葬[5]。但是，反过来却不见得是真的；或者至少，就算有女人伪装成男人进入男修道院的记录，现在也没有法兰克女人装扮成战士的记录或者考古证据[6]。而布隆希尔德不只是穿得像个战士,她还像一位国王一样,试图确保国境的和平。

这既是一个实际的行动,也是个具有象征意义的姿态。法兰克男人的腰带和剑不仅是武器,也是他社会地位的象征。希尔佩里克为剥夺反叛儿子墨洛维继承权做的第一件事,就是"剥夺他的武器"[7]。通过武装自己,布隆希尔德宣告自己享有专为王室男性保留的权力。

布隆希尔德拔出她的剑,在战场上来回踱步,命令道:"勇士们!我命令你们停止这种邪恶的行为!不要再骚扰未曾伤及你们半分的这个人!"[8]

两边的士兵们一开始都目瞪口呆。冲锋被制止了。最后,一个男人的声音响了起来:"站回去,女人!你丈夫在世的时候,你拥有王权就够了!"[9]

那是埃吉迪乌斯的盟友乌尔西奥伯爵,他说出了很多奥斯特拉西亚贵族都有的担忧——王后似乎并不清楚自己的位置。他们担心她对她儿子的影响。她已经让希尔德贝尔特对她言听计从,无视他的摄政者;他已经否决了一位首选的主教[10],反而用了布隆希尔德挑选出的人。她会止步于一两个主教吗?还是有更大的野心呢?

布隆希尔德再一次呼吁他们放下武器。"不要再为了这区区一个人互相争斗了,不要再为我们的国家带来灾难了!"[11]

乌尔西奥才不会被说服。"你的儿子现在已经在王位上了,他的王国是我们在控制,不是你。"[12]

布隆希尔德咆哮着让他们回去。

"滚开！否则我们的马蹄将把你踹翻！"[13]乌尔西奥威胁道。

王后毫不退步。

两边的战士会怎么做呢？让乌尔西奥践行他的威胁吗？冲锋陷阵，践踏王后？

乌尔西奥和布隆希尔德互相谩骂。

尽管如此，她始终没有让步。士兵们牢骚满腹，但最后，力量分散了。王后守住了阵地并获得了一日的胜利。

但沃尔夫知道，布隆希尔德不能永远保护他。埃吉迪乌斯的军队很快就掉头偷袭了他的住处，带走了任何他们能找到的有价值的东西，还叫嚣着要杀了他。

一向乐观的沃尔夫被那次遭遇吓得不轻，以致于彻底逃离了奥斯特拉西亚。他一直倡导在奥斯特拉西亚和勃艮第之间发展更紧密的关系，现在贡特拉姆国王向他报以来自勃艮第的庇护。沃尔夫以及他后来的朋友迪纳米乌斯，决定在勃艮第的保护下，等待亲纽斯特里亚派的式微。

⚔　　⚔　　⚔

弗蕾德贡德的儿子们死后，这位王后陷入了沉痛的哀悼中。她往常冷酷又高傲；现在，人们发现她会当众泣不成声[14]。

希尔佩里克似乎也同样失魂落魄，他用一系列的新项目分散自己的注意力。国王放下了诗歌，决定拿起神学。不久他就写了一项废除三位一体的法令[15]。当国王向格雷戈里大声宣读这项法令时，主教万分恐惧。格雷戈里向国王婉转地指出，对三位一体的信念是他们信仰的核心基础；罗马教会和阿里乌斯教徒们就是为了这个原则争论良久。希尔佩里克发怒道："我会向那些比你更聪明的人说明这件事，他们一定会同意我。"[16]但是他们没有。下一位主教对这项提议的反应甚至更为强烈，他说，"要是他碰到写有（这些法令）的纸张，他会把它们撕成碎片"[17]！

希尔佩里克放弃了神学，转向写赞美诗。但是格雷戈里声称，它们写得太差了，以至于"根本不可能使用"[18]。可以从一首诗中看出缘由；这些赞美诗中保存下来的一首显示，希尔佩里克对拉丁文掌握得很糟糕，而且几乎不懂诗歌的韵律[19]。但他毫不气馁，希尔佩里克接着又试图对语言本身做出点贡献。他想在字母表上增加四个新的字母。他下令，这些新字母要在学校里创立起来，并且，所有旧课本"都应该用浮石擦掉并重写"[20]。（但这些字母从未在法兰克王国扎下根，它们被盎格鲁人借鉴去了，并进入了古英语的字母表中。之后，它们又从英语中消失并存在于斯堪的纳维亚人的字母表中，直到今天。[21]）

希尔佩里克深陷绝望之中，因为他担心自己再也不会有孩子了，而没有子嗣的国王需要用其他方式来确保自己王位的传承。不知道到底是为什么，但纽斯特里亚的贵族们认为形势十分紧迫，他们提议希尔佩里克去收养一位继承人。弗蕾德贡德有很强的生育能力，她在十三年的时间里孕育了五个孩子，而且她还非常年轻，才三十出头。王子们死去还不到一年，而最合理的行动方针应该是再等一等，看看王后能否再次怀孕。但那些在宫廷里的人，大概是秘密得知了一些有关损伤或者极为严重的流产的伤病信息，这些信息并没有被记载到历史或编年史中。还有一种担忧是，带走希尔佩里克儿子们的痢疾损害了他的生殖能力，或者是暗杀他们两个儿子的黑暗力量还未被铲除。

贡特拉姆国王已经领养了布隆希尔德的儿子希尔德贝尔特。现在，希尔佩里克的顾问们吵吵嚷嚷地让他做同样的事情；为什么不说服奥斯特拉西亚打破和勃艮第的协约，而加入纽斯特里亚呢？这个计划在奥斯特拉西亚也得到了支持。尽管有着个人的家族恩怨，但埃吉迪乌斯主教的勃勃雄心远甚过复仇的渴望，他想在政治领域有所建树。埃吉迪乌斯一直渴望着奥斯特拉西亚与纽斯特里亚的结盟，而他也不遗余力地为此四处游说。

两位王后对这项提议的安排倒是冷淡得多。弗蕾德贡德曾经奋力斗争，将自己孩子以外的人都挤出了继承线，而布隆希尔德也不希望这对杀了她姐姐和丈夫的夫妇象征性地收养自己的儿子。然而，尽管这两位王后可能都不喜欢纽斯特里亚和奥斯特拉西亚结盟的主意，但她们都没有积极反对缔结联盟的条约。

长期以来，布隆希尔德和弗蕾德贡德都被描述成，自加尔斯温特的谋杀后便有了血海深仇，相互之间被强烈的仇恨所遮蔽[22]。然而，这一结盟说明，两个王后并不仅仅把她们之间的冲突看成是一系列关于个人宿怨的报复行动，而更是一场政治较量。墨洛温君王的政治是一场血腥的运动，但暴力通常不是个人的；国王们频繁地缔结盟约又撕毁，和不过数天前还想要杀死的兄弟通力合作。事实证明，布隆希尔德和弗雷德贡德也是很务实的：只要对自己各自的王国有利，她们也愿意合作。

581年，埃吉迪乌斯来到巴黎郊外，在希尔佩里克位于马恩河畔诺让的临河别墅会见了国王。他们在那里敲定了协议的条款。在庆祝《诺让协议》（*Nogent Accords*）缔成的仪式上，希尔佩里克公开将自己的侄子希尔德贝尔特国王指定为自己的继承人，他宣布："希尔德贝尔特将继承我励精图治下的一切。我所要求的仅仅是，等到人生百年之时，我能在和平和安详中享受这一切。"[23]

这不是那个傲慢又年轻的国王的心声——他往往用使人警惕的威胁来结束自己的法令，也常常挑战边界和限制。这是一个更加谦逊的国王——他仍处在悲痛之中，而且很有可能的是，他已经四十多岁了，正在经历一场中年危机。就在仪式的几天前，出现了类似的瞬间。格雷戈里主教讲述了与希尔佩里克在别墅里的会面。国王看起来很想有人陪伴，而且急急忙忙地向格雷戈里展示自己的珍贵物件，包括一个五十磅重的镶满珠宝的纯金大托盘。希尔佩里克自言自语地说想要更多这样工艺的大托盘，只要"它能保佑自己活下去"[24]。这个国王被世俗的财宝环绕着，却没有儿子能够继承，他在考虑自己的死亡。

希尔佩里克对自己的命运投降了，他签署了《诺让协议》，这是两个王国共同认可的。为了这项新的条约，历史被重写了：原来，西吉贝尔特不是被弗蕾德贡德的手下暗杀的，而是被贡特拉姆国王！希尔佩里克理直气壮地说道："如果我的儿子希尔德贝尔特去查明真相，他就会立刻明白，他父亲的被杀是因为我哥哥的默许！"[25]勃艮第可能会因奥斯特拉西亚背弃盟约的欺骗行为进行报复；现在，纽斯特里亚和奥斯特拉西亚有了率先攻击的借口。

就在协商条约的时候，希尔佩里克给埃吉迪乌斯主教送了一笔钱：两千索里达以及其他寻常的私礼[26]。条约达成之后，国王还送来了一个消息："根不除，草不枯。"[27]换句话说，一旦贡特拉姆被料理干净，他们的下一个目标就是布隆希尔德了。如果想控制年轻的希尔德贝尔特国王，他们就得铲除这个家庭的"根"：他的母亲。

⚔ ⚔ ⚔

对纽斯特里亚和奥斯特拉西亚新联盟的更多支持，来自拜占庭皇室，他们有自己的理由希望贡特拉姆出局。

在578年查士丁皇帝发疯死去之后，索菲亚皇后就期待提贝里乌斯能够娶她并与她一同继续统治，她曾经提拔这位将军联合摄政。但是提贝里乌斯回绝了索菲亚的结婚提议，

第十六章 背弃盟约的布隆希尔德　　[153]

拒绝和自己的现任妻子离婚。更糟糕的是，他告诉仅比自己大几岁的索菲亚，他不曾把她看成自己的妻子，而是看成自己的母亲[28]。在索菲亚密谋了一场宫廷政变之后，她离权力中心越来越远，但仍保留着自己的头衔。

现在掌权的是提贝里乌斯，他内心充满了对统一的罗马帝国的怀旧之情。最重要的是，他已经打定主意收复意大利，尽管它正被伦巴德人牢牢掌控。为了驱逐伦巴德人，拜占庭人需要从北方进攻，取道法兰克人控制的阿尔卑斯山通道。这三条著名的阿尔卑斯山通道[29]，几个世纪以来都是罗马人使用的，它们横穿勃艮第并被贡特拉姆国王控制。但是贡特拉姆坚决拒绝帮助拜占庭人实现他们再次征服意大利的春秋大梦。

拜占庭人可以等待，并寄希望于希尔佩里克和埃吉迪乌斯推翻贡特拉姆。但另一种可能性出现了——他们终于可以利用贡多瓦尔德了，这个他们留以待用了数年的长发私生王子。假如，拜占庭人帮助贡多瓦尔德推翻了贡特拉姆并获得了他的王位，作为交换，贡多瓦尔德就会允许拜占庭人把勃艮第作为他们进攻意大利的跳板。

认为这个阴谋有机会成功基于这样几个理由。贡特拉姆已经快五十岁了，而他的第三任妻子也死于痢疾[30]，正是这场痢疾带走了纽斯特里亚的王子们。贡特拉姆似乎不可能再生出一个新的儿子了，尤其是他打算余生都不再续弦，以侍奉上帝。然而，法兰克人更推崇血气方刚的勇士国王，而非年迈的政治家。与贡特拉姆相反，贡多瓦尔德现在是有两个儿子的鳏夫，是一个能够提供稳定的王位继承的年轻的墨洛温王室成员。

拜占庭人通过暗中散布谣言来试探这个主意，他们欣然发现，不仅在勃艮第，在所有三个王国中，都有人支持一个候选的墨洛温君王。全部贵族都不满意他们现有的选择：越来越偏执和专制的希尔佩里克，或者是垂垂老矣、愈发虔诚的贡特拉姆——这二者都没有继承人，他们也不满意尚无建树的少年国王以及他自负专横的母亲。

在现有的这三个选择中，最后一个大概是最糟糕的。因此，贡多瓦尔德归来的谋划在奥斯特拉西亚引起了最大的热忱。在581年的夏末或者早秋，老谋深算的博索公爵坐船前往君士坦丁堡[31]。他的任务是带回贡多瓦尔德，以及提贝里乌斯为这次谋划提供的任何金钱和财宝。虽然他有着两面派的名声，但博索是被奥斯特拉西亚宫廷挑选出来完成这个差事的，因为他是一个巧言令色的演说者，而且和贡多瓦尔德在年轻的时候曾经是朋友[32]。

贡多瓦尔德热忱地欢迎了自己的老朋友。博索向他展示了来自奥斯特拉西亚和其他王国的信件，这些王国的领袖人物邀请他回去统治，但是贡多瓦尔德拒绝了。他已经习惯了在君士坦丁堡宫廷里相对奢华的生活了，并且不确定自己是否能得到博索承诺的热烈欢迎。两人拜访了这座城市中的十二处圣地，博索还在每一处立下誓言[33]：贡多瓦尔德在法兰克王国不会受到伤害。这是贡多瓦尔德第一次相信，每个人都争着让他回去。

第十七章 摄政

582年的春天,《诺让协议》签订还不到一年,奥斯特拉西亚和纽斯特里亚结盟的前提就瓦解了。弗蕾德贡德又一次怀孕了,而且,随着孕期渐长,希尔佩里克也再次思考将他的侄子任命为自己的继承人是否明智。

这个新生儿是个健康的男孩,出生于582年12月。希尔佩里克对这个消息的反应,说明了他的释然与近乎发狂的喜悦。纽斯特里亚的每一个犯人都被释放了;臣民们欠他的所有款项都被一笔勾销[1]。尽管巴黎被指定为三个王国共享的城市,希尔佩里克依然自信满满地强行征用它,并举家进入王宫,只为了及时举行新生儿的洗礼。这个孩子的名字是提乌德里克,他在583年的复活节早晨,在圣埃蒂安大教堂接受了盛大的洗礼。巴黎主教拉格尼莫德[或者,如福图纳图斯称呼的——鲁科(Rucco)]全程主持了仪式[2]。

《诺让协议》依然意味着,奥斯特拉西亚人和纽斯特里亚人会在583年夏天一起出征,准备入侵贡特拉姆的土地。埃吉迪乌斯和自己最亲密的顾问们与希尔佩里克一道行军,计划从西面入侵勃艮第。奥斯特拉西亚剩余的兵力和象征性率领他们的十三岁的希尔德贝尔特一道，将从北面进攻。

希尔德贝尔特的部队在南下的漫长行军中开始满腹牢骚。为什么他们要作为先锋出征？希尔佩里克国王已经有了一个新的儿子。他真的还会让希尔德贝尔特国王当自己的继承者吗？

有人在煽风点火。但这个人是谁呢？戈哥已经死了，沃尔夫和迪纳米乌斯为了自保双双叛逃到勃艮第，福图纳图斯也回到了普瓦提埃的修女院。但依然有人在暗中游说反对埃吉迪乌斯，最有可能的人就是布隆希尔德[3]。她更倾向于悄悄行动，但她会开始接触戈哥的一些老朋友，甚至是埃吉迪乌斯阵营中某些愈发不满的人。

随着行军的继续，抱怨越来越大声、越来越持久。士兵们问，如果他们的国王得不到好处，他们为什么要拿自己的生命冒险？**他们**和勃艮第又有什么龃龉？希尔佩里克是不是打算把奥斯特拉西亚人当成贡特拉姆的弓箭手的人肉靶子？军队开始行进得越来越慢，一点儿也不急着到达边境。

希尔佩里克和埃吉迪乌斯到达勃艮第的前线时发现，其他奥斯特拉西亚人竟然还没到位。他们只好在没有预期增援的情况下与拥有超过一万五千名士兵的贡特拉姆部队开战，就墨洛温王朝的标准来说，这可是一只庞大的军队。布尔日城外随后便是一场屠杀；格雷戈里宣称，仅仅一场战役，双方伤亡的人数就至少达到了七千人[4]。贡特拉姆接着派来了更多的士兵，最终镇压了希尔佩里克的军队。兄弟俩通过谈判达成了和平。

第十七章 摄政

埃吉迪乌斯和他的士兵们在向北撤退时，遇到了拖泥带水向南方行进的奥斯特拉西亚部队。当埃吉迪乌斯和他们一同扎营时，整夜的抱怨变成了公开的反叛。在愤怒地发现他们的同胞竟然因为一场徒劳无功的结盟而惨遭屠戮后，有些士兵开始高呼："打倒将（希尔德贝尔特的）城市拱手让给敌人的人！打倒把希尔德贝尔特的臣民送到外国当奴隶的人！"[5]他们叫嚣了一整夜；到了早晨，他们拿上自己的武器，径直去找埃吉迪乌斯主教。

埃吉迪乌斯策马飞奔出营地，投掷石头的士兵们穷追不舍。为了到达自己位于兰斯的据点，主教奋力骑行，以至于当他的一只鞋子掉落时，他都不敢停下捡拾[6]。一到兰斯，惊恐万分且只剩一只鞋子的主教立刻躲进了城墙里。与此同时，布隆希尔德从阴影中现身，执掌了她儿子的议会。她终于成了奥斯特拉西亚的摄政者。

她是如何做到的？一个女人并不是这个位置理所当然的选择，尤其在还存在其他候选人的时候。但戈哥曾经的人脉依然支持她，无论他们式微了多少，还有那些曾经反对过布隆希尔德的人，他们为了更加实际的理由改变了主意。不管他们有多害怕一个获得了政治权力的女人，他们都更害怕其他候选人。埃吉迪乌斯是否曾经仅仅想把他们的王国变成纽斯特里亚的保护国？他们也许认为至少可以信任王后，因为她会坚决捍卫自己的儿子。而且她还为内战提供了一个明智的选择，就是让自己凌驾于争斗之上，这样就能在各位公爵和他们的派系之间斡旋。其他的官员和贵族在得知将贡多瓦尔德带回法兰克王国的阴谋正在进行时，都闭上自己的嘴巴默许了。如果王后大概率会在一年内被推翻，那么现在发动政治力量去反对布隆希尔德的摄政是没有意义的。

对贡特拉姆国王来说，他更希望布隆希尔德自己退居修女院，因为这对寡居的王后来说显然是个合适的住所。尽管他并不是特别喜欢布隆希尔德，但他更不喜欢自己的弟弟希尔佩里克。另外，虽然布隆希尔德也不是很喜欢贡特拉姆，但她还是承诺会恢复奥斯特拉西亚与勃艮第之前的同盟关系，并将埃吉迪乌斯撤职。

对于布隆希尔德来说，她似乎计划让自己的儿子成为贡特拉姆王国的继承人，然后继续与希尔佩里克战斗，直到能够武力占领他的王国。但是，布隆希尔德也相当精明，她并没有忽视自己的前辈（也可能是她自己）为推翻贡特拉姆而制订的计划。博索公爵的差事办得很成功；布隆希尔德的老朋友贡多瓦尔德带着拜占庭皇室赠予的惊人财富，已于582年9月登陆法兰克王国[7]。在预料到贡多瓦尔德的归来后，贡特拉姆国王最重要的军事指挥官之一——穆莫卢斯公爵——叛逃到了奥斯特拉西亚。

贡特拉姆应该不会讶异于穆莫卢斯的行为——这位公爵全部的事业都是建立在背叛之上。还是一个年轻人时，穆莫卢斯曾作为质子和众多礼物一起被送给这位国王，以确保他的父亲连任为奥塞尔伯爵[8]。但是，他出卖了自己的父亲，自己得到了这个职位。之后，他飞速升迁——先是伯爵，然后是军事指挥官，最后是公爵。在战场上和在生活中一样，穆莫卢斯十分擅长利用令人出其不意的元素——诡计、陷阱和伏击[9]。他制服过伦巴德人，然后是萨克森人[10]；在兄弟内战的最早期，他的才能曾帮助击退了希尔佩里克的军队。贡特拉姆用土地、一座别墅[11]和巨大的财富嘉奖他。但是，穆莫卢斯贪得无厌，想要更多，并决定在贡多瓦尔德身上下注。

逃跑之后，穆莫卢斯和他的家人以及追随者们，逗留在高墙保护之下的阿维尼翁城里[12]。贡多瓦尔德与他会合，度过了这个冬天，一起为春天的军事行动做准备。就是在这里，贡多瓦尔德了解到，法兰克王国的政治形势和自己预料的大相径庭。

为了诱使贡多瓦尔德回来，贡特拉姆·博索在一些细节上自然有所遮掩。他告诉这位私生王子，希尔佩里克已经死了而且没有继承人，所以纽斯特里亚唾手可得。博索说，贡多瓦尔德可以统治整个法兰克王国；挡在路上的不过是膝下无子、年迈老朽的贡特拉姆和布隆希尔德的儿子——一个少年王。

因此，一回来，贡多瓦尔德就毫不令人意外地惊讶于希尔佩里克国王不仅还活着，他的王后还怀孕了。最重要的是，奥斯特拉西亚与纽斯特里亚的联盟瓦解了；贡多瓦尔德的全盘计划都是基于这样一个猜测，即奥斯特拉西亚人也将愿意攻打贡特拉姆。到了小提乌德里克——也就是纽斯特里亚王位的继承人——在583年的复活节早晨接受洗礼时，贡多瓦尔德撤回到了地中海的一座岛上，重新思考自己的选择。

贡多瓦尔德会发起新的进攻吗？布隆希尔德必须和最后

统治勃艮第的人保持友好的关系，无论那是贡特拉姆还是她的老朋友贡多瓦尔德。她也有领土上的野心：她想收回曾经属于奥斯特拉西亚的城市，比如图尔和普瓦提埃，她也没有忘记加尔斯温特的晨礼。

布隆希尔德现下还有一个担忧，来自她的女儿英贡德。在比利牛斯山脉另一侧的西班牙，英贡德的婚姻被证实是场灾难；这对新婚夫妇卷入了一场波及各国的反叛。

英贡德的丈夫赫尔曼吉尔德，是西哥特国王柳维吉尔德的长子。当柳维吉尔德于579年外出征战时，他留下了两个儿子执政。小一点的儿子治理北部领土，赫尔曼吉尔德则统治塞维利亚城以南。但是，刚在塞维利亚安顿下来，赫尔曼吉尔德就举兵反抗他的父亲。

一开始，这场叛乱基本上是温和的，充斥着青少年男孩反抗父权的各种姿态。柳维吉尔德国王几乎没有回应，而且他起初似乎只是对他的儿子有些恼火，而非大发雷霆。此外，柳维吉尔德在北部正忙于征讨巴斯克人，无暇他顾。

但现在，过去了将近四年，事态急转直下。柳维吉尔德已经南下，决心要镇压反叛。英贡德曾向母亲和弟弟求援。但在那个时候，埃吉迪乌斯掌控大局，布隆希尔德无力推翻他[13]。不过，拜占庭人倒是送去军队和补给，支援了这对新婚夫妇的反叛。

现在，布隆希尔德终于有能力帮助她的女儿了，但是西班牙的局势似乎正在迅速恶化。赫尔曼吉尔德和英贡德躲藏在被围困的塞维利亚。更糟的是，布隆希尔德的第一个外孙在这个时候出生了。英贡德才十五岁,刚生了一个儿子。她为他取名阿塔纳吉尔德,纪念布隆希尔德死去的父亲。

拜占庭人说,他们会继续帮助赫尔曼吉尔德和英贡德,只要奥斯特拉西亚能以攻打在意大利的伦巴德人作为回报。布隆希尔德在梅兹的宫殿大厅里来回踱步,俯瞰着摩泽尔河四溅的水花,权衡着自己的选择。希尔德贝尔特国王就快十四岁了,很快就会被认为足以指挥一支军队。一次成功的外国战役有助于强化他勇士国王的地位,也能得到奥斯特拉西亚人民的尊重和支持。但是,在外征战也有可能出大岔子——她应该为了拯救自己的女儿和外孙而让儿子去冒险吗?

第十八章　付之一炬

　　一般来讲，反叛是更小的儿子的游戏。长子们继承了最好的东西，小儿子们则对此心怀怨恨。赫尔曼吉尔德已经和美丽的新婚妻子在自己的领土上站稳了脚跟，几乎不受监管。柳维吉尔德国王已经六十几岁了，身体状况大不如前。（实际上，他将只能再活两年。）就算是对再野心勃勃不过的王子而言，静静的等待似乎才是明智的做法。

　　那么，像赫尔曼吉尔德这样的长子，想要通过举兵反抗他的父亲得到什么呢？

　　赫尔曼吉尔德在今天被塑造成一位宗教殉道者，这大部分要归功于格雷戈里，他宣称，宗教分歧是这场叛乱的核心。但是，对格雷戈里来说，宗教是一切事情的核心；他对于西哥特西班牙没有任何接触或者特别的了解[1]。诚然，赫尔曼吉尔德确实从阿里乌斯教转信天主教，但这是在他的反叛开始后不久。他的理由似乎格外务实：天主教在西班牙南部人民之中非常流行，而他希望得到这些人的支持。

　　所以，赫尔曼吉尔德发动叛乱的动机让人疑惑。然而，一份西哥特文献指出，布隆希尔德的母亲戈伊斯温特是主谋[2]。她和自己的第二任丈夫不和，而她的继子则站在她和她的政治支持者这边。这三代女人——戈伊斯温特、布隆希尔德和英贡德——都卷进了这场继位之争[3]。

赫尔曼吉尔德叛乱最有可能的解释是，他只是戈伊斯温特游戏中的一枚棋子。她的支持曾对确保柳维吉尔德成为西哥特国王至关重要，但没有记录显示他曾赠与她大量土地作为感谢。经年之后，柳维吉尔德通过武力征服大大扩张了西哥特的领土——以至于戈伊斯温特现在觉得，是时候拿回她应得的东西并在西班牙南部建立自己的领地了。她会注意到这个地区也许因为，那曾是她第一任丈夫，也就是布隆希尔德的父亲的大本营：阿塔纳吉尔德当年就是在塞维利亚称王的，而赫尔曼吉尔德正是从那里开始了自己的夺权之路。

在戈伊斯温特看来，第二个西哥特王国可以由她的外孙女和继子（英贡德和赫尔曼吉尔德）统治[4]，并和她女儿在法兰克的王国结盟。更有甚者，既然布隆希尔德是摄政者了，她应该有能力保卫曾经是她已故姐姐的晨礼的五座城市。这些位于法兰克王国西南部的领土，也许能够并入这个新西班牙王国。

在柳维吉尔德一心一意地反击巴斯克人时，戈伊斯温特和她的盟友们抓住机会开始反叛。他们预计，和巴斯克人的战争旷日持久，因此柳维吉尔德无暇双线作战，将很快答应他们的要求。但是现在，随着围城战陷入拉据，英贡德和赫尔曼吉尔德被困在了塞维利亚。

英贡德和赫尔曼吉尔德溜出了被围困的塞维利亚，逃到了科尔多瓦小镇，它处在拜占庭人的保护之下。这本应是一个期待已久的机会，可以重整旗鼓并取得加倍的成就。但是在584年3月初之前的某个时候，柳维吉尔德国王用三万索里达贿赂了在科尔多瓦的拜占庭人，让他们在他攻城期间袖手旁观[5]。拜占庭人接受了，并待在自己的营地里，无视赫尔曼吉尔德的呼救。

赫尔曼吉尔德逃到一座教堂里避难，对峙接踵而至。而在法兰克王国，布隆希尔德不仅不知道她的女婿遇到了什么麻烦，就连他才十几岁的妻子和襁褓中的儿子遭遇了什么也不知道。

※　※　※

戈伊斯温特依然在号令她在西班牙的派系和政治网络，而柳维吉尔德担心，她会和布隆希尔德一起发动一场报复性的进攻，或是一场拯救英贡德和她的新生儿的军事行动。他需要建立一个国际联盟来和她妻子的联盟抗衡，因此他派特使带上礼物到巴黎会见希尔佩里克[6]。

柳维吉尔德知道，希尔佩里克担心会有一场报复性的进攻，因为贡特拉姆和布隆希尔德联合起来反对他了。他听说，奥斯特拉西亚人甚至征募了一支军队，宣称他们有意攻打西班牙[7]。所以，西哥特国王提议他忠诚的小儿子雷卡雷德——

第十八章　付之一炬　　[165]

他当时十七八岁——和希尔佩里克十四岁的女儿里贡特成婚。希尔佩里克一直让里贡特待字闺中。失去了儿子,这位国王将不得不为女儿安排一份足以保证他自己政治命运的联姻。但既然他的新儿子——提乌德里克——已经度过了危险的第一年,希尔佩里克和弗蕾德贡德很乐意考虑把女儿嫁出去。如果在这个过程中能破坏布隆希尔德和她故土的联系,以及她对加尔斯温特晨礼土地的索取,那就更好了。

在结束谈判并拟订了在夏天举行婚礼的计划之后,希尔佩里克国王离开巴黎到苏瓦松旅行,这是一次两三天的行程[8]。手忙脚乱的信使们紧随其后,将他唤回。暴雨倾盆,河水不断淹没他们的堤坝,疫情卷土重来。这次患病的是小提乌德里克。

⚔   ⚔   ⚔

至此,希尔佩里克和弗蕾德贡德已经在七年里失去了三个男孩。现在,他们失去了第四个。"天塌地陷"都不足以描述他们所遭遇的痛失继承人的感受。

580年,在他们的两个儿子亡故之后,福图纳图斯曾经为这对哀悼中的父母写过一首诗——实际上,这是极其有人情味的一首诗。一段虔诚的段落提及了王室夫妇的下一个孩子,福图纳图斯写道:"愿他的父亲同他嬉戏,他的母亲用胸脯喂养他,愿他在父母的肩头偎依。"[9]很容易想象,墨洛温君王们对他们的后代漠不关心或者有所保留，他们已经习惯于失去孩子了，因为这发生的频率很高。但是，就算他们作为统治者可能必须冷酷无情，但也可以认为希尔佩里克和弗蕾德贡德是，或者应该假装是有感情的父母。

丧子对王朝的不利影响让他们备感失落，令国王和王后更"悲痛欲绝"的是[10]，他们再也不会有婴孩"偎依"了。提乌德里克被埋葬在巴黎，整座城市都在哀悼。希尔佩里克派人去请刚刚离开的西班牙大使，告诉他们推迟婚礼，"因为我刚刚埋葬了我的儿子，我很难在悲痛之中庆祝我女儿的婚礼"[11]。希尔佩里克确实感到悲痛，但他也没有准备好把自己的女儿送到一个深陷内战的外族国家去；他需要再想想，如何更好地部署他现在最有价值的资产。

西哥特人显然让步了，他们想巩固这一联盟，这样他们在一条边境线上就少了后顾之忧。里贡特不是希尔佩里克唯一存活的孩子。希尔佩里克想到了巴西娜，他在第一场婚姻中仅剩的孩子，她被扣押在拉德贡德的圣十字修女院。

尽管弗蕾德贡德似乎让她的士兵强奸了巴西娜[12]，并永远玷污了这个女孩的清誉，但要么是王后向希尔佩里克隐瞒了细节，要么是他认为，西哥特人急需这场联盟，他们会愿意接受一位次等的公主。国王向巴西娜抛出了这个提议，给了她一条走出修女院囚牢的路。和外国王子的婚礼将带来一个新的开始，一个逃离残酷地杀死了她的兄弟和母亲的政权的途径。巴西娜可能也意识到了，这场婚姻还是一个获得权力的机会，使她或许在某一天能向她的继母实施某些小小的报复。

但是巴西娜拒绝了。可能是因为她一点儿也不想讨好她的父亲；她宁愿选择她所了解的恶魔，也不愿选择她不了解的外国王子。希尔佩里克执意如此，但拉德贡德居中调停。"这不合适，"她教育自己的继子，"叫一个献身给基督的修女，再一次回到世俗的肉欲之欢中。"拉德贡德是不会放巴西娜离开她的修女院的，希尔佩里克也知道，和拉德贡德争论没有意义。她的力量太大，随时可以召来众多主教，甚至是教皇，向他训诫教会的律法。里贡特最后可能不得不嫁给西哥特王子，或者，希尔佩里克将不得不取消这场政治联姻。

不难想象此时此刻的弗蕾德贡德，她的眼睛因为缺乏睡眠而淤肿，她披散着头发，在巴黎宫殿潮湿的走廊里游荡，跟跟跄跄地前行，还喃喃地祈祷着。

她思绪翻涌，再一次绝望地试图找出究竟是哪里出了错。在亲自谋划了诸多巧合之后，她已不相信巧合。有人告诉她，她儿子的死亡并非因为痢疾，而是因为 *maleficia et incantationes*[14]，即巫术和咒语，这个想法让她备受鼓舞。弗蕾德贡德曾经将上一次丧子归咎于自己的恶行，并试图通过修改税法和捐赠钱财来赎罪；巫术这种解决方案则不需要她再怪罪自己[15]。

当这位王后在思索这个可能性时，她听到了一则貌似无害的轶闻。有人在无意间听闻，希尔佩里克的一位收税员向一个刚刚因为痢疾失去孩子的人出谋划策。他声称自己有一种特殊的疗法，"一种特别的草药"有特殊的力量——"任何被痢疾侵害的人，只要喝了用它调制的药水，就会立刻痊愈，无论之前他病得有多厉害"。[16]

那么为什么，明知道小王子已经病了，他却没有向王后进献这种特别的草药？她的疑心越来越大。此外，她还进一步推断，一个能制作治愈痢疾药水的人，可能也能制作导致痢疾的药水。弗蕾德贡德觉得这个想法非常可信，因为她自己就知道并雇请过声称会制作这种东西的人[17]。

在法兰克王国，有一整个由治疗师和咒术师组成的群体——incantores，他们可以预知未来、治疗疾病，能对你爱慕的人实施爱情咒语，还能对你鄙视的人实施坏运气的符咒。法兰克人仍然可以接触到古代的医学典籍，还有异教徒传统中的草药香膏、药膏和药水。天主教教会自然迫切地想让牧师和圣人作为唯一合法的先知和疗愈者。但中世纪早期的布道者同时进行着新旧两种活动。他们也许戴着十字架，拿着圣油以及他们声称是圣人遗骨的东西，同时又传播着异教徒的民间疗法。毕竟，圣人和女巫只有一线之隔。拜占庭皇帝和奥斯特拉西亚之间的联盟是靠一块木头促成的，主教和公爵们则随身携带着圣人的胡须或是殉道者的一块胫骨来抵御病痛和不幸。格雷戈里主教曾宣布，在吞下了圣马丁之墓的尘土后，他的痢疾被彻底治愈了[18]。尽管它们被称为 maleficia

第十八章 付之一炬

（邪物），然而普通治疗师口袋里的东西——"不同草药的根以及……鼹鼠的牙齿、老鼠的骨头、熊的爪子和油脂"[19]——与它们又有什么不同呢？

有的治疗师受雇于王室宫廷和贵族；其中就包括那位被博索公爵高度尊崇的预言家。弗蕾德贡德自己也会时不时地聘请一位算命师，后者的服务受到极大的重视，以至于她会"珠光宝气"[20]地四处炫耀。普罗大众则由另外的治疗师治疗，比如一位在580年的痢疾疫情时期活跃的江湖治疗师，他的客人是"妓女和低阶层的妇女"[21]。其他治疗师则被富裕的商人和官员聘用，譬如这位极度不幸的行政官员。

弗蕾德贡德逮捕并诘问他，但他坚持——当他"双手被反绑在背后并吊在横梁上"、"被车轮拉扯和被三股皮鞭鞭打"时如此，甚至在"手指和脚趾碎裂"时也是如此[22]——他和小王子的死没有任何关系。但是，他确实承认，在治愈痢疾上，他从一个女人那里得到了 *unctiones et potiones*[23]——药膏和药水，他也曾用它们试着缓解国王和王后的发烧。这种旨在帮助个人职业生涯的符咒，往往被看成无害的民间魔法，与爱情咒语及抵御衰老的药水同属一类。教会认为这些行为微不足道，并不会对信仰产生真正的影响。

但是，弗蕾德贡德完全不这么认为。她全然相信，在两年前，克洛维王子和他的女朋友曾经用这黑暗魔法让自己的两个儿子生病。那个女巫已经被迅速处决了，但要是她还有同伙在施法呢？这位行政官员的药水来自一群巴黎女人，她们可能是一群治疗师或者助产士；弗蕾德贡德把她们都包围并抓了起来。重重折磨之下,这些女人自然招供了所有事情——她们是女巫,她们对几起死亡都负有责任,等等。在更多的折磨之下,她们都认可了弗蕾德贡德的核心观点。没错,她们确实施行了黑暗魔法来让小提乌德里克生病;实际上,她们举行了一个仪式,用他的生命交换了那个官员的生命。但那些可怜女人的痛苦并没有因为忏悔而结束——"之后,王后更加残忍地折磨这些女人,她让一部分人溺死,又把另一部分人送进火坑,还把一部分人绑在轮子上,她们在上面被压得粉身碎骨"[24]。

当她烧死了这些女人后,弗蕾德贡德就开始烧毁属于她小儿子的一切东西。

金搭扣和金首饰、儿童型号的斧子和矛,一切都在火炉中熔成了铸块。他受洗的亚麻布,他的丝绸和兽皮、摇篮和木制玩具,墙上的挂毯、地板上的毛皮——这些东西"装了四辆马车"[25]。马车被拉到庭院里,并被付之一炬。

女人们擅长将痛苦深埋心底。拉德贡德和她严苛的肉体苦行只是其中一个例子;她是所有修女、母亲和女儿中最著名的代表,她们因为缺少食物而头晕,她们在铁链和粗毛衬衫的重压下颤颤巍巍,她们把嘴唇咬得鲜血淋淋,把痛苦生生吞咽。

但依然有炽热的创伤,这悲伤如此浓烈,人们甚至无法移开视线。

这一时刻将留存于神话中,并在一千多年之后再现,那是在理查德·瓦格纳的歌剧套曲的最后一幕,其中,女武神建立了一座硕大无朋的火葬柴堆。在火焰和烟雾的映衬中,她在马背上凝成一道剪影,注视着熊熊燃烧的一切。

然而,二者有一个关键的区别。瓦格纳的勇士少女难以忍受她的痛苦,策马奔入大火,燃尽了自己。而弗蕾德贡德只是轻轻拍了拍她的马,然后掉过头,骑回了宫殿的大门内。

折磨与处决巴黎的女人们、烧毁幼子的物品——长期以来,这些都被认为是弗蕾德贡德嗜杀成性、睚眦必报的证据。但是根据当时的事实,它们都是保护性和预防性的措施;它们实际上是母亲的天性。

一个一直为编年史家和历史学家忽视的细节是,弗蕾德贡德当时怀孕已久。这些审讯发生在3月份提乌德里克死亡后,但是早于4月18号的复活节[26]。在那期间,弗蕾德贡德怀孕至少八个月了,但是她保守着怀孕的秘密。

她在图尔奈围城期间生下了参孙,在那之后,她就陷入了抑郁症,饱受 *ob metum mortis*[27]——对死亡的畏惧——的折磨。现在,曾经的恐惧又回来了。

怎么可能不会呢?

希尔佩里克心灰意懒。他预测,新近再次结盟的奥斯特拉西亚和勃艮第不久就会发动进攻,因此开始为接下来可能发生的围城战做准备。他把自己的财宝运出巴黎,送到了康布雷的城郊，接着"向他的公爵和伯爵派遣使者，告诉他们修复各自城市的城墙，然后好好待在自己的防御工事里"[28]。战争旷日持久，弗蕾德贡德的丈夫越来越偏执，她襁褓中的儿子一个接一个死去，殒命于某种黑暗的未知力量。

她的一系列极端之举不仅仅是为了给小提乌德里克报仇，更是为了保护她正怀着的孩子，在暗杀者可能再次动手之前将其斩草除根。她甚至可能把实施酷刑当成了一种侦察手段——这些女巫是否知道她已经怀孕了呢？她们看起来并不知道；也许她的孩子是安全的，至少目前如此。

这对王室夫妇诚惶诚恐，即使在弗蕾德贡德于5月末或者6月初平安生下了又一个男孩后也是如此，因此他们并未公布这次生产。诞生了另一个继承人的消息将立刻提升希尔佩里克的声望，尤其是在他的某些贵族正密谋接回贡多瓦尔德之时。然而，他们还是没有宣布这个消息，新生儿依旧不为人知。这个男孩被"照顾在维特里的庄园里，因为（希尔佩里克）担心，如果他出现在大众面前，可能会受到某些伤害"[29]。

弗蕾德贡德的火堆也许是剧烈哀伤的流露，但也是一种实际的预防措施。不能有任何旧物；他们不能冒险，让任何被施了魔法的玩具或者中了诅咒的布料接触到那位藏在他们乡间别墅里的新生王子。在宫殿庭院里烧尽它们，场面越浩大越好。让人们猜测王后因痛失爱子而绝望，好过猜测她正藏着个秘密。

第十八章 付之一炬 [173]

第十九章　布隆希尔德女王

与此同时，布隆希尔德也处在巨大的恐惧中，害怕伤害会降临到她的孩子身上。她急切地想收到女儿和刚出生外孙的消息。他们在战斗中受伤了吗？被杀了吗？但消息姗姗来迟，令人难以忍受；从西班牙到她所在的首都梅兹，通常的行程是六个星期。但到了4月底，布隆希尔德就能拼凑出部分故事了。

赫尔曼吉尔德和他父亲之间的对峙结束了。

赫尔曼吉尔德在避难所中待了非常长的时间。最后，他的弟弟雷卡雷德走进教堂，劝说赫尔曼吉尔德走出教堂乞求父亲的宽恕，还承诺赫尔曼吉尔德最终只会被惩罚一段时日。这要么是一个计谋，要么是这位更小的儿子确实低估了他们父亲的愤怒。老国王亲热地迎接了他反叛的儿子，然后一把抓住他、锁住他，把他拖走了。布隆希尔德的女婿现在是一个阶下囚，被褫夺了头衔，但依然活着。

幸运的是，赫尔曼吉尔德似乎是独自走过最后一程的；他的妻子和儿子并没有跟着他前往科尔多瓦。他们得到了拜占庭人的保护。布隆希尔德在听说女儿和外孙还活着而且很平安时松了口气，但一听到他们被送往君士坦丁堡时又立刻怒不可遏了。拜占庭人打算将这对母子作为人质，直到奥斯特拉西亚做出令他们满意的让步。

由此带来的谈判为我们留下了布隆希尔德仅存的一点声音：在她寄送给拜占庭宫廷的信中，有五封留存了下来。当然，这些信件是由她口述给抄写员记录的，尽管它们的内容严重受限于传统，但是也清楚地显示出，布隆希尔德以统治者自居。她自称为 Brunichildis regina——布隆希尔德女王，并使用了她先前的国王们喜用的"朕"（royal we）。

遗憾的是，这些信件的内容十分笼统。为了避免信使在途中遭遇伏击，最微妙的内容并没有写在信中。一旦信使被皇帝接见，他就会在整个帝国宫廷面前大声宣读信件。信件明确首要的议题[1]，并表明信使被任命传达余下的信息，而他会在更加私密的场合予以传达。

在第一封信中，布隆希尔德回信给拜占庭的新皇帝。提贝里乌斯已经逝世，他的女婿摩里斯将军取而代之。摩里斯皇帝向希尔德贝尔特去信，但是布隆希尔德简短的回复清楚地指出了他的错误；她才是他应该与之商谈的那一位，因为有权决定如何行事的人是她："来自您至高无上主权的仁慈的、致以我们最尊贵的儿子希尔德贝尔特国王的来信已收到，我们愿和平共处。"[2] 她写道。她承认收到了帝国使团发来的某些信息，说她正派出自己的信使，让他们携带礼物前去回信，并认同联盟会对双方都有益[3]。

第十九章　布隆希尔德女王　　[175]

拜占庭人所要求的联盟，最终取决于奥斯特拉西亚是否同意向意大利的伦巴德人发动战争。他们送出五万索里达[4]来补偿法兰克人可能动用的补给、马匹和士兵。拜占庭人明确表示，同意这些条款是确保他们的新人质安全并可能获释的唯一方法。

没有太多时间去思考这个问题。阿尔卑斯山通道将在五月开放，而且，因为行军进入意大利至少需要八个星期[5]，所以，军队必须快速整装并开拔，这样才有足够的时间来完成任务，并在冰雪再次封住通道前返回。

奥斯特拉西亚的新摄政者决定发起她的第一次军事战役。而且对于希尔德贝尔特国王——他已经到了长出髭须的年纪——来说，这也是他第一次——率军踏入外国的领土。

⚔ ⚔ ⚔

墨洛温王朝的国王不仅是战士和管理者，他还是整个王国的大法官。不过他的主教们会主导他们自己的审判（尽管是在国王的命令之下，而且王室参与的程度往往不低，例如对普雷特克斯塔图斯和图尔主教格雷戈里的审判），国王则负责监督王国中所有的民事和刑事案件。这些案件中的绝大部分——偷窃牲畜、毁坏农作物，房东和租户之间或者家庭成员之间的纠纷——都是由当地的法官裁决的。但是更严重的案件，比如强奸、谋杀和叛国罪的指控常常都是由国王自己判定的。

成为摄政者的第一批公开举动之一是，布隆希尔德作为王室法庭法官主持审判了一起这样的案件。这是破天荒的举动，不仅在法兰克王国，甚至在整个西欧，这都是第一例有记载的女人主持法庭审判的例子[6]。一直以来女人都有在法庭中出现，不过是作为原告、被告，或者目击者。但现在，一个女人充当了法律的化身，这原本是专属于国王们的权力。而且很明显的是，布隆希尔德是按照自己的权威行事的，而不是和她的儿子一起行动：被告"被布隆希尔德王后传唤，并出现在她面前"[7]。

该案件涉及教会和雅沃尔的贵族之间的冲突，后者是法兰克王国南端的一个城镇。原告是当地的伯爵，被告是镇上的男修道院院长，他被指控毁谤王后。之后，在关于这些事件的编年史记载中，格雷戈里甚至不敢复述这个男修道院院长究竟说了什么。也许是出于对布隆希尔德的忠诚，他不想相信这些言论，但更有可能的是，格雷戈里从对自己的审判中学到一个惨痛的教训，即重复对王后的侮辱不会有什么好处。无论所谓的言论是什么，它们都必然严重到能被指控成煽动叛乱的程度。据推测，它们与弗蕾德贡德在四年前面对的谣言颇为相似——曾经有过指控王后不忠的谣言，这将引起对她儿子统治合法性的质疑。

审判本身没有什么细节，除了判决——男修道院院长被无罪释放，布隆希尔德让他回家。在回家的路上，他的指控者在埃纳河岸攻击了他并将其斩首。雅沃尔的伯爵处理了自

第十九章　布隆希尔德女王　　[177]

己的犯罪证据，他把男修道院院长的头颅放在"装满石头的麻袋里"[8]，又在尸体上绑上了巨大的石头，然后一起推进了河里。

对于雅沃尔的人来说，他们的男修道院院长似乎只是消失了。他和女人跑了吗？被抢劫犯拦住了吗？被野兽吃了吗？不知何故，无头尸体漂离了将其锚定在河床上的石头。然而，当人们发现尸体漂在埃纳河上时，没有证据能将它和失踪的男修道院院长联系起来。发现这具无法辨认的尸体的牧羊人们都是善良的基督徒，他们打算把它埋了。他们后来宣称，就是在这时，发生了一件神奇的事："忽然出现了一只老鹰，它从河底叼出了（一个）麻袋，并把它放在了岸上。"[9]这个麻袋如此奇异地出现在众人眼前，人们在里面发现了男修道院院长的头，尸体的身份之谜便解开了。所谓的鹰被描述成神圣干预的征兆，男修道院院长则被说成是圣人，被埋葬在一座非正式的神殿里[10]。

一旦明了男修道院院长不是失踪，而是被谋杀，雅沃尔的伯爵就是显而易见的嫌疑人了。如果没有接下来发生的事情，这看上去就像是又一起暴脾气贵族的血仇案件。罪行曝光之后，罪魁祸首不仅没有被惩罚，反而受到了奖赏。雅沃尔的伯爵从没有因为谋杀而被审判，几个月后他竟成了主教。他是一个不太可能的候选人；他甚至不是神职人员。但是当主教职位出现空缺后，布隆希尔德提议由他接任。伯爵被安置在罗德兹，这个教区和卡奥尔教区接壤，而卡奥尔是并入加尔斯温特晨礼的城市之一。作为已故姐姐的继承人，布隆希尔德觉得自己对卡奥尔享有权力，但卡奥尔当时仍处在纽斯特里亚的控制之下。一被安置进罗德兹，转为主教的伯爵就和卡奥尔的主教展开了地盘之争[11]，试图为他的王后夺回尚有争议的土地。

调解纷争是法兰克君王的责任，但是在这里，有一位君王为了自己的利益利用了这样一桩纷争。一个诋毁过布隆希尔德的敌人被杀死，而她也获得了一位甘愿保卫她的利益的盟友。她曾经见证过反对她的男人的恶毒；三年前，当她穿上战士的盔甲出现在战场上时，乌尔西奥公爵欣然将她踩在脚下，只因他发现这样做不必承担任何后果。和任何公开承认她的权威的男人结盟是很有意义的，无论他们的脾气有多坏。

当希尔佩里克得知奥斯特拉西亚士兵正在希尔德贝尔特的率领下向意大利进军时，他松了口气。他不会面临奥斯特拉西亚和勃艮第的联合进攻了。他和弗蕾德贡德还没有准备好公开宣布他们新生儿子的出生，但他们总算能安心地送里贡特出嫁了。

他女儿的出嫁仪式极尽隆重和奢华，以弥补此前的犹豫不决和拖延。王室一家在夏末回到了巴黎，他们因筹备婚礼而心力交瘁。

希尔佩里克早已习惯了奢华的排场，他把女儿的婚礼作为彰显自己权力的另一个机会。十六年前，他用一支单膝下跪的先遣军队迎接了西哥特公主；现在，他打算用同样壮观的场面将自己的女儿送到西哥特。

希尔佩里克希望里贡特有尽可能多的随从，但是他已经将所有王室侍从派出与她随行了，所以他又看上了他在乡下庄园的侍从，并把他们都"装上了马车"[12]。里贡特的保姆和侍从本来就是要在她婚后服侍公主的，但是一般的侍从错愕地发现，他们现在竟然要在遥远的西班牙生活了。作为回应，"他们痛哭流涕、拒绝离开"，而希尔佩里克下令将他们"严密看守"[13]，以防他们逃跑。尽管如此，还是有些人不愿意抛弃家人和家园，"在悲伤中自缢了"[14]。

当里贡特的随从被迫集合完毕时，五十辆马车上高高地堆满了"大量的黄金和银子，以及许多上好的衣服"[15]，数量如此之多，以至于弗蕾德贡德不得不安抚聚集在一起送行的贵族们，告诉他们她并没有耗光国库："你们看到的一切都是我自己的东西。"[16]

弗蕾德贡德的回答让我们清楚了解到，她现在掌控着巨额的财富。她提到，送她礼物的不仅仅是希尔佩里克，还有贵族们。另外，她还"从我自己的资源里，从赠与我的庄园以及税收里积蓄良多"[17]。一个白手起家的奴隶，已经积攒了足够的个人财富，能用宝物塞满五十辆马车。这笔嫁妆既彰显了她个人的权势，也体现了希尔佩里克的权势，它是如此丰厚[18]，以至于他必须集结一只卫队来保护他的女儿，以及她的嫁妆。

西哥特人于584年9月1日到达[19]，迎接他们的新娘。纽斯特里亚的贵族们聚集在一起，向年轻的公主赠送了更多的礼物，使她目不暇接。当送别仪式终于在泪水和亲吻中结束时，里贡特登上马车启程，陪同的不仅有不情不愿的奴隶和侍从，还有三位公爵、一位伯爵[20]、数位宫务大臣和四千名士兵。但是，当里贡特经过城门时，她马车上的一根车轴断了。现场传来阵阵惊呼，因为很多人都把这当成不祥之兆[21]。

因为送别仪式和修理车轴的耽搁，送亲队伍直到黄昏降临都没有行进多远。他们在城外不过八英里远的地方安营过夜，这是个错误的决定，因为这里对很多从乡下抓来的奴隶和侍从来说仍然是个熟悉的地方。这一夜，五十个人找到机会逃跑了，他们还带走了"一百匹配有金辔头的好马和两条粗重的铁链"[22]。他们逃往奥斯特拉西亚，因为对他们来说，生活在一个与纽斯特里亚敌对的法兰克王国，远好过生活在遥远的西班牙。对于婚礼随从的规模来说，五十个人实在不值一提，但是他们的逃跑给其他人提供了思路。几乎每个晚上，都会有更多的人从堆满嫁妆的马车中顺走一些硬币或珠宝，然后消失了。

大约行进了十天，当他们到达普瓦提埃时，一些贵族（根据先前的安排）返回巴黎。没有记载提到拉德贡德从她在普瓦提埃的修女院出来欢迎公主，或是为其祝福，尽管这位前王后曾经为其他许多达官贵人这么做过。也许，她是害怕向公主的随行队伍开放她的修女院。将近五千人的队伍需要频繁停下来补充补给，他们选择的方式是从经过的城镇直

第十九章　布隆希尔德女王

接掠取——存粮、整棵的葡萄、牛和猪，这惹恼了穷人，人们把他们比作一群蝗虫[23]。

庞大的送亲队伍向西南方慢吞吞地行进，沿途掠夺乡村，一路上损失了大量的侍从和财宝。队伍希望能在下雪之前翻越比利牛斯山脉，这样至少还能剩下一部分嫁妆。

希尔佩里克还没有收到他女儿的婚礼队伍被缓慢洗劫的消息。因婚礼筹备工作而疲惫不堪，他和弗蕾德贡德回到了他在谢尔的别墅。此时正值9月末的狩猎季节，是时候追逐雄鹿和野猪了。

打猎归来时已是黄昏。一行的其他贵族已经下了马，并跋涉着返回各自的住处。国王的马是最后小跑进马厩院子的马匹之一。一个奴隶上前拉住了缰绳。国王将一条腿跨过马背，把手放在奴隶的肩膀上以稳住自己。

另一个人走上前。霎那间——一把匕首刺进国王的腋下，接着是他的肚子[24]。血液从嘴里流出，随即他从马上跌落。

第二十章　国王死了

　　国王就是法律，一旦法律崩坏，纷争四起。贵族们系紧斗篷，套上靴子，给马套上马鞍。有的劫掠黄金，有的劫掠文件，甚至还有的劫掠王室地窖里的肉和葡萄酒[1]。在他们冲进冲出的同时，希尔佩里克还躺在马厩院子里他从马上跌落的地方[2]。天空从紫罗兰色变成黑色，周围森林的阴影覆盖着瘫倒在地的国王，他现在孑然一身了。

　　最终，一个身影慢慢靠近了尸体。桑利斯的主教已经在庄园外驻留了三天，希望能面见国王。现在，他将希尔佩里克的尸体拖回自己的帐篷。是他为国王脱衣并清理身体，擦去嘴角的血迹。他派遣侍从从国王的卧室取来精美的服饰，重新为国王穿戴整齐，然后在尸体边守了一整夜，"唱着圣歌"[3]。

　　弗蕾德贡德不会也不可能为她成婚十五年的丈夫做这些事，因为此刻她正待在她丈夫的某个顾问的私人房间里低声交谈。她离开时，面色苍白，她命令侍从们迅速收拾行李，并让使者骑着没被偷走的马火速出城。

　　第二天早上，桑利斯的主教开来了他的船——似乎是一艘单帆平底驳船,然后将希尔佩里克的尸体装了上去。他沿着马恩河航行,在交汇处进入了塞纳河,然后经过竖着围墙的西岱岛到达左岸。在那里,希尔佩里克的尸体被卸载到田野和草地中间的一辆马车上,之后被运送到如今圣日尔曼德佩区的一座小教堂。

弗蕾德贡德并没有参加她丈夫的葬礼。她只和他的遗体一起到了西岱岛;主教停下来让她下了船,她经过城门,然后走向大教堂[4]。她推开那里的门,向福图纳图斯亲爱的鲁科——也就是巴黎的主教——寻求庇护。

这座大教堂的内部比巴黎的宫殿还要华丽:吊顶天花板由充满异国情调的黑色大理石柱支撑,墙上的马赛克壁画被大扇的彩色玻璃窗映射得闪闪发光[5]。这是座宏伟的教堂,占地半英亩[6],大到能轻轻松松容纳下一个王后和她尚在襁褓中的儿子,以及她的侍从所能带出的所有王室财宝。不久,这座城市会被包围。弗蕾德贡德与她的对手十年前的处境一模一样——新近丧偶、被困巴黎。

※ ※ ※

刺客逃脱了。

流言甚嚣尘上:无论刺客是谁,他都是这哀伤的寡妇雇来的。一种说法宣称,当和宫相兰德里克将军有染被发现后,弗蕾德贡德匆忙杀死了希尔佩里克。而发现的过程被详细地描绘了出来：

> 弗蕾德贡德正在卧室里洗头[7]，她的头浸在水里。国王在她的身后出现，用棍子敲了敲她的臀部。她以为那是兰德里克，就说："你要做什么，兰德里克？"接着她抬头看向身后，发现那是国王；她害怕极了。而国王万分伤心，就出去打猎了。

根据这个说法，弗蕾德贡德命人叫来兰德里克；两人猜测他们就要被抓住、被折磨了。据说当兰德里克惊慌失措、忍不住哭泣时，弗蕾德贡德有了个计划，并且在国王打猎回来的时候实施了。她派遣"喝她的葡萄酒喝到醉的"[8]刺客去埋伏国王。当国王下马时，这个人"用两把斯卡玛萨匕首刺进国王的肚子。希尔佩里克哀嚎着死去了"[9]。对希尔佩里克被杀的记述，显示出这次谋杀和对他哥哥西吉贝尔特的谋杀有着显而易见的相似之处：两个刺客，用酒精壮胆，用两把斯卡玛萨匕首刺杀了一位国王。

在逃跑之前，这两个人喊道："伏击，伏击，这就是奥斯特拉西亚的希尔德贝尔特国王对我们的主人做的事情。"[10]他们自称是奥斯特拉西亚的间谍；显然，如果弗蕾德贡德想解决掉她的丈夫，人人都知道她很明智地嫁祸给了她的对手。

虽然这个说法极大地满足了人们的八卦心理，但有充分的理由说明它为什么不太可能是真的。首先，它是在刺杀事件发生一个多世纪后才写成的[11]，当时正值墨洛温王朝没落和加洛林王朝（Carolingian dynasty）崛起之际。关于弗蕾德贡德通奸的传言记录，就出现在查理大帝（Charlemagne）的祖父[12]——他自己也是宫相——反叛国王希尔佩里克二世的时期。一个和希尔佩里克二世同名者被他自己的宫相戴了绿帽子的故事，在当时无疑能引起共鸣。

然而，就算这个说法被夸大或戏剧化了，并获得了现任统治者的青睐，似乎也有一些真相残存其中。兰德里克将军是希尔佩里克的首席政治顾问之一；弗蕾德贡德是另一个顾问，因此和兰德里克至少会有共事情谊。他们可能被看到过一起走向议会厅，以及在议会上交谈。即便没有和他一起睡觉，弗蕾德贡德也有可能和兰德里克经常一起工作，以规避她越来越偏执和反复无常的丈夫那时常自相矛盾的法令。在希尔佩里克死后很长的时间里，兰德里克和弗蕾德贡德仍然交好，并且兰德里克平步青云；在法国东北部还有一座以他的乡下庄园命名的村庄：兰德维尔，或称"兰德里克的别墅"[13]。

当然，对弗蕾德贡德荣誉的轻视可能不仅仅是一般的厌女攻击。弗蕾德贡德可能**曾经**对希尔佩里克不忠，或至少，她曾经积极筹备以确保当她失去了国王的喜爱或当国王突然死去时，她有一条退路。那相当符合她的天性；她是一个生存者，这是首要且最重要的。

八世纪时关于她通奸的描述也许曾混淆了某些细节，但准确地抓住了这个故事的核心。格雷戈里主教第二次大胆地冒着诽谤弗蕾德贡德的风险声称，在希尔佩里克被谋杀之后，弗蕾德贡德要求国王的宫务大臣埃贝鲁尔夫——他是掌管国库的官员——而非兰德里克,"和她一起生活,但他拒绝了"[14]。获得埃贝鲁尔夫的支持可能是她在丈夫遇刺的那天晚上竭力试图启动的应急计划的一部分;弗蕾德贡德让希尔佩里克躺在马厩院子里,也许并不是因为她在兰德里克的房间里,而是在埃贝鲁尔夫的房间里,正尝试获得他的支持。如果他同意娶她,他们就可以一起统治。埃贝鲁尔夫拒绝了她的提议,大概是因为他已经有了一个妻子,但弗蕾德贡德不会迅速忘记这场羞辱。

另一个明显的可疑对象是布隆希尔德王后。

她的盟友格雷戈里主教称希尔佩里克为"我们时代的尼禄和希律王"[15],又继而罗列了这个国王所有的过错、罪孽和缺陷,清楚地表明几乎每个人都有谋杀国王的理由。当然,如果是他的靠山下令进行了这次刺杀,他就有很好的理由来掩盖这一事实,并四处推诿罪责。

半个世纪后,一则在勃艮第写下的记录[16]确实把责任归于布隆希尔德:"希尔佩里克是在谢尔的别墅里被杀的,离巴黎并不远,杀手是一个叫法可(Falco)的人,他是布隆希尔德派去的。"[17]这个作者主要参考了格雷戈里主教的作品,但他也能接触到其他王室和教会的档案,以及外国大使的描述;或许,其中一份材料记载了这个所谓的刺客的名字[18]。

他简单明了又轻而易举地给出这一信息的方式说明，这一说法在某些圈子里被认为是常识。

布隆希尔德显然既有手段也有动机。在嫁给墨洛维之后，她就已经牵扯到了先前刺杀希尔佩里克的图谋中，而且，她仍然认为这个国王要为她的姐姐、丈夫以及墨洛维的死负责。就在希尔佩里克死前数个星期，布隆希尔德的使者曾在纽斯特里亚的宫廷中，有机会藏匿或雇佣一个刺客[19]。

非常有可能的是，布隆希尔德并不知道弗蕾德贡德正藏着个四个月大的婴儿。如果希尔佩里克死后没有继承人，布隆希尔德会期望她的儿子希尔德贝尔特统治三个王国。

希尔德贝尔特整个夏天都在意大利作战，刚刚毫发无损地回到了家。便利的是，刺杀发生的时候，他和布隆希尔德都在纽斯特里亚的领土上[20]，离谢尔就二十英里。希尔佩里克的财政官员们打包起原本属于谢尔的黄金和珠宝，并"不失时机地加入了希尔德贝尔特国王"[21]的队伍，后者欣然充实了自己的国库。听说弗蕾德贡德已经从他们身边溜走并离开了谢尔，希尔德贝尔特和奥斯特拉西亚部队便向巴黎进军，抓捕弗蕾德贡德。

布隆希尔德和希尔德贝尔特不仅离得非常近，处于能够接纳逃跑的财政官员带来的黄金的有利位置，而且，布隆希尔德还有一个军事将领，他准备夺回她认为理应属于自己的领土。一位奥斯特拉西亚公爵突袭了利摩日，这是组成加尔斯温特晨礼的城市之一，随后他又向北进军，试图夺回普瓦提埃和图尔[22]。

⚔ ⚔ ⚔

还有第三种可能的情况：希尔佩里克是死于和他的私生哥哥贡多瓦尔德有关的探子。

在这种情形下，布隆希尔德仍然牵涉其中，或至少在某种程度上得到了预先提示，因此能够安排她的儿子和公爵们最好地利用刺杀之后的混乱，但她不是这起事件的始作俑者。这一合谋需要三个王国的贵族们协同合作，他们有不同的背景和政治目的，但看看刺杀之后发生的一系列事件，这并不牵强。

贡多瓦尔德在地中海的一座岛上度过了夏天，似乎是在马赛或戛纳附近的一个群岛[23]（但也有可能是在科西嘉这样更远的地方[24]），一直和他的支持者们保持着密切联系。希尔佩里克死亡的消息让贡多瓦尔德扬帆起程；据他所知，希尔佩里克只留下了两个女儿——一个正在前往西班牙的路上，另一个被锁在了修女院。在584年9月末，贡多瓦尔德第二次进入法兰克王国，而且再次前往阿维尼翁。他相信，博索公爵在581年向他承诺的情形终于出现了：纽斯特里亚唾手可得，而墨洛温王朝的王室成员只剩下年迈的贡特拉姆和年少的希尔德贝尔特。

与此同时，里贡特公主刚刚抵达遥远的图卢兹——距离西班牙边境还有一个多星期的路程[25]，尚未意识到自己的父亲已经死了。她的护卫们强令她停下。他们得修补器具、恢复体力。他们迎合了公主的虚荣心，告诉她他们不想让她在新郎面前因"风尘仆仆"而受"嘲笑"[26]，而公主也希望自己能呈现出最好的样子，就同意了延迟。

当这一大队人马在图卢兹停滞不前时，一位不期而遇的客人——德西德里乌斯，纽斯特里亚的阿奎丹公爵——赶上了他们。等到快马加鞭的信使们飞驰而至，证实了希尔佩里克已死的消息，德西德里乌斯就召集了公主护卫队的将领们商议。没有记录表明他们讨论了什么，但紧接着就有两位将军以贡多瓦尔德的名义接管了公主的卫队和财富。

里贡特可以试着自己前往西班牙的边境。但是没有嫁妆，就算是个公主也无法期望婚礼能按计划进行。加上希尔佩里克已死并且没有清楚指定继位者，西哥特人可能也不再想和纽斯特里亚结盟了。里贡特公主陷入困境，只能待在德西德里乌斯抛下她的地方——图卢兹一座教堂的避难所里，等待着会有人派来军队护送她回家。

在这支不幸的随行队伍中，有一个侍从拼尽全力，一路疾驰回到巴黎。他在大教堂的住所中找到了弗蕾德贡德。听到消息后，王后陷入了**狂怒**[27]——愤怒得失去了理智。弗蕾德贡德没有射杀这名侍从，但也非常接近了。她击打侍从，命人扯下他的衣服，拿走他礼节式的腰带。她的愤怒总是与脆弱相伴而生；她宁愿全世界都听到她的愤怒，而不是她的恐惧。在接下来的几个星期里，随行队伍中的人跌跌撞撞地回到了巴黎，"厨子和面包师傅"等，弗蕾德贡德都让他们因为目睹了她女儿的耻辱而付出了高昂的代价——他们被"鞭打、剥夺财产并致残"[28]。

弗蕾德贡德曾指望她的女儿能安全地坐在西哥特的王位上，甚至可能考虑过将西班牙作为一条可能的退路。如果那条退路不再对她开放，她就需要远胜于从前的个人财富，以及它所能买到的忠诚。德西德里乌斯公爵曾经向她的家庭效忠，曾经在宴会上向她鞠躬——现在，他夺走了她的钱财，还侮辱了她的女儿！这样公然的背叛之后，其他屈辱和冒犯肯定会接踵而至。

进退维谷的王后似乎愈加担心她丈夫的坟墓会被亵渎。尽管她无法参加希尔佩里克的葬礼，但弗蕾德贡德下令在他的石棺里刻了非常特别的铭文[29]。这则拉丁文碑文共有两行。第二行是祈求国王死后能够安息："我，希尔佩里克，乞求我的骸骨能长眠于此。"[30]第一行的口气则完全不同，是弗蕾德贡德自己写的，*Tempore nullo volo hinc tolantur ossa Hilperici*[31]，即"无论何时，我都不允许希尔佩里克的尸骨被从这里带走"！

然而，弗蕾德贡德知道，她的禁令可能不会被遵守。如果希尔佩里克不再被人们尊敬，他便会被公众遗忘，她也一样。没有家族庇护或保护她的财产，弗蕾德贡德知道她需要一个男人来帮助她抓住权力。在被宫务大臣埃贝鲁尔夫拒绝之后，又得知她丈夫手下的其他贵族不是逃跑就是背叛的消息，除了向贡特拉姆国王派去信使，她别无选择。二十年前，查理贝尔特国王的遗孀提乌德希尔德曾经向贡特拉姆国王献上自己和王室的财富。弗蕾德贡德也要做一样的事情——贡特拉姆单身且急需一位继承人，而弗蕾德贡德早就证明了自己有很强的生育能力。

但是，弗蕾德贡德从提乌德希尔德的错误中谨慎吸取了教训。就算可以有办法绕过教会的新禁令，但贡特拉姆憎恶有权力的女人，而且他似乎不想再有一个妻子。相反，弗蕾德贡德向贡特拉姆提供了一件他不再拥有且比以往更想拥有的东西。她在信中写道："愿我的王前来掌管他兄弟的王国。我有一个小婴儿，我渴望将他放在他的怀里。同时，我愿做他谦卑的仆人。"[32]

这个孩子对贡特拉姆来说完全是个惊喜。希尔佩里克和弗蕾德贡德将他的出生遮掩得结结实实，以至于他到现在都不为人知晓，没接受过洗礼，甚至还没有取名字。事实上，就算这个孩子死了并被另一个孩子取代，也不会有人知道。弗蕾德贡德不敢两手空空地出现。

弗蕾德贡德在少时的奴隶生涯中很好地训练出了一项技能，她能准确地弄清楚当权者到底想听什么。更厉害的是，她似乎能随心所欲地变换角色，让自己成为任由他人的欲望涂抹的白板。在写邀请函时，弗蕾德贡德小心谨慎地学习敌人的经验。贡特拉姆勉强尊重布隆希尔德，但他既不喜欢她，也不赞成一个寡妇独自出击。他想，现在有一个新的寡妇以她该有的样子来找他——不是作为一个平起平坐的人或一个伴侣，而是一个恭恭敬敬、需要他保护的人。

贡特拉姆上钩了。

他带着一小队部队奔向巴黎,并命令城门向所有人关闭。希尔德贝尔特和他的奥斯特拉西亚部队随后抵达,他们包围了城市。布隆希尔德和她的儿子、她的使节以及她的盟友们,重复着弗蕾德贡德杀了希尔佩里克的流言。希尔德贝尔特和他的军队要求:"交出谋杀者,交出这个缢死了我的姨妈,杀死了我的父亲而后杀死了我的叔叔的女人!"[33]

但是贡特拉姆拒绝了,他告诉希尔德贝尔特集结起来的众人,他现在是弗蕾德贡德的保护者,"她是国王之母,因此不能把她交出去"[34]。

第二十一章　贡特拉姆国王的烦恼

当布隆希尔德和贡特拉姆陷入事关弗蕾德贡德命运的战争时，贡多瓦尔德和他的支持者们发起了新一轮的行动。

现在，可供贡多瓦尔德调遣的有数千人马，一部分位于阿维尼翁，听从他的盟友穆莫卢斯的指挥；另一部分则由德西德里乌斯从里贡特的送亲队伍强征而来。他还拥有这两位公爵的才能，他们跻身同时代最受人尊敬的军事统帅之列。

但是，尽管希尔佩里克的遇刺为贡多瓦尔德开启了新的机会之路，他的地位却比两年前从君士坦丁堡携带大量黄金返回法兰克王国时更加岌岌可危。既然拜占庭人有了布隆希尔德的外孙作为人质，他们就会更加倚重奥斯特拉西亚人，而不再需要通过扶持贡多瓦尔德继承王位来获得他们想要的东西：通往意大利的陆地通道。奥斯特拉西亚人甚至加入了君士坦丁堡对抗伦巴德人的战役。对拜占庭人来说，贡多瓦尔德不过是另一项尚未成熟的战略投资；他们得翻篇了。

假如他一开始的计划是征服整个法兰克帝国，贡多瓦尔德现在就不得不收敛他的野心了。在584年10月中旬[1]，即希尔佩里克被刺杀一个月后,他将目光转向法兰克西南部的阿奎丹,打算在那里建立一个王国。他有正当的理由索取这片土地:早前,当法兰克王国分裂成四个王国时,阿奎丹曾属于最年长的哥哥查理贝尔特,正是在他的宫廷里,贡多瓦尔德曾被培养成为可能的继承人。这次索取不会侵犯奥斯特拉西亚人的领地,又能让贡特拉姆保留部分领土。关键是,贡多瓦尔德的计划将让法兰克王国回到战前,也就是567年之前四分天下的格局,就好像随之而来的所有暗杀和土地掠夺、报复和政权更迭——内战所带来的可怕的一切——都不曾发生过一样。

为了实现他的野心,贡多瓦尔德前往有争议的利摩日地区,并按照法兰克人的风俗传统被举到盾牌上[2],宣称为王。这一举动本身就是宣战的行为。

与此同时,贡特拉姆在巴黎遭遇了多次暗杀。贡特拉姆往往和全副武装的卫队一起出行,即便去教堂[3]也不例外。威胁如此之大,以至于他在弥撒上发表了公开讲话,恳求能给他"至少三年时间",这样他就能解决好侄子的事情,法兰克人至少也能够有一个"成年男子"来保护他们[4]。

布隆希尔德当下没有理由除掉贡特拉姆;尽管他对弗蕾德贡德一事的固执让她厌烦,但是希尔德贝尔特仍然被指定为贡特拉姆王国的继承人。如果布隆希尔德担心弗蕾德贡德的新孩子会削损她自己儿子的权益,那她最好的办法就是集中力量绑架或刺杀这个婴儿。然而,消灭仅剩的另一位成年墨洛温君王对贡多瓦尔德显然是有利的。

第二十一章　贡特拉姆国王的烦恼　　[195]

当他进军阿奎丹时，贡多瓦尔德经过了奥斯特拉西亚人的领地。令人疑惑的是，布隆希尔德并没有干涉他的前进，这要么是事先安排好的，要么是因为她太专注于在巴黎发生的事情。

希尔德贝尔特仍然要求贡特拉姆"交出女巫弗蕾德贡德"[5]，这样她就可以为他父亲西吉贝尔特、他叔叔希尔佩里克，甚至是他表哥墨洛维和克洛维的死偿命。他还有别的要求。布隆希尔德一直希望图尔和普瓦提埃这样重要的城市——它们在被希尔佩里克征服前一直属于奥斯特拉西亚——现在能回到她的手上。但是贡特拉姆派遣军队占领了它们，宣称对希尔佩里克近期征服的所有土地拥有主权。贡特拉姆拒绝直接和布隆希尔德谈判，而是希望只和希尔德贝尔特会谈，后者还不到年龄呢。

作为对这一轻视的回应，布隆希尔德派遣了一些奥斯特拉西亚贵族去会见贡特拉姆。她并没有派出那些最倾向贡特拉姆、最有可能在谈判中取得重大进展的贵族。她派出了埃吉迪乌斯主教和贡特拉姆·博索公爵，这一选择似乎是为了引起对抗，而不是达成协议。

当奥斯特拉西亚代表团向贡特拉姆要求归还图尔和普瓦提埃时，国王勃然大怒。他已经指定希尔德贝尔特为自己的继承人，而他得到的所有回报竟然是两面通吃的背叛。贡特拉姆已经拿到了希尔佩里克的文件，得到了秘密的《诺让协议》的副本，这是奥斯特拉西亚人在三年前背叛他的铁证。当然，这个协议在布隆希尔德获得摄政权之前就已经订立了。而现在，埃吉迪乌斯竟然敢向他要求让步？

但是，贡特拉姆国王对这个前纽斯特里亚-奥斯特拉西亚联盟的愤怒，远远不及他对博索的强烈厌恶，这个人曾经做出许多让人费解的两面三刀之事。

582年，从拜占庭接回贡多瓦尔德之后，博索就用船把他送回了马赛，这是个连接法兰克王国和东部地中海世界的重要贸易港口。马赛是个有争议的城市，曾经在勃艮第人和奥斯特拉西亚人之间来回易手；当时，它处在奥斯特拉西亚控制之下。博索和贡多瓦尔德在码头上受到马赛主教西奥多（Theodore）的欢迎，他是西吉贝尔特安插进去的，而且是奥斯特拉西亚坚定的支持者。

贡多瓦尔德的手下卸下了船上的货物。巨额的财富被装上西奥多提供的马车然后被运走。王子和主教不知道的是，博索已经私自从贡多瓦尔德的财富里分了一杯羹[6]。之后，贡多瓦尔德一离开马赛，博索就逮捕了西奥多。

罪名是把拜占庭探子引入了法兰克人的领土[7]。

西奥多简直不敢相信。难道博索不也曾经和这个所谓的"拜占庭探子"同在一条船上吗？西奥多甚至提供了一封信，上面有奥斯特拉西亚领袖们的签名，以表明他只是奉命欢迎贡多瓦尔德。

尽管如此，博索还是把西奥多主教交给了贡特拉姆，告知国王贡多瓦尔德回来了，并指控西奥多叛国。博索为什么这么做，至今仍是个谜。难道他突然在几个小时之内就厌恶了贡多瓦尔德？还是博索想象着勃艮第国王会永远感激他的

158

第二十一章　贡特拉姆国王的烦恼　　[197]

这个提醒,并对他论功行赏?

博索继续前往位于梅兹的奥斯特拉西亚宫廷,他在那里宣称,贡多瓦尔德此时此刻正在回阿维尼翁的路上。博索接受了人们对他成功远征的庆贺;他当然没有提到,自己曾经侵吞了一点儿贡多瓦尔德的金子,并把西奥多主教送到了贡特拉姆的手上。

当博索回到自己的庄园时,他在自己家里发现了陌生的士兵,他们围着他的妻子、两个女儿和年幼的儿子。贡特拉姆国王就在那里。他冒着风险越过边境进入奥斯特拉西亚,就是要让博索明白自己已经发现了他那卑鄙的行为:"正是你邀请贡多瓦尔德进入法兰克王国的!正是为了安排这件事,你才去的君士坦丁堡!"[8]

不,博索坚称。不是他。是贡特拉姆的前公爵穆莫卢斯,他是贡多瓦尔德最大的支持者之一。贡多瓦尔德现在就在穆莫卢斯位于阿维尼翁的庄园里。

为了自证清白,博索提出去阿维尼翁抓捕穆莫卢斯,并把他带回交给贡特拉姆。博索甚至提出把自己的小儿子交给国王当人质,直到他回来。贡特拉姆同意了这个计划,并给了博索一些士兵。

穆莫卢斯早已确保位于罗纳河畔的阿维尼翁城几乎是坚不可摧的。他还对博索的背叛略知一二,并采取了额外的预防措施。穆莫卢斯对罗纳河岸边的所有小船做了手脚。当博索和手下乘船来到河中心时,船都散架了。博索和其他幸存者只能靠游泳或者抓着木板才能上岸。

当他们到达阿维尼翁的城墙下时，所有人都气喘吁吁、浑身湿漉漉的，穆莫卢斯已在城墙之上等候多时。他邀请博索及其手下进城："没什么可畏惧的。"[9]博索一行人唯一要做的就是涉水通过一条浅浅的护城河。但他们很快就发现，有人在河床里挖了很多深坑——博索失去了更多同伴，不得不靠自己爬出来。无须多言，博索根本没抓到穆莫卢斯，而贡特拉姆国王也在这次行动中损失不少手下。

所以，在将近两年后的584年，当博索在事关弗蕾德贡德命运的谈判中与贡特拉姆会面时，贡特拉姆怒斥道："你这个叛徒，你永远不会信守诺言！"[10]

大多数人都会因为被国王公然指控叛国而惶恐不安。但是博索公爵毫不畏缩。相反，他要求知道，这是谁告诉贡特拉姆的："让他现在站出来、说出来！"[11]没有人自愿站出来。博索声称，他要通过战斗的历练[12]来洗清自己的名誉。代表国王同博索决斗能轻而易举地赢得国王的好感，然而，没有一个贵族上前。他们都沉默了，显然是害怕了。

为了挽回面子，贡特拉姆国王试图让在场的所有人承诺，虽然他们存在分歧，但至少他们可以共同对抗贡多瓦尔德。贡特拉姆抨击贡多瓦尔德：这个人不是他的兄弟。他宣称，贡多瓦尔德的父亲不是克洛塔尔国王而是个磨坊工人。还有一个是羊毛工人。这些都是卑贱的职业，往往由女人或奴隶从事——和王室血统八竿子打不着。

但是贡特拉姆的侮辱并没有起到预想的效果。似乎是受到了博索先前大胆行为的怂恿，一个使节质问道，贡多瓦尔德怎么可能有两个父亲,一个是磨坊工人,一个是织布工?"那是因为你病了,国王,才会说出这么愚蠢的话来。"[13]他驳斥道。

其余的奥斯特拉西亚人哄堂大笑。

更糟糕的是,他们暗示贡多瓦尔德**也许**会占上风。当他们收拾行装要离开时,一位使节还阴森森地低吟道,一柄利斧正悬挂在国王的头颅之上[14]。

由于无法亲自与博索及其随行使节对峙,贡特拉姆强压着怒火,直到他们走出了城门。接着,他让士兵们朝那些离开的身影投掷垃圾[15]——发霉的干草、镇上排水沟里的淤泥,还有马粪。博索就这样一身污秽地回到了奥斯特拉西亚宫廷。

⚔   ⚔   ⚔

贡特拉姆召集了纽斯特里亚余下的贵族们,让他们宣誓效忠于弗蕾德贡德的小儿子。国王决定,这个婴孩应该以自己的父亲——克洛塔尔——的名字命名。

假如弗蕾德贡德曾经希望贡特拉姆能在保护她的同时,还允许她享有一些控制权,那她就错了。贡特拉姆无意和任何女人分享权力。现在,他自视为这片土地上至高无上的国王,是他两个年轻侄子的养父,代替他们统治法兰克王国全境。

贡特拉姆让弗蕾德贡德搬出大教堂并回到宫殿里,但他明确表示她不再是宫殿的女主人。弗蕾德贡德知道她得暂时让贡特拉姆认为自己掌管了一切，但她仍然对他的家长式作风感到恼火。贡特拉姆坚持让弗蕾德贡德几乎每晚都陪他用餐，这是另一种微妙的权力宣示。

一天晚上，当他们一同用餐时，她告退离开餐桌。当贡特拉姆抗议说她应该留下并多吃一点时，她坚持她真的必须告辞了："我又怀孕了。"[16]

据说贡特拉姆对这个消息"极为震惊"[17]。宫廷流言传得沸沸扬扬——这是弗蕾德贡德自丈夫死后和情人同居（或延续了之前一段婚外情）的证据吗？但是也有说法是，贡特拉姆之所以十分震撼，是因为弗蕾德贡德这么快就怀孕了[18]；她的男婴才刚刚四个月大。从技术上讲，希尔佩里克是有可能和弗蕾德贡德再有一个孩子的；在他们儿子出生和他遇刺之间有大约两个月的时间[19]，但这样的时间线也将意味着，这对王室夫妇无视了教会的律法。

在分娩后过于快速地怀孕被认为是有罪的；为了避免遭受公开的羞辱，有些在生完孩子后不久又怀孕的母亲会尝试堕胎[20]。人们认为母亲要哺育自己的孩子[21]，而教会裁定新晋母亲的"丈夫不应该和她同房，除非孩子已经断奶"[22]。当然，弗蕾德贡德无法用母乳喂养她的小男孩，因为他被藏在远离她的某处，而她显然也雇了位乳母。但就算是在这种情况下，夫妇们也应该至少在分娩后四十天里避免同房[23]，因为在这期间母亲仍然还在出血。在如此短时间内又怀上了一个孩子，他们很可能违反了那则禁令。当然，在迫切需要继承人时，这对王室夫妇也顾不上体面了。

在与贡特拉姆共进晚餐时，弗蕾德贡德坚称自己一口也吃不下了，这可能真的是因为她正处于怀孕初期，在犯恶心。但令人疑惑的是，这次妊娠之后就从历史记载中消失了。也许是因为弗蕾德贡德后来流产了，或者是她确实弄错了自己的状况：毕竟，她当时的身体症状也可能只是因为她正处于巨大的压力和拉扯之中。或者，她的声明从一开始就是个精心策划的伎俩；她也许是想要加倍确保贡特拉姆不会处置掉自己而只留下活着的小克洛塔尔。贡特拉姆明显认为，对于一个寡居的王后来说，最好的地方就是修女院了，但如果她怀了另一个王位继承人，那么他就不会把她送到修女院去。宣称怀孕还能使弗蕾德贡德在他们都住在巴黎的时候和贡特拉姆保持距离：和孕妇发生性关系是有罪和不洁的。尽管弗蕾德贡德可以确定，根据教会的禁令，贡特拉姆不会娶她，但是她不知道他还会不会有别的打算。

怀孕让她从贡特拉姆那里获得了更多的独处机会，但却没有让她从其他对手那里得到一点喘息的机会。

贡特拉姆晚宴的另一位客人，是她一直以来的敌人普雷特克斯塔图斯主教[24]。在收到希尔佩里克死亡的消息之后，主教就从流放地回来了，而且在鲁昂受到了热烈的欢迎。这位年迈的主教深受鼓舞，他前往巴黎面见贡特拉姆，请求推翻之前对他的定罪。弗蕾德贡德很反对，但是其他主教——包括曾经在巴黎为她提供过避难的拉格内莫德——都支持普雷特克斯塔图斯，声称这位老主教已经做了足够的忏悔。

贡特拉姆恢复了他的大主教职位，不仅如此，还命令弗蕾德贡德远离宫廷，这样一来，她就再也不能插手他的决定了。弗蕾德贡德被送到鲁昂城郊的一座领主庄园，在那里抚养她尚在襁褓中的儿子。这虽然不是个修女院，但也好不到哪里，在很多方面甚至更糟——她现在完完全全处在普雷特克斯塔图斯的掌控之下了。

这是又一次耻辱。弗蕾德贡德因为这些事情的转折，现在陷入了 *valde maesta*[25]——绝望或哀痛，她眼见着"自己大部分的权力走向终结"[26]。但是，她有一个孩子需要保护；现在不是表现出脆弱的时候。弗蕾德贡德必须提醒纽斯特里亚的贵族们，为什么希尔佩里克会允许她坐在他的身旁。

她报复的第一个人是布隆希尔德。她也许认为，布隆希尔德要为丈夫的死和自己的失势负责，又或者只是嫉妒她的对手所享有的权力。她派遣一位教士带着介绍信前往梅兹，在布隆希尔德的宫廷谋求一个职位。当他成功得到一份工作后，有些端倪引起了布隆希尔德仆人的怀疑。他被诘问，在遭受残酷的鞭打之后，他招供自己是被弗蕾德贡德派来刺杀他们的王后的。

布隆希尔德被告知了这个阴谋，决定给她的敌人回个信。这位刺杀失败的刺客被用船直接送回了鲁昂，就像退回残次的布料或玻璃那样。弗蕾德贡德外行的阴谋对奥斯特拉西亚王后来说不过是个小麻烦。弗蕾德贡德既愤怒又意识到公开处罚的震慑作用，于是她惩罚了这个无能的刺客，"砍掉了他的手和脚"[27]。

接下来，弗蕾德贡德将矛头对准了埃贝鲁尔夫，就是先前拒绝过她的王室财政大臣。她公开指控他为叛国者，是密谋刺杀希尔佩里克的"主谋"[28]。

这个说法正合贡特拉姆的心意。他不希望承认其他嫌疑人。他不想再提及伪装者贡多瓦尔德，后者获得的支持与日俱增；他显然也不想公开承认，一个王后，仅仅一个女人，竟然能干掉一个国王。但是，一个被自己的野心葬送的宫务大臣——这是贡特拉姆能够接受的说法。弗蕾德贡德送了他一个"礼物"。埃贝鲁尔夫既可以作为这起谋杀案的替罪羊，也能成为对贡特拉姆宫廷里任何想要除掉国王的贵族的警示。

贡特拉姆公开宣誓："（我）不仅要杀死埃贝鲁尔夫本人，还要诛灭他的九族，用他们的死来终结谋杀国王的恶习！"[29]

贡特拉姆削去了埃贝鲁尔夫的头衔，没收了他的财产，并公开拍卖他的土地。不久之后，格雷戈里主教发现自己藏身的圣马丁大教堂里又多了一位逃亡者。贡特拉姆派人试图诱使埃贝鲁尔夫出来，以便在教堂的地界之外杀了埃贝鲁尔夫。不过，弗蕾德贡德不会让埃贝鲁尔夫有时间组织防御并传播反对言论，尤其是那些可能会谴责她或让她难堪的话。她找到贡特拉姆的人，给了他大量的礼物，告诉他不惜一切代价消灭埃贝鲁尔夫，即便这意味着"把他砍倒在教堂的前庭"[30]。随后，在法兰克王国最神圣的教堂中，一场大屠杀发生了，它起于一场剑斗，以贡特拉姆的人被长矛刺穿、埃贝鲁尔夫的"脑浆四溅"[31]到了祭坛之上而告终，双方的支持者们则将教堂洗劫一空。

对这个圣地的亵渎让贡特拉姆"勃然大怒"[32]，尤其因为这违背了他的明确命令。他可能猜到了弗蕾德贡德参与其中，但他并没有因此或因她众多小小违逆行为中的任何一个而严惩她。现在，他更关注贡多瓦尔德，后者正在他的领地上横行。

第二十二章　贡多瓦尔德事件

贡多瓦尔德的支持者正在急速增多。对贡特拉姆不满的勃艮第的背叛者，以及纽斯特里亚的背叛者，都尚未意识到希尔佩里克留下了一个婴儿国王。甚至连波尔多的贝尔特拉姆主教——弗蕾德贡德长期的朋友和支持者，也抛弃了王后，加入了贡多瓦尔德的阵营。贡多瓦尔德还有巨额的财富，包括拜占庭人投资的剩余部分、里贡特丰厚的嫁妆，以及他富有的支持者们的捐赠。

贡多瓦尔德接下来需要的是一个合法的身份。已经有两个来自墨洛温王室家族的女人愿意作证，他是已故克洛塔尔国王的私生子。贡多瓦尔德的支持者在普瓦提埃的修女院会见了拉德贡德，又在图尔大教堂的庭院里联系上了英格利特[1]。在贡多瓦尔德出生时，这两个女人都在宫廷里，对国王婚外情的事情有直接的了解。尤其是拉德贡德，她总是监视她的丈夫以避免他的性骚扰[2]，因此她的证词尤其有分量。而且，很难相信两个圣洁的女人会在这样的事上撒谎。有了她们的支持，贡多瓦尔德确定教会将不再公开反对他。他只需要巩固自己在贵族和平民中获得的支持。和一个有权力的王后结婚，将有助于他进一步称王。

因此，当贡特拉姆听到传言说贡多瓦尔德和布隆希尔德的婚事将近[3]时，他倍感震惊，这是意料之中的。

贡特拉姆的顾问们试图安抚他。结婚的传言是一个花招——贡多瓦尔德试图借此逼迫教会承认自己的身份。他希望会有一位主教大声疾呼，谴责这样的结合是乱伦的。当然，只有当教会公开承认贡多瓦尔德是布隆希尔德第一任丈夫西吉贝尔特同父异母的兄弟，也就是克洛塔尔国王的儿子时，这场婚姻才会被认为是乱伦的。

不过，最有可能的是，贡多瓦尔德是认真的。在拜占庭人的帮助下，他可以绕过禁令。贡多瓦尔德已经有超过十八年没见到布隆希尔德了，但据说，她依然是一个美人。然而，比她声名远播的美貌更重要的，是她的政治敏锐度。到了585年的春天，贡多瓦尔德控制了法兰克六分之一的土地[4]，即多尔多涅河南边的所有土地，包含了阿奎丹的大部分领土。布隆希尔德则控制了整个王国的另外三分之一。倘若联手，他们也许可以消灭贡特拉姆和弗蕾德贡德，并一起统治整个法兰克王国。

这样的结合将让贡多瓦尔德得到更多的土地、士兵和资源。不过，不论曾经对自己的小叔子有过多大的好感，布隆希尔德都很难看出她能得到什么好处。

尽管如此，布隆希尔德还是决定不完全回绝婚姻谈判，而是有意搁置和拖延。她很乐于得知贡特拉姆为此感到不快。

而且她知道，奥斯特拉西亚的贵族们从一开始就参与了从君士坦丁堡接回贡多瓦尔德的谋划。那些在她的议事会上和宫廷里向她进谏、在她的餐桌上大快朵颐的人，曾经密谋反对她的儿子，现在可能仍在密谋。她还不知道谁都牵涉其中。通过嫁给这些人支持的候选人，或者至少表现出接受这个主意，她能有效地压制那些威胁。

不过，贡多瓦尔德构成了另一种威胁。他现在是有两个儿子的鳏夫。这将让年轻的希尔德贝尔特在继承中处于什么位置呢？

布隆希尔德一直坚定保卫她儿子的利益。贡多瓦尔德对此也十分了解，他通过保护希尔德贝尔特来减轻她的疑虑。当贡多瓦尔德横扫而过属于贡特拉姆或希尔佩里克的城镇时，他要求人们宣誓向自己效忠。但当他策马通过一个曾经属于西吉贝尔特的城镇时，"他要求人们宣誓效忠于希尔德贝尔特国王"[5]。

贡多瓦尔德大概想让布隆希尔德设想他们共同统治法兰克全境的情形。他不会威胁到她的权力。他的两个儿子将来可以统治勃艮第和纽斯特里亚，而希尔德贝尔特还能继续统治奥斯特拉西亚。她不用放弃任何东西。他们还能为贵族和平民提供维持当前法兰克王国三个子王国现状的承诺。在风云变幻的年代，稳定的承诺自有其魅力。

不过，布隆希尔德还得考虑其他家庭责任。她有一个女儿和一个外孙正在当人质。拜占庭人喜欢贡多瓦尔德，甚至资助他，因此支持他也许能讨好摩里斯皇帝。但如果布隆希尔德真的出兵帮助了贡多瓦尔德，那她就无法再派出另一支军队到意大利去了，而这是拜占庭人明确提出的释放英贡德和她的孩子的前提条件。成为国王的母亲，难道不比成为国王的妻子更好吗？事实证明，她的儿子十分忠诚，而且很听自己的话。一个新的丈夫，无论他多英俊、多有风度，可能也无法办到。

受近期胜利的鼓舞，贡多瓦尔德向贡特拉姆派出官方使者，以开启谈判。贡特拉姆把他们都逮捕起来，拒绝给予他们按照惯例所享有的外交豁免权。他们不能算是官方使者，贡特拉姆争论道，因为他们不是由一个真正的国王派出的。尽管和贡多瓦尔德一起长大，尽管他自己的叔叔们和兄弟都承认了贡多瓦尔德是王室成员，但贡特拉姆还是坚称这个人不是他同父异母的兄弟，不是克洛塔尔国王的儿子。

使者们传达了贡多瓦尔德的挑衅："当我们在战场上相见时，上帝会让真相大白，看看我究竟是不是克洛塔尔国王的儿子。"[6]在严刑拷打之下，这些使者们的态度不再那么强硬。他们最终透露了他们主人的某些计划，供出贡多瓦尔德不是单打独斗，奥斯特拉西亚里"所有更高级别的人"[7]都在这个计划里。

贡特拉姆意识到，与他周旋的不仅仅是他这位由拜占庭资助的同父异母的兄弟，后者受到许多对自己深感失望的公爵和一位孤独的寡居王后的支持。在奥斯特拉西亚可能还有其他数十个贵族，他们诡计多端地想要取代他，而且渴望看到他们的王后和贡多瓦尔德联合。贡特拉姆意识到，如果贡多瓦尔德因为帮她赢回土地以及拥戴她的儿子而得到了布隆希尔德的青睐，他将需要做相同的事情来击败挑战者。

他邀请希尔德贝尔特和他的一众贵族——刻意忽略了布隆希尔德——到他位于索恩河畔夏龙的河滨首府见他。从罗马时代开始，这就是个熙熙攘攘的港口城市。贡特拉姆下定决心要奉承这个年轻的国王，让他心花怒放。堡垒和桥梁上挂满了横幅。在他雄伟的宫殿大厅里，贡特拉姆安排了两个王位，它们高度相同，互相挨着。在热情接待之后，贡特拉姆叫来他十五岁的侄子，让他坐到自己的身边。他举起自己象征王权的御用长矛，然后遵照一项古老的野蛮人习俗将它递给了希尔德贝尔特，在众人聚集的王庭宣布："这代表我把我的整个王国交给了你。"[8]

这显然引起了每个人的注意。贡特拉姆继续表示，希尔德贝尔特现在已经大到足以自己统治了；他十五岁就能被看成是"一个成年人"[9]了。在多次称他为"我的儿子"之后，他重申包括弗蕾德贡德的婴儿在内的其他人都不能占有他的王国："我排除了其他继任者。你才是我的继承人。"[10]为了让这个交易更诱人，贡特拉姆最后把数座城市回赠给奥斯特拉西亚，包括布隆希尔德最渴望的图尔和普瓦提埃，它们曾经被希尔佩里克攻占，现在又在贡特拉姆的统治之下。

布隆希尔德舍得抛弃所有这些好处去嫁给贡多瓦尔德

吗？贡特拉姆给了她想要的东西：土地和她儿子的权力。但是贡特拉姆也在限制她的权力，敲打她手上的摄政权，指明希尔德贝尔特为唯一的统治者。贡特拉姆希望他已经表达得足够清楚，布隆希尔德要想得到她想要的东西，就该退位，好好扮演一个守寡母亲的角色。

为了确保布隆希尔德收到这个消息，贡特拉姆把他的侄子拉到了一边。他现在是个男人了，不是吗？那就是时候有一些推心置腹的谈话了，男人与男人之间的谈话。贡特拉姆告诫希尔德贝尔特要小心哪些贵族，这些贵族可能会支持贡多瓦尔德。他的一些建议是很睿智的——比如，他确实警告希尔德贝尔特永远不要相信埃吉迪乌斯，因为他的母亲曾从这位主教那里夺取了控制权。但他也告诫这个男孩要警惕自己的母亲，并让他"不要给她任何同贡多瓦尔德书信往来的机会"[11]。

贡特拉姆认为希尔德贝尔特已经采纳了他的建议，于是召集他的士兵，命令他们向南进军抓住贡多瓦尔德，一劳永逸地结束他的叛乱。

※ ※ ※

贡特拉姆要求希尔德贝尔特对这次会见的细节保密，希尔德贝尔特显然没有这么做，因为布隆希尔德的盟友格雷戈里主教把它们都记录了下来，留给了后人。

如果贡特拉姆希望通过给予希尔德贝尔特信任、拍拍他的背、把他当成大人来对待，就能获得这位年轻国王的忠诚，那他就大错特错了。希尔德贝尔特从他叔叔那句"你现在是个男人了"的保证里领悟到的唯一的东西，就是对他开始性生活的鼓励。这个年轻的男孩给自己找了个情妇，并且很快就让她怀孕了。

糟糕的希尔德贝尔特。一代不如一代是常态。虽然据说英贡德意志坚定、富于政治才能，但是布隆希尔德的儿子和小女儿并没有给当时的编年史家留下太大的印象。但希尔德贝尔特应该还是有一些值得称道的地方的。希尔德贝尔特曾经从能言善辩的戈哥那里得到了良好的教导，还从他王国中最优秀的人那里接受了军事策略上的指导。他曾经在意大利作战，从未吃过大的败仗。他很年轻，身强力壮，而且恐怕还不丑。但是在那个年代的诗歌里，他只被再现在模糊的陈词滥调中——"卓越非凡，荣光灿灿"[12]——在母亲面前，他永远相形见绌。

他是一个没有远大报负或喜好的男孩，但他深爱着自己的母亲。而布隆希尔德也倾其所有保护那份热爱。贡特拉姆国王担忧布隆希尔德对她儿子的影响是对的。当希尔德贝尔特的宫廷教师逝世之后，布隆希尔德没再寻找新的人选[13]，而是自己全权掌管儿子的教育。

在希尔德贝尔特和情妇发生风流韵事之后，布隆希尔德决定是时候为他娶妻了。在宫廷上曾讨论过和某位外国公主结成强大的联盟，但最终希尔德贝尔特被安排和一个看起来和他一样没什么性格的女孩成婚了。法伊柳巴没有丰厚的财富，也没有能夸耀的政治关系；她的可取之处在于，她似乎很快就像她的新丈夫那样，忠于王位背后的掌权者：布隆希尔德。

※ ※ ※

贡多瓦尔德对布隆希尔德的诸次推延感到十分失望，他向法兰克王国仅剩的另一位握有权力的单身王后作出了友好的表示。弗蕾德贡德似乎至少愿意讨论下一步的可能性。她派遣一位公爵到图卢兹接回里贡特，而且传言她还试图和贡多瓦尔德接触[14]。至少，弗蕾德贡德也想为贡多瓦尔德提供一些支持：贡特拉姆在别的地方消耗越久，她就越有机会重新整合她在纽斯特里亚的权力。她也许还认为，如此利用贡多瓦尔德的感情是拿回里贡特部分嫁妆的最好方法。也许，这个新近守寡的王后不厌恶嫁给另一个墨洛温君王；这将让她摆脱贡特拉姆的掌控。贡多瓦尔德曾经是布隆希尔德的朋友，这个事实将让这场联姻更有吸引力。

弗蕾德贡德的公爵到达了图卢兹，他也找到了里贡特，后者正躲在圣玛丽（Saint Mary's）小教堂里[15]，但是他找不到贡多瓦尔德。公爵是紧跟着贡特拉姆的军队之后到达的，而战斗已经向南部推进了。

⚔   ⚔   ⚔

对贡多瓦尔德的军事活动打击最大的不是没有新娘，而是希尔佩里克留下了一个继承人的消息。当小克洛塔尔出生的消息第一次开始流传时，它被当成是任何国王死后都会有的疯狂谣言。但是当确证了确实有一个婴儿，他在公开场合露面了，还正处于贡特拉姆国王的保护之下后，士气一下子落了下去。

贡多瓦尔德第一次争夺王位的计划在希尔佩里克的上一个儿子出生时流产了，而现在，这个突然冒出来的小王子又带来了同样的生存威胁[16]。当然，婴儿死亡率还是和之前的一样，没有人能保证一个婴儿能活到自己的第一个生日，更别说活到能统治的年纪了。但这个消息还是让纽斯特里亚的一些贵族踌躇了。当他们认为一切都失去了，而他们的王国也将重返内战时，他们都聚集到了贡多瓦尔德的身边。现在，有些人决定放弃贡多瓦尔德的事业，比如德西德里乌斯，这位公爵曾经送来了里贡特的财富。

不过，贡多瓦尔德还能从另外两个王国获得许多支持，穆莫卢斯公爵的见解也能让他获益良多，公爵曾是贡特拉姆的得力干将，了解贡特拉姆可能会如何发动战争以及排兵布阵。当贡特拉姆亲率大军向他们行进的消息传来时，贡多瓦尔德和他的顾问们决定撤退到现在的圣贝特朗德孔曼热小镇，它位于比利牛斯山麓的丘陵之上，处在西哥特西班牙的边界上。这是个明智的决定——如果不得不忍受围攻，孔曼热恐怕是最适合的地方。它位于高高的丘陵之上，能清晰地看到下方山谷的情况，它的城墙直接由岩石凿刻而成。在戒备森严的城墙内，"一大口清泉（曾）汩汩而出"[17]，因此贡多瓦尔德的人马能得到大量新鲜、干净的水。他们储存了能"支撑许多年"[18]的玉米和葡萄酒，而贡多瓦尔德的一位富有的支持者能用自己的私人粮仓[19]供养军队。

贡多瓦尔德期待着援军能迅速从西哥特西班牙赶来；他的两个儿子现在正在乡下，四处游说，寻找支持。西哥特的柳维吉尔德国王刚和纽斯特里亚缔结了联盟；现在希尔佩里克逝世了，他将寻找另一个法兰克国王和自己结盟。贡多瓦尔德经受得起长期的踞守和等待。

贡特拉姆国王的部队按预期到达并围攻了这个城镇。但他的士兵们爬不上城墙，他们的攻城锤也派不上用场。每当他们试着将攻城锤推到城墙下时，贡多瓦尔德的人就从城墙上倒下"燃烧的沥青和油桶"，或者是"成箱的石头"[20]，当它们从山峰上滚落下去时就会爆裂开来，杀死沿途的所有人。贡多瓦尔德的部队不用花多少精力就能保卫自己；只需要派一个士兵在城墙上巡视，再时不时地推块石头下去[21]。

显然，成功围城的可能性微乎其微。因此，贡特拉姆国王试着用诡计诱使贡多瓦尔德出城。同年早些时候，贡特拉姆截下了贡多瓦尔德寄给布隆希尔德的一封信件[22]；现在，他伪造了一封回信，告诉贡多瓦尔德离开他的军队，前往波尔多[23]。贡多瓦尔德没有上当。

接着,他试图打击贡多瓦尔德的士气。贡特拉姆的一些士兵爬到五百英尺高的地方,到达附近唯一的一个至高点,然后大喊:"觊觎者!傀儡!"[24]他们嘲笑他绘制教堂壁画的工作;他们声称他只是一个平民。这些侮辱多少有点作用——数日之后,贡多瓦尔德爬上城墙,大声回击以捍卫自己的荣誉。

最后,贡特拉姆还是动用了更加不光彩的手段。一名信使被派去见穆莫卢斯,证实贡特拉姆挟持了公爵的妻子和年幼的孩子作为人质[25]。贡特拉姆对将军在阿维尼翁的据点发动了一场秘密袭击,并在此过程中杀死了他的大儿子。

穆莫卢斯秘密召集了贡多瓦尔德的另外三个最重要的支持者。他们都有充分的理由担心自己的家人会是下一个受害者。他们全都同意,如果能保住自己的性命,他们就会把贡多瓦尔德交出去。一得到贡特拉姆的保证,他们就游说贡多瓦尔德,想使他相信贡特拉姆国王最终愿意谈判了;在漫长的等待之后,他所期待已久的对自己身份的公开承认终于要来到了。

贡多瓦尔德对贡特拉姆心意的忽然改变充满怀疑,因此,他多次让穆莫卢斯发誓说那不是个陷阱。据说,在某一时刻,贡多瓦尔德竟然因为沮丧而"啜泣"。"是因为你们的邀请我才来到高卢的!"[26]他向他的四个将领大叫道,"我还没有蠢到看不穿你们的话!"[27]不过,穆莫卢斯和其他人还是对着他庄严宣誓了,无论是放下戒心还是就此听天由命,贡多瓦尔德下至堡垒大门，向在另一边等待他的人致以问候。但当贡多瓦尔德踏步走出大门时，他的同伴并没有跟出去，而是在他后面关上了大门，他便知道自己被背叛了。贡多瓦尔德划了个十字，祈求上帝迅速惩罚那些欺骗了他的人[28]。敌方的士兵嘲笑他、挖苦他，然后把他推向了陡坡的一侧；有人试图刺伤他，但贡多瓦尔德的锁子甲挡住了这一击。贡多瓦尔德试着爬回峭壁，爬了几步后，一块石头击中了他的头，他被砸了下来，摔死了。他的尸体被拖进敌营。他的长发被扯掉，然后被曝尸荒野[29]。

⚔ ⚔ ⚔

按照约定，贡多瓦尔德的支持者们于次日离开孔曼热，并被护送到敌人的军营完成投降谈判。虽然贡特拉姆曾因为博索公爵的两面三刀而暴怒，但是国王对其他人，也毫不犹豫地有了同样的反应。贡多瓦尔德最后的祈求得到了回应；他的支持者们很快就被包围了。穆莫卢斯将军是一位杰出的战士，他设法抵挡了几名袭击者一段时间，但最后还是被两根长矛从身体两侧刺穿[30]。

尽管已经投降，但孔曼热的每个人都被处决了。贡特拉姆的手下甚至连神职人员都没有放过。一位主教被斩首，牧师们"在教堂祭坛前被杀害"[31]。随后，贡特拉姆的手下烧毁了整座城镇。

尽管这场反叛中最杰出的将领已经伏诛，尽管贡多瓦尔德最后的阵地已经变成了"一片荒芜"[32]，但在585年夏天剩下的日子里，贡特拉姆依然在大动肝火。他在宴会上大发雷霆，甚至怒气冲冲地离开了弥撒。他力图根除不忠，并重新逮捕了马赛的西奥多主教。但是反对他的阴谋如此庞大，贡特拉姆只能被迫赦免或忽略更多不那么重要的不忠者。

让贡特拉姆大为恼火的主要是与他同期的两位统治者：布隆希尔德和弗蕾德贡德。他在年轻时的大部分时间里都卷入了数个妻子的阴谋诡计。而现在，就算他已经是一个献身给上帝的鳏夫了，他发现自己还是被目中无人的女人们包围了。他抨击她们的背信弃义，尤其在他为她们的孩子做了那么多之后。忘恩负义，她们全部都是！

不过，布隆希尔德没有嫁给贡多瓦尔德，因此，贡特拉姆和奥斯特拉西亚分享了一部分贡多瓦尔德的财宝。贡特拉姆继续承认希尔德贝尔特是他的继承人。但他还是污蔑布隆希尔德，公然指责她威胁要刺杀自己[33]。

贡特拉姆接着又转向弗蕾德贡德。毫无疑问，他听说过她向图卢兹派去了一位公爵，这位公爵本指望着把贡多瓦尔德带回她的宫廷。在希尔佩里克遇刺之后，贡特拉姆没有帮助过她吗？没有把她从确定无疑的死亡中拯救出来吗？但在退居鲁昂期间，难道她不是一直在谋划着反对他吗？他公开痛斥最受弗蕾德贡德青睐的波尔多主教贝尔特拉姆[34]，指责他会见了贡多瓦尔德。之后，他骑马进入巴黎，准备公开羞辱弗蕾德贡德本人。

贡特拉姆召集了整个城市的人并发表了演讲。他本应该是弗蕾德贡德儿子克洛塔尔的教父。然而，这位王后似乎不是很想举行洗礼。三个神圣的日子过去了——圣诞节、复活节和圣约翰节——但仪式还没有举行。如此推迟是出于什么原因呢？贡特拉姆对聚集的臣民自以为是地宣称："我开始怀疑，他是我某个**近臣**的儿子。"[35]某个封臣或其他人的私生子将不能继承任何王位。

弗蕾德贡德很可能会因此感到不安。这是不能忍受的。她和她的儿子将被彻底驱逐。如果她能被指控为通奸者，那她也能被指控为谋杀者。

弗蕾德贡德需要公开回应国王的指控，而且要快，要赶在指控成为定论之前。在《萨利克法典》之下，有两个方法能澄清一个人的好名声——审判或考验。弗蕾德贡德不打算与贡特拉姆决斗，她选择了一个退而求其次的办法。法典中有一则条款允许用一定数量的人来为一个人的名誉作担保。洗清对一个人的指控，需要的人数往往是十二个——这是我们现行陪审团制度的基础。

兰德里克将军据传是王后的情人和同谋者，他知道自己和王后一样会因这些指控而身陷险境。如果王后失去了她的权力，他就失去了他的立足之地；但如果她被发现有罪，可以想象，他可能会失去他的生命。他四处寻求支持[36]，他侃侃而谈，他连哄带骗。在多数情况下，他不必太过用力地恳求。贡特拉姆指控王后是荡妇的言论，让骄傲的纽斯特里亚人争先恐后地为她辩护。但他们还能怎么办呢？贡多瓦尔德现在已经死了；除了这个婴儿国王和他的母亲，他们看不出

第二十二章　贡多瓦尔德事件

还有谁能统一他们的王国。这些贵族不仅仅是因为尊敬或恐惧他们的王后而备受鼓舞，还因为愈发强烈的国家主义情绪。贡特拉姆不曾公开索要他们的所有土地吗？不曾称他们为他的**近臣**吗？纽斯特里亚难道真的愿被贡特拉姆主宰吗？

当弗蕾德贡德走进巴黎的大教堂时，簇拥着她的不是十二个男人，而是几十上百个人：三位主教和三**百**个贵族[37]。当她发誓说年幼的克洛塔尔确实是希尔佩里克的合法儿子时，所有人都庄严地站着。面对一边倒的局面，贡特拉姆不得不微笑着点头，礼貌地宣布指控取消了。

贡特拉姆也许无法中伤王后通奸，但他也许能用其他方式来铲除她。他开始公开哀悼他的侄子们，墨洛维王子和克洛维王子，叹息说他不知道他们都埋在了哪里。他悬赏找到他们的尸体，以便他们能被得体地悼念。一旦他们的遗体被发现并被掘出，贡特拉姆就安排了庞大的送葬队伍和弥撒。弗蕾德贡德曾经花了无数的时间来确保她的继子们永远无法分享她丈夫的遗产，确保他们会被从墨洛温王室的血脉中抹去。但现在，他们就躺在希尔佩里克国王旁边，就在如今的圣日尔曼德佩区的小教堂里，被以无上的荣耀埋葬，而这座石砌的教堂内部"因为难以计数的众多蜡烛"[38]而熠熠闪光。弗蕾德贡德知道，等到她死了，她就会和他们埋在一起，他们会一起腐朽，成为诸多世纪中亲密无间的四人组。

第二十三章　外交艺术

因为布隆希尔德不曾派遣她的军队去支持贡多瓦尔德，所以她可以号令他们进行第二次意大利远征。第一次战役并不算失败，但也没有成功到足以让摩里斯皇帝放了英贡德和她的孩子。伦巴德人向法兰克人行贿，让他们离开意大利。摩里斯皇帝恼羞成怒，要求拿回他的钱[1]。他曾经送给奥斯特拉西亚人五万金索里达来资助这场远征；他之所以愿意花这笔钱是想让法兰克人重创伦巴德人，而不是让他们的少年王既赢得赫赫战功又赚得盆满钵满。

虽然布隆希尔德并没有安全救出英贡德，但是意大利远征并不完全是徒劳无功。它用一个共同的目标团结了奥斯特拉西亚军队，因为这一次，战争不是为了攻打其他法兰克人。人们赶在秋收时节回到了家乡，带回了一点伦巴德的黄金，见识过一点战斗，赚到了一点钱，但没有牺牲多少人。

因此，在585年的夏天，布隆希尔德再度派遣军队前往意大利，这次，作为刚被认可的国王，希尔德贝尔特留在了祖国[2]。但这次远征并未取得多少成就；奥斯特拉西亚的将领们就战略问题唇枪舌战,没有立下任何丰功伟绩就打道回府了。奥斯特拉西亚再一次让拜占庭人感到不满。

当收到她的女儿已故的消息时,布隆希尔德正试图为第三次意大利远征募集支持;女儿似乎已经逝世一段时间了,很可能比布隆希尔德第二次集结军队进入意大利时还要早。在从西班牙到君士坦丁堡的路上,英贡德的皇家护卫队停留在迦太基港,她在那里得了病,很快就香消玉殒了。最有可能的原因是腺鼠疫,它正在当地卷土重来。英贡德被埋葬在了那里[3],她的护卫队则和仅剩的人质——也就是她的小男孩——继续前进。布隆希尔德很晚才得到这个消息,并不是因为肆虐的疫情阻滞了交流,更有可能的原因是拜占庭人发现秘而不宣对让法兰克人帮助他们成功打开进入意大利的通路最为有用。

布隆希尔德下一封送往拜占庭的信件是寄给她的小外孙的,这个牙牙学语、跟跟跄跄的小孩几乎不会说话,更别说认字了。但是,布隆希尔德的目标读者是皇帝,而她的目的则是当这封信在宫殿里被大声宣读时,摩里斯会备受羞辱而不得不作出行动,尤其是当着他的主教的面,他们总是宣称母爱的神圣。因此,她在丧女的母亲和愤恨的王室成员两种角色间来回切换,忽而切切哀求,忽而恶语伤人。

她的信件这样开头:"尊敬的陛下,最亲爱的外孙、阿塔纳吉尔德国王,布隆希尔德王后以难以言表的叹息和思念敬上。"[4]在习以为常的女性化的"叹息和思念"中,布隆希尔德表现出一丝强硬——她提醒人们这个年幼的人质是王室成员，像他著名的祖父那样是"阿塔纳吉尔德国王"。但他也是她"最亲爱的"外孙，是她"巨大幸福"的来源[5]。她哀悼"我可爱的女儿，有人把她从我这里犯罪般地偷走了"[6]。她的悲伤交织着清晰的控诉——拜占庭人的手上沾满了英贡德的鲜血。布隆希尔德接着恳求道："我将不会完全失去（我的）女儿，如果上帝保佑能将她的幼子归还于我。"[7]

布隆希尔德的悲伤到底有多深呢？相隔了这么多世纪的鸿沟，而今已无从得知了。很多历史学家把这些信件当成布隆希尔德流露强烈母性本能的证据；其他人则坚称，这些信件中展现出来的感情只是为了政治权宜的目的而精心捏造的。更有可能的是，两个说法都是正确的。有谁能将自己真诚的情感和出于社会政治目的的情绪完全区分开来呢？

布隆希尔德的几个孩子中，最像她的似乎是英贡德。她也是布隆希尔德的第一个孩子，当年布隆希尔德在陌生的国度哀悼父亲和姐姐时，怀里就轻轻地抱着她。小阿塔纳吉尔德既是布隆希尔德和她已故女儿的联结点，也是有价值的政治资产。一方面，他是西哥特王位的潜在王储；另一方面，如果希尔德贝尔特有任何不测，他也同时是奥斯特拉西亚王位的继承人。

布隆希尔德没有收到回信，她继续寄出更多的信件，不再写给摩里斯皇帝，而是写给他生活中的女人们。她写给皇帝的丈母娘，告知她奥斯特拉西亚教廷使节正前去协商释放小阿塔纳吉尔德，也请求她确保摩里斯会回复。她还写给皇帝的妻子康斯坦丁娜。在第一封信中，布隆希尔德称呼皇后为联合统治者〔"我们视（您）与您的丈夫共同统治罗马国家"〕，还提出了对她们能够在"共同利益的事业中"[8]携手合作的期冀。

她给康斯坦丁娜的第二封信件，是布隆希尔德留存下来的信件中最长的一封，也是唯一一封她以"我"而非"朕"自称的信件。它的语气更加友善，也更加亲密，尽管这两位女人从未会面过。在信件的开头，布隆希尔德像一位自豪的母亲那样分享了一个好消息：她的儿子希尔德贝尔特国王已经成年。接着，她委婉地提到了她被囚禁的外孙，说这"不幸使得我的小外孙在襁褓中就注定要在异国他乡流浪"[9]。

当提到皇后自己年幼的儿子提奥多西乌斯（Theodosius）时，布隆希尔德语气一变，希望他无灾无祸。布隆希尔德期望，皇后"将不会看到您最虔诚的提奥多西乌斯遭遇不测，最亲爱的儿子不会离开母亲的怀抱"[10]。与此同时，她让希尔德贝尔特给提奥多西乌斯送去一封信，信中表达了他的希望：那个小男孩将不会"经历成为孤儿的悲惨遭遇，正如您也不希望自己在童年失去父母"[11]。合起来看，这些信息就像是歹徒的沉思一样不祥："要是你的儿子发生了什么事情，那可太不幸了。"命运瞬息万变[12]，皇后似乎在被警告。

不过，布隆希尔德很快就再次改变了语气，在余下的信件中表达了内疚。她祈求皇后，"我已经失去了一个女儿，我不能再失去她留给我的甜蜜承诺，我已经为孩子的死形容枯槁，若您能让我被俘的外孙早日回到我身边，我将得到莫大的安慰"[13]。

继而，她的言辞又变得强硬起来，她提醒皇后身为基督徒的责任，暗讽地希望皇后"能得到宇宙救世主上帝之怜悯的荣光"[14]。她说，倘若小阿塔纳吉尔德被释放了，"两国人民之间的福祉将因此倍增，和平也会延续"[15]。但如果他没有被释放，布隆希尔德不快地暗示，和平也许就要终止了。

⚔ ⚔ ⚔

在另一条前线上，和平岌岌可危。

贡特拉姆从侄女英贡德不幸的命运中发现了一个获利的机会。他盯上了西哥特领土上一个叫赛普提曼尼亚的地方，这是地中海沿岸一块狭窄的土地，从比利牛斯山脉延伸到了罗纳河。这是唯一一个在伊比利亚半岛以外的西哥特省份，而且正好和贡特拉姆的王国接壤。尽管人们可以认为，英贡德的死仅仅是因为腺鼠疫——或者是因为拜占庭人，正是他们把她挟为人质并使她染上了疫病——但是，贡特拉姆把她的死归咎于西哥特的柳维吉尔德国王。如果柳维吉尔德是正直的，如果英贡德和她的孩子没有感觉到危险，他们就不会第一时间逃到拜占庭。当然，贡特拉姆忽略了自己谴责柳维吉尔德行事不端这一行为的虚伪，因为他自己也习惯于胁迫女人和孩子，正如他对博索的家人或穆莫卢斯的弱妻幼子做的那样。贡特拉姆大肆宣扬他的愤怒并召集了一支军队，准备进攻赛普提曼尼亚。

第二十三章　外交艺术　　[225]

但布隆希尔德不是唯一一个牵扯进西哥特之事的王后。弗蕾德贡德相信"敌人的敌人就是朋友"这句俗话，她开始和柳维吉尔德联络了。

不过，柳维吉尔德的某次回信落到了贡特拉姆的手中：

> 尽快杀死我们的敌人[16]，也就是希尔德贝尔特和他的母亲，然后和贡特拉姆国王达成和平；花费重金也在所不惜。为防你资金短缺，我们秘密送了一些过去，只为了让你完成我们所要求的事情。

弗蕾德贡德的刺杀才能声名远播，就连外国的国王也想获得她的服务了。

贡特拉姆为了示好，向布隆希尔德和希尔德贝尔特分享了这一情报。不久之后，两个打扮成乞丐的人就被逮捕了，在他们携带的东西里还发现了有毒的斯卡玛萨匕首[17]。

两人招供他们是弗蕾德贡德派来的。两个刺客，四把有毒的刀。这是十年前成功刺杀西吉贝尔特的阴谋的可怕重演。也许弗蕾德贡德对一以贯之有着偏爱，希望整个奥斯特拉西亚王室家族都被以相同的方式刺杀。或者，她只是决定继续采用已经起效了的办法。有了有毒的刀刃，一个刺客就不需要有多么高超的技巧；他只需要靠近目标。不过，弗蕾德贡德合成危险草药或者获得蛇毒的能力不可小觑，这种技能的难度和代价不亚于雇佣熟练的刺客。

两人声称，弗蕾德贡德曾命令他们，通过乔装成乞丐接近年轻的国王："当你们拜倒在他的脚下，一边佯装在讨钱，一边从两侧刺他。"[18]如果他们发现"这个男孩……被严密保护着"，因而无法接近他，那他们就得跟着布隆希尔德并冷酷无情地"把她当成敌人杀死"[19]。实际上，布隆希尔德似乎并不是这次行动的主要目标。刺杀她儿子的全部意义在于，"至少那样，狐假虎威的布隆希尔德可能会因为他的死去而奔溃，从而臣服于我"[20]。如果这两个人在执行任务的过程中死去，弗蕾德贡德承诺，他们的家人会得到丰厚的回报，并被擢升为贵族。他们说，她还给了他们一种能给他们增加勇气的特别的药水。

他们会需要它的。这是布隆希尔德第二次抓到弗蕾德贡德的刺客了。第一次，她把刺客送回去了；弗蕾德贡德把他的手脚砍了下来。这一次，布隆希尔德不再心慈手软，下令处决了这两个人。

⚔ ⚔ ⚔

弗蕾德贡德对柳维吉尔德的提议并不是个孤立策略。她对自己不得不退居鲁昂感到恼火，而处在她真正的狱卒——普雷特克斯塔图斯主教的监视下更是让她怒上加怒。

两人大吵大闹。普雷特克斯塔图斯毫不犹豫地指责弗蕾德贡德"愚蠢、恶毒的行为"以及她"自负的傲慢"[21]，他还十分担忧她灵魂的永恒。

第二十三章 外交艺术 ［227］

冷静下来后，弗蕾德贡德也许会原谅他的这些话。但是，他依然让她想起，她对权力的掌控是多么短暂。她恐吓他，有朝一日他会被再次流放。他反驳道："无论是否被流放，我始终是一位主教，而你再也享受不到王权了。"[22]

弗蕾德贡德勃然大怒。这暗示着，她不是通过血缘成为王后的，一旦她的儿子再大一点，她就会被抛弃。在她的一生中，她总是会对有关她身份的嘲讽反应过度。她想，任何一个像伟大的克洛维国王一样的法兰克人都会如此行事。

到了二十世纪六十年代，法国的几乎每一本历史教科书中都收录了一则关于克洛维国王的轶事。在他统一法兰克之前、还是一个异教徒掠夺者时，他带着手下掳掠了苏瓦松的一座教堂，卷走了许多值钱的东西。教会请求克洛维归还一个特别美丽、特别金贵的花瓶。克洛维答应归还这个物件。当时，法兰克还有平分战利品的传统——任何东西都是共同持有并公平分发的。因此，当克洛维宣布那个特别的花瓶是他自己的时，一位士兵挑战了他这么做的权威。在随之而来的争执过程中，这位士兵用斧头劈碎了这个花瓶。

一年后，当克洛维对权力的掌控更加稳固时，他又见到了这个士兵。这一次，他用一把斧头劈碎了这个士兵的头，并说："正如你在苏瓦松对花瓶所做的那样。"这则轶事衍生出一则谚语："记住苏瓦松的花瓶！"[23]它很快成了表达"遭报应"的短语。

这个著名的故事曾被用来描述克洛维治下的权力集中化，标志着他从众选军阀到绝对君主的转变。克洛维明白，为了促成这一转变，国王永远不能原谅或者遗忘对他权威的轻视之举。弗蕾德贡德已经吸取了这个教训。几个星期之后，当贡特拉姆前往南方督战时，弗蕾德贡德看到了一个机会。

在复活节早晨[24]，鲁昂大教堂挤满了渴望纪念耶稣复活以及结束了四十天节食的人——在四旬斋期间，信徒每天只能吃一顿简单的纯素餐[25]。普雷特克斯塔图斯在庆祝弥撒。他吟唱着凯旋的诗歌——*Christus resurgens ex mortuis, ex mortuis, jam non moritur, mors illi ultra non dominabitur*[26]——"基督从死复活，便得永生；死亡不再统治他"。年迈的主教为了复活节守夜一晚都没睡，已经筋疲力尽；在会众们诵唱期间，他躺到了长凳上休息。有个人趁此机会冲上前去，拔出匕首，刺进了主教的腋窝。

这一刺本应切断他的腋动脉；受害者理应迅速大出血。但是普雷特克斯塔图斯主教并没有不省人事地倒下。相反，他站了起来，紧紧捂住自己的伤口，大喊着寻求帮助。其他神职人员要么是被提前警告过，要么是被吓得呆若木鸡，因此没有人冲上去帮助他。老主教的血滴到了祭坛上[27]，直到有些会众冲上去把他抬到了他在隔壁房间的床上。

弗蕾德贡德在两位公爵的簇拥下到达时，主教正靠在他的床上。王后表达了她的震惊，她竟然"亲眼目睹了此般罪行的发生，而且还是在你履行职责的时候"[28]。她还补充说，希望能早点抓到这个刺客并惩罚他。

普雷特克斯塔图斯愤怒地回答道，他非常确信作恶者是谁。

第二十三章　外交艺术　　[229]

她对这项指控充耳不闻,提出派她自己的家庭医生来照看主教。普雷特克斯塔图斯不傻,他拒绝了。他的肺里已经充满了血液;他的呼吸越来越吃力。但当他还能说话的时候,他指控弗蕾德贡德犯下了这个罪行,以及其他的许多罪行:谋杀国王,让无辜的人流血。

"只要你活着,你就会被诅咒,因为上帝会要你血债血偿"[29],他大喊道,想象他的诅咒飞向很快就要来迎接他的天使和圣人的耳朵里。

弗蕾德贡德并没有被永恒诅咒的威胁激怒。她冷冷地向主教告别,离开他的卧室,等待他死去的消息传来。

那天晚些时候,普雷特克斯塔图斯过世了。

鲁昂人义愤填膺——他们最神圣的权威,在一年中最神圣的日子里,在最神圣的场所中被如此杀害!这是他们能记住的最残忍的复活节。鲁昂的领袖们毫不怀疑是谁派来了刺客,他们立刻赶到弗蕾德贡德的卧室。"这是你干过的最糟糕的事情!"[30]有个人宣称。他们通知她,他们会对普雷特克斯塔图斯主教的谋杀展开调查。

他们明智地拒绝了王后共进晚餐的邀请,但是他们的领袖犯了一个错误,接受了一杯由苦艾酒、葡萄酒和蜂蜜[31]调制而成的传统法兰克饮料。刚抿一口,他就意识到自己犯了错。这是毒药。他大喊着让他的同伴逃跑,"免得你们和我一起死"[32]!

这个人试着爬上自己的马,但是马跑了不到半英里他就坠马而亡了。

既然鲁昂当局无能为力，教会便决定介入。贝叶的主教领导此次调查。为了鼓动鲁昂的市民更积极地提供消息，这个地区的所有教堂都关闭了。没有人可以结婚、下葬或者受洗；信徒们担心以后自己去世时罪孽得不到赦免。在这样的压力下，有些人被逮捕了；他们的忏悔全都指向了弗雷德贡德。

不过，这位王后依然态度坚决——她与普雷特克斯塔图斯的死毫无干系。

普雷特克斯塔图斯的大家族也开始寻求正义。贡特拉姆因为王后的反抗和可能爆发血仇的威胁而忧心忡忡，但他已经忙得不可开交了。

要说贡特拉姆在赛普提曼尼亚的战役进展糟糕，那还只是保守的说法。这位年迈的君主没有领导这场战役，而是让他的公爵们负责。但他们没办法让自己的人遵守纪律，贪婪掠夺的无纪律部队最终沿途掳掠了法兰克人的城镇和教堂。在持续数月的强暴和掠夺之后，他们最暴力的冲动得到了满足，当他们到达赛普提曼尼亚，他们只是敷衍了事地围攻了一座孤城，接着就放弃了。柳维吉尔德提出休战，但是贡特拉姆太固执了，他不接受。所以现在，贡特拉姆每天都会接到一封又一封战报，说他正在丧失越来越多的领土。

由于无法亲自调查普雷特克斯塔图斯主教被谋杀一事，贡特拉姆便派去了另外三位主教，并告诉他们直接向自己汇报。主教们前去和看管小克洛塔尔的纽斯特里亚贵族们商议，认定后者会配合调查并认同他们的猜测，即王后是此次袭击的幕后指使者。

然而，这些贵族明确表示，纽斯特里亚再也用不着勃艮第的保护了："我们完全有能力自己惩治当地的不正当行为。"[33]

贡特拉姆发出命令，不允许弗蕾德贡德安排普雷特克斯塔图斯的接班人。她无视他并自行其是，重新打开了教堂，这表明她已经控制了贵族和教会。

弗蕾德贡德真的交出了一个刺客，她把自己的一个奴隶交出去受罚，也不管普雷特克斯塔图斯的家人对此是否认同。这个奴隶在接受审问后宣称，弗蕾德贡德在两位神职人员的帮助之下策划了谋杀，其中一个刚刚被选为普雷特克斯塔图斯的替任者。王后曾经承诺给予奴隶和他的妻子自由，以及两百个金币，代价就是刺杀主教。尽管他供认不讳，但这个可怜的人依然因罪被处决了。

贡特拉姆能看出，纽斯特里亚的局势正在脱离他的掌控，但他束手无策。赛普提曼尼亚战役成了一场如此大的灾难，以至于当贡特拉姆的军队指挥官们回来后，他们直接进入了教堂的避难所而不是去面对他们的国王。贡特拉姆来到这座教堂，并恐吓要用斧头劈开他们的头骨[34]，就像克洛维曾经做的那样。为了在大众面前挽回颜面，贡特拉姆并没有把军队的糟糕表现归咎于缺少策略和领导，而是归咎于在更年轻一代的生活中缺少宗教信仰[35]。

贡特拉姆没有能派去鲁昂制服纽斯特里亚人的后备部队；他的兵力已经捉襟见肘。弗蕾德贡德不断向贡特拉姆施加压力，并派出了两队刺客。一队潜藏在纽斯特里亚的外交阵营中，另一队则在教堂里等待贡特拉姆[36]。二者都没有成功，但或许他们本就不需要成功。弗蕾德贡德只须提醒贡特拉姆她有多执着，以及她能靠得有多近。

最终，贡特拉姆只能放手，并承认失败。

到了586年的夏末，弗蕾德贡德摄政，成为纽斯特里亚无可争辩的统治者。

第二十四章　公爵们的反叛

586年，纽斯特里亚爆发了全国性的叛乱，随后迎来了异常温暖的秋天和冬天。天气暖和得草木在9月再次开花，树上又长出了第二茬的水果[1]。古怪的天气显然是一个征兆，但预示着什么呢？没人知道。

就在这个时期，布隆希尔德迎来了她的第二个孙子。希尔德贝尔特国王的情妇生下了一个男孩。这个男孩名叫提乌德贝尔特，这个名字结合了法兰克词汇中**人民**和**明亮**这两个词[2]——他将代表法兰克人民的未来。作为一位母亲，布隆希尔德曾因她的孩子拥有父母双方的王室血统而自豪；作为一位祖母，她却没有这方面的顾虑。虽然是一个私生子，但提乌德贝尔特似乎自打出生开始就被当作预定的继承人来培养。

第二年，希尔德贝尔特的妻子法伊柳巴生下了另一个男孩提乌德里克，"人民的统治者"。在十七岁生日之前，希尔德贝尔特就已经指挥了一场对外战役，而且有了两位继承人。法兰克人民喜欢富有男子气概的勇士国王，而布隆希尔德给了他们一个。现在，他们也许不再去想究竟是谁在统治他们了。

不过，还是有一些贵族很不高兴。他们一度认为，一旦她的儿子成年，布隆希尔德就会远离权力；他们期望能对年轻国王施加更多影响，而不是事事都要得到他母亲的批准。布隆希尔德在她的议事会和宴席上听到过这样的埋怨，但是她并不知道背后究竟是谁在主导着这样的言论。

弗蕾德贡德也听到过这样的不满，她如照料炉火般小心翼翼地照管着它：耙一耙余烬，再扔进一小束干柴。在奥斯特拉西亚还是有亲纽斯特里亚的派系，尽管地位下降了不少。它现在由乌尔西奥和贝尔特弗雷德领导，这两位公爵曾在战场上威胁要践踏布隆希尔德。埃吉迪乌斯主教在失势之后远离宫廷，但是依然能给予他的老朋友们一些低调的帮助。弗蕾德贡德重新恢复了这些人和她的宫廷之间的联系渠道。如果她效仿她丈夫的做法，那我们可以猜测，她送出去的不仅仅是消息，还应该有金子。

乌尔西奥和贝尔特弗雷德在寻找其他能巩固他们派系的支持者，他们开始拉拢苏瓦松的公爵劳辛。苏瓦松长期以来都是纽斯特里亚的官方首都，甚至在王室家族开始偏爱巴黎后也是如此。但是当贡特拉姆一住进巴黎并把弗蕾德贡德送到鲁昂后，奥斯特拉西亚就霸占了苏瓦松。劳辛公爵明智地决定改变阵营，为向他的新王后投诚，他还亲自抓住了弗蕾德贡德最近派出除掉希尔德贝尔特的刺客。

劳辛是个花花公子，总是衣着光鲜，穿着最好的亚麻和丝绸质地的衣物。他将妻子打扮得珠光宝气，以至于老百姓

第二十四章 公爵们的反叛 [235]

都私传他必定是某个国王，或许是老克洛塔尔国王的另一个私生子[3]。和财富齐名的，是他对侍从的残暴[4]。据说劳辛甚至惩罚了两个私奔的奴隶，把他们活埋了。

布隆希尔德要么没有注意到这些癖好，要么对此睁一只眼闭一只眼，因为她更希望劳辛能为自己效力而不是与己为敌。除了极其富有，他还是位天赋异禀的将军。弗蕾德贡德极度想夺回苏瓦松，而她知道，劳辛对精致宝物的胃口意味着需要给他格外丰厚的贿赂。

劳辛、乌尔西奥和贝尔特弗雷德开始策划后来所谓的"公爵们的反叛"。他们的计划是刺杀希尔德贝尔特国王。不过，他们真正想要激怒的目标是布隆希尔德：他们对自己的王后"充满了敌意"，并且希望能"羞辱她"[5]。除掉她的儿子就能把她从权力的宝座上扯下来；他们将成为希尔德贝尔特两个小儿子的摄政者。一旦他们以王子的名义控制了奥斯特拉西亚，他们就能承诺和纽斯特里亚联盟，并把苏瓦松还给弗蕾德贡德。

然而，关于这个阴谋的消息传到了贡特拉姆国王那里。他喜欢确定性；他渴望秩序。尽管贡特拉姆希望看到布隆希尔德被驱逐出公共生活，但他也因为弗蕾德贡德在纽斯特里亚攫取权力而感到如芒在背。假如希尔德贝尔特被刺杀了，贡特拉姆就不得不指定弗蕾德贡德的儿子为自己的继承人，而一旦弗蕾德贡德在所有三个王国都有了立足之地，还有谁能够阻止她呢？因此，贡特拉姆派人送信给希尔德贝尔特，提醒他他的公爵们行将叛乱。

⚔ ⚔ ⚔

这个提醒来得正是时候。当国王和他的母亲接到关于这个阴谋的消息时，劳辛公爵正在前往和希尔德贝尔特私下会面的路上，他打算进行暗杀。当劳辛被引向国王的私人房间时，希尔德贝尔特正在紧张忙乱地签署没收公爵财产的命令[6]，用他的大印章戒指在封蜡上按下封印。侍从们拿着卷轴退出国王的房间，其上的封蜡依旧温热，在走廊里与注定失败的公爵擦肩而过。

希尔德贝尔特邀请劳辛进入房间。国王没有流露出一点怀疑或担忧的迹象；他甚至没有在房间里安排卫兵。劳辛必定放松了警惕，志得意满地认为他将比预期更为顺利地完成任务。

劳辛身后的门一关上，王室卫兵就在大厅里各就各位了。希尔德贝尔特和劳辛交谈，保持着一个安全的距离，接着找了个理由让劳辛去门厅看看。当他打开门向外看时，希尔德贝尔特的一些卫兵绊倒了他，其他人压到他的身上，砍向他的头部[7]。死去的公爵被赤裸裸地从一个窗户扔到了下面的街上，以儆效尤。

劳辛的妻子听说丈夫的死讯时，她正前呼后拥地走在苏瓦松的街道上准备去参加弥撒。她"穿戴着奇珍异宝，俗不可耐地披挂着闪闪发光的黄金"[8]，身边还簇拥着侍从们。她敏捷地跳下马，躲进一条小路，扯掉身上的珠宝，尽可能快地躲到一座教堂里避难。她知道一切都失去了，而她也是对的；就在那一刻，国王的手下正在搜查她的房子，把一切值钱的东西都没收了。

但乌尔西奥和贝尔特弗雷德并没有及时得到消息。他们以为刺杀已经成功了；他们领着一支庞大的军队，开始向梅兹进军。当最终意识到这个计划已经土崩瓦解时，他们终止了行军，躲进乌尔西奥庄园附近山坡上的一座教堂，准备同正朝他们赶来的国王的军队作最后的抵抗。

※ ※ ※

希尔德贝尔特刚刚侥幸躲过一次刺杀；但肯定还会有更多。他现在要担心一个妻子和两个年幼的王子，而贡特拉姆也不再年轻了。尽管贡特拉姆在几年前就宣布希尔德贝尔特是他的继承者了，但布隆希尔德还是催促贡特拉姆让这两个王国之间的联盟更加正式化。

贡特拉姆十分乐意，但是他要求对方先帮自己一个忙。他想要博索公爵的项上人头。

贡特拉姆国王曾经处置过很多背信弃义的贵族，但是没有人像博索那样让他狼狈不堪、激怒万分。他从未原谅博索在贡多瓦尔德一事上的表里不一，并把击垮这位公爵当作自己的个人目标。

布隆希尔德并不像他那样激恨。她容忍博索很久了，甚至在他背叛她的第二任丈夫墨洛维之后也是如此。布隆希尔德甚至在成为摄政者之后，还让博索留在宫廷里。这位公爵属实让人恼怒，但至少每个人都知道他忠诚于谁——他自己。当他在贡多瓦尔德一事上的全部阴谋被揭露后，布隆希尔德很快就采取了预防措施——没收了博索的部分财产，并迫使他离开宫廷。对于这样的处置，换作别人也许会认为自己很幸运，并在自己的乡下庄园里低调度日，但博索不是；他毫不意外地牵扯进了公爵们的反叛。

博索曾在他的旧同僚间积极走动，试探他东山再起的可能性。他相当容易就被反叛的头目们说服了，他们承诺有办法帮他恢复声望和影响力。在这个谋划里，博索从来都不是关键人物；他被远远地移除出权力中心。不过，有人无意中听到，他曾说了些关于王后的不明智的话，还拍了反叛的公爵们的马屁。

贡特拉姆没有合法的权力下令惩罚博索，而奥斯特拉西亚则可以伸张自己的主权，想保护这个诡计多端的公爵多久就多久。但是，一旦这个有利的联盟受到威胁，布隆希尔德发现自己也"憎恶"[9]起博索了。

一道逮捕博索的命令发出。他被指控"大肆污蔑和攻击（过）布隆希尔德王后，并且……还支援过她的敌人"[10]。然而，博索又躲进了大教堂里避难——这次是在凡尔登城，并请求该城主教为自己说情。主教照做了，但希尔德贝尔特还是命令博索亲自到他面前来应对指控。

第二十四章　公爵们的反叛

博索认为这将只是走个形式。他出现在法庭上，身戴锁链，请求希尔德贝尔特的仁慈："我对您和您的母亲有罪，我曾拒绝服从你们的命令，我还违背过您的意愿和公众的（福祉）。"[11]

希尔德贝尔特叫他站起来，告诉他自己已经与贡特拉姆达成了一项协议："我会执行贡特拉姆国王下令的任何事情。"[12]

博索很快就会知道那是什么事情。奥斯特拉西亚宫廷将前往香槟地区和贡特拉姆会面，而博索也会随行。

⚔　　⚔　　⚔

587年的夏天异常多雨，即便在多雨成为常态的这十年里也格外突出。洪水推迟了勃艮第和奥斯特拉西亚的会面。当水位越涨越高时，伟大的拉德贡德也到了临终之际。

拉德贡德快七十岁了，这一年里一直饱受疾病折磨。她的身体每况愈下，但幸运的是，福图纳图斯有足够的时间来完成他的第二本书，这是本礼赞她和圣十字修女院修女们的诗集[13]。

尽管病骨支离，拉德贡德依然挂念着布隆希尔德所要面对的尚不明朗的政治形势——鉴于弗蕾德贡德夺取了纽斯特里亚的摄政权以及奥斯特拉西亚公爵们发起了反叛，局势变得复杂起来。拉德贡德发表了一则声明来支持她的老朋友。在她的遗嘱中，她在上帝的见证下将圣十字修女院委托给法兰克王国的国王和神圣的教会，以及"她最深爱的、最安详的女士，布隆希尔德王后"[14]。

不久之后，拉德贡德在8月13日与世长辞。普瓦提埃的主教在拉德贡德生前就嫉妒她的权力，现在则拒绝埋葬她。但即便在死后，拉德贡德还是保留了她的权力和地位。格雷戈里主教介入了，行至普瓦提埃主持她的葬礼；他甚至为她写了悼词。很快就出现了一场将拉德贡德封为圣人的运动。圣十字修女院的修女们宣称拉德贡德的坟墓具有神力——它治愈了一个盲人和一个着了魔的女人。她们甚至宣称，喝了她墓中的水能治好常见的疾病[15]。福图纳图斯撰写了她的传记，为此推波助澜。

即便撰写传记让他保持了忙碌，但因为失去了主要的资助人和家人般的挚友，福图纳图斯显得失魂落魄。拉德贡德和圣十字修女院院长阿格内斯一直是他的同伴。三人享受着愉快的家庭日常；他们交换诗歌、一同用餐，也争论神学。格雷戈里眼见着他的老朋友如此失魂落魄，帮助他打包了行李。福图纳图斯很快就回到了他事业开始的地方——梅兹的宫殿。

⚔ ⚔ ⚔

这个夏天中最猛烈的洪水[16]袭击了贡特拉姆在勃艮第的领土。直到11月，领土上的洪水才退到安全水位，国王终于能够安全地乘船北上了。王室成员们决定在昂德洛的别墅会面，它位于马恩河一条支流的岸边。博索戴着锁链，被带上了一条平底驳船——他即将在此上路。

几乎整个宫廷的人都在另一条驳船上：希尔德贝尔特、他的两个小儿子和他的妻子法伊柳巴；布隆希尔德和她的小女儿克洛多辛德；一些官员、厨师和侍从；宫廷还带了一位主教——特里尔的马格内里克（Magneric）——来关照他们的精神需求。

当奥斯特拉西亚人到达昂德洛时，一场团聚近在眼前。等待他们的不光有贡特拉姆和他的官员们，还有两个老朋友——沃尔夫公爵，以及品貌非凡的普罗旺斯管辖者迪纳米乌斯。几年前，他们在勃艮第寻得了庇护。现在，他们似乎终于能够平安回到奥斯特拉西亚的家园了。

他们齐聚一堂是为了敲定奥斯特拉西亚和勃艮第之间的协约条款。但首先，聚集在一起的王室成员要决定贡特拉姆·博索的命运。布隆希尔德自然生博索的气，但更倾向于惩罚他去流放。但是，贡特拉姆毫不留情。他已经要求过博索的项上人头，要是他没如愿，那协约的谈判就无法推进。最后，双方一致同意博索已经失去了价值，应该被立刻处决。

得知这个裁决之后，博索找不到一个教堂避难，于是他退而求其次。他"全力冲向"[17]马格内里克主教的住所，把自己锁在里面，把这个老人当成人质。博索拔出剑，告诉主教他们的命运已经绑在了一起："要么让我得到赦免，要么就一起死。"[18]

博索认为，这位老主教对两位君主应该都会有一些影响。贡特拉姆不愿被看成是与教会作对，而马格内里克主教则和奥斯特拉西亚王室有着特殊的联系，他曾为希尔德贝尔特的大儿子洗礼。马格内里克试着派他的修道院院长去和贡特拉姆协商，但这位国王一向对博索和他的阴谋充满怀疑，认定了主教是他的帮凶而不是人质。贡特拉姆下令烧了他们所在的房子，试图把他们都熏出来。教士们撞破前门，把主教安然无恙地从火中带了出来。博索也试图逃跑，持剑逃出了火焰。但士兵和旁观者们正等着他呢。

虽然寡不敌众，但博索作为一名勇士的赫赫声名使得无人敢接近他。于是，他们用长兵器攻击他，以确保自己能和他保持距离。博索的前额被一根长枪击中；那一击加上之前大火中的浓烟让他晕头转向。接着，他被纷纷掷来的矛和长枪击中。博索是站着死去的，因为有那么多的武器"插进他的身体，长杆支撑着他，（让他）无法倒下"[19]。

解决掉博索，奥斯特拉西亚和勃艮第两方宫廷就着手协商继续结盟的条款。

他们最终在587年11月28日于昂德洛签署的文件，是现存最早的中世纪协定。让这份协定更加特别的是，女性参与了它的协商和拟定。这在协定的开头部分就清楚表明了，在那里，布隆希尔德被视为一个平等的主体纳入其中："当最杰出的领主，贡特拉姆国王和希尔德贝尔特国王，以及最荣耀的女士布隆希尔德王后，以基督之名在昂德洛友好会面时……他们诚挚地解决争端并达成共识……"[20]而她的头衔 domma regina[21]（女王）也表明，她等同于国王——dommus rex。

这份协定重申了希尔德贝尔特继承勃艮第的权力，并明确表示，希尔德贝尔特若有不测，他年幼的儿子们将成为贡特拉姆的继承人。为了彻底解决两个王国之间的纷争，它划定了有争议的土地的归属——比如，正式规定了贡特拉姆将图尔和普瓦提埃让渡回奥斯特拉西亚，同时勃艮第将得到埃当普和夏尔特尔。在经历贡多瓦尔德起义和公爵们的反叛之后，这份协定还试图巩固墨洛温王朝对法兰克贵族们的控制：贵族们被禁止改变阵营。假如一位勃艮第的公爵要在奥斯特拉西亚寻求庇护，他将被驱逐，反之亦然。不过，一项规定也将安抚贵族们，那就是允许他们申请收回在近期的内战中失去的土地[22]。

贡特拉姆还得到了留在巴黎的权力；直到逝世，他都将掌管他自己和希尔德贝尔特各自所拥有的这个城市的三分之一。（另外的三分之一属于纽斯特里亚，当他在弗蕾德贡德的请求下前往巴黎时，他就已经将其收编了。）但布隆希尔德也获得了一项重要的法律胜利，她为此追求了将近二十年——这项协定再次确认了她对她姐姐加尔斯温特的晨礼土地的权力。

纽斯特里亚在弗蕾德贡德治下获得了某种程度的独立，但是贡特拉姆并没有放弃对王国这有争议的三分之一领土的控制，它包括：波尔多、利摩日、卡奥尔、勒斯卡尔，以及雪塔。布隆希尔德被允许即刻占有卡奥尔（部分原因可能是，她对卡奥尔主教长期的侵扰活动）。另外四个城市将由贡特拉姆掌管"一生，至其亡故之时，它们将在上帝的庇佑下毫发无损地归于布隆希尔德女士及其继承人的掌控"[23]。

在协定签订并且两国用礼物和一场奢华的宴会完成这场结盟仪式后，布隆希尔德和希尔德贝尔特返回奥斯特拉西亚，平息公爵们的反叛。

乌尔西奥和贝尔特弗雷德正逗留在前者位于洛林地区的庄园里。被大部分士兵抛弃之后，他们就和家人一起在山上的一座乡村小教堂里避难。

布隆希尔德总是青睐一种分而治之的策略。她给贝尔特弗雷德送去消息，她判断贝尔特弗雷德是两人中较为脆弱的一个。她提出宽恕他，条件是要他背叛他的朋友。贝尔特弗雷德若是更像博索，他就会在抓住这个机会，但是相反，他选择和朋友坚守到最后[24]。

布隆希尔德和希尔德贝尔特派去了军队，领导人正好是沃尔夫公爵的女婿。乌尔西奥和贝尔特弗雷德曾将沃尔夫驱逐出他的领地，迫使他四处藏匿；现在，沃尔夫的亲人必将焚毁并掠夺这两位公爵的庄园。之后，他和他的军队包围了教堂，并借用了贡特拉姆用以攻击博索的策略——放火。乌尔西奥挥舞着剑冲出火焰；虽然他不是贡特拉姆·博索，但他也是一位强大的战士，尽管双方力量悬殊，他还是在被制服之前击杀了不少士兵[25]。

贝尔特弗雷德在混乱中逃跑了，领导此次进攻的公爵遵守布隆希尔德的命令放他一马："我们主人的主要敌人已经死了！可以留下贝尔特弗雷德一条性命！"[26]

但希尔德贝特颁布了似乎是他一生中唯一真正独立的裁决[27]，他推翻了他母亲的决定，坚持要杀死贝尔特弗雷德。士兵们追击贝尔特弗雷德；他也仿效博索之前的做法，飞逃进凡尔登的大教堂寻求庇护；这位主教再次拒绝交出他的客人。于是，士兵们拆毁了大教堂屋顶上的一部分瓦片，并从那里进入教堂，杀了贝尔特弗雷德，让另一个圣地"被人类的鲜血亵渎"[28]。接着是整肃宫廷，一些贵族被降职，而另一些忠诚的拥护者接任了他们的位置。反叛被粉碎了。

⚔ ⚔ ⚔

船上充满了喜庆的气氛。588年，王室出游的首站目的地是巴伐利亚地区。当平底驳船在弯弯曲曲的摩泽尔河上向北行驶时，王室成员一边聆听竖琴和长笛的演奏，一边在甲板上晒着太阳[29]。

若是有人眯起眼睛打量,可能会以为时间停滞,眼前仿佛还是二十年前的景象。福图纳图斯回到了宫廷,为粉刷一新、"烟雾缠绕屋顶"[30]的河滨别墅和悬崖边层层叠叠的葡萄园写下诗篇。格雷戈里主教躬身与沃尔夫公爵亲切交谈,正如他们结盟初期时那样。而布隆希尔德再一次坐在了一位国王的身边。他们像"一对""王室伴侣"[31]那样穿戴,母亲和儿子,共同统治。

他们的土地欣欣向荣,呈现出春天最好的样子。河流里是满坑满谷的鱼,层层叠叠的葡萄园盛开着"蜜一样甜的花簇",而"平整肥沃的农田"刚刚被犁过[32]。王室一行在安德纳赫镇上停下,摩泽尔河在此和莱茵河汇合,母亲和儿子并排落座,"在宴会大厅中接受尊崇",品尝从河里捕捞上来的新鲜鲑鱼[33]。

我们无从得知希尔德贝尔特的妻子法伊柳巴对于自己没有被看成是王室伴侣的感受如何。就算是最温顺、最和气的妻子,估计也会觉得这种情况很棘手。但就算法伊柳巴有任何忿恨,她都把它咽了下去。她生来就没有什么野心,而且她有充分的理由对婆婆感恩戴德。在仅仅数月前签订的《昂德洛协定》中,布隆希尔德为她自己、她的女儿和她的儿媳努力争取到了法律的保护。

协定有整整三分之一都在保障墨洛温王室女性成员的权益,这十分出人意料。因为知道贡特拉姆倾向于把麻烦的女人软禁起来,所以布隆希尔德要确保无论是她自己,还是她的女儿和儿媳，最终都不会在违背个人意愿的情况下在修女院里了却一生。贡特拉姆同意，倘若希尔德贝尔特有任何不幸，他会保护他们。但最重要的是，这些女人的经济独立得到了保证。她们的财富将不受《萨利克法典》的管辖——"城市、土地、收入和所有的权力，以及各种各样的财富，无论是她们在当下实际拥有的，还是将在未来获得的"[34]，都将由她们依据自己的意愿进行管理、出售或遗赠。一则类似的条款将同样的保护扩及贡特拉姆唯一存活的孩子——一个名为克洛提尔德的女儿，以及她所有的"货物和人手，以及城市、土地和收入"[35]。

布隆希尔德十分留心儿媳的权益，以确保她的忠诚，并将她们的财富绑定在一起。但就算法伊柳巴向她的丈夫抱怨过，他也做不了什么。就算母亲和儿子穿戴成平等的样子，像是两位"最杰出的领主"[36]，也只有布隆希尔德被认可为奥斯特拉西亚的领袖。伪造者们学习模仿她的签名，而不是希尔德贝尔特的；贵族们直接向她呈请宽恕，而不是向国王[37]。在福图纳图斯的一首正式诗歌中，他试图将布隆希尔德和她的儿子描述成平起平坐的，但实际上聚焦的几乎都是她，称她为"洋溢着荣耀的母亲"[38]。多亏了《昂德洛协定》，和平如今统御着勃艮第和奥斯特拉西亚，布隆希尔德对权力的掌控也从未如此稳固。

第二十五章　王室订婚

随着国内战线稳定下来，布隆希尔德再一次看向海外，以增强自己的权力。

布隆希尔德的母亲戈伊斯温特已经再次获得了她在西班牙的影响力。老国王柳维吉尔德在586年逝世[1]，他最小的儿子雷卡雷德被选出来接替他统治。（可怜的赫尔曼吉尔德已经被淘汰出局，几年前就在他父亲的命令下被斩首了。）戈伊斯温特依然保留着一个基本的权力基础；为了确保和平，雷卡雷德提出和他强大的继母结盟，并"承认她为自己的母亲"[2]。

之前，戈伊斯温特曾梦想着在西班牙南部建立一个独立的国家，并和她女儿治下的法兰克王国结盟。现在，既然能左右西班牙的新王，她就不再需要创建一个独立的王国了——她可以试着在整个西班牙和奥斯特拉西亚之间建立联盟。一方面，她还有一个未婚配的外孙女——布隆希尔德最小的孩子克洛多辛德；另一方面，雷卡雷德在和里贡特公主失败的订婚之后依然是单身。事实证明，赫尔曼吉尔德和英贡德巩固了法兰克与西哥特的联盟；现在，虽然这对夫妇已经故去，但希望还在。通过他们的兄妹，戈伊斯温特王后又看到了一次机会。

这一结盟的第一个障碍是正在赛普提曼尼亚发生的战争。布隆希尔德的同盟贡特拉姆虽然多次战败，但仍在进攻西哥特的这片领土。戈伊斯温特催促她的继子雷卡雷德结束赛普提曼尼亚的战争。

特使们两次三番向贡特拉姆请求议和[3]，但他都拒绝了。现在，雷卡雷德再次尝试，提出与奥斯特拉西亚和勃艮第共同结盟。他猜测，自己新近改信了天主教信仰，将让自己在虔诚的贡特拉姆看来更像是个友好的邻居。转宗是雷卡雷德在赫尔曼吉尔德发动反叛后经过深思熟虑做出的政治举动。推倒阿里乌斯宗教使得雷卡雷德能将教会的土地从守旧的阿里乌斯主教手中重新分配给全新的天主教教徒，以此集中自己的权力。这也许还能去除贡特拉姆为自己在赛普提曼尼亚的行为辩护的其中一个理由。

不过，当特使们到达勃艮第人的宫廷时，贡特拉姆国王并不承认他们。他不在乎他们的国王是不是天主教徒；无论多少奉承、多少礼物都无法动摇他。

希尔德贝尔特国王的态度则更为温和[4]。在母亲和外祖母的鼓励下，希尔德贝尔特暗示他对协商持开放态度。然而，结盟的第二个障碍是法兰克人对英贡德之死的愤怒。根据《萨利克法典》，西哥特人送回了一万个索里达的赔偿金[5]。虽然英贡德不是在他们手上丧生的，但西哥特人还是通过提供这一补偿表达了对没有保护好她的歉意，并以此承认她的死为国王和他的母亲所带去的痛苦。

奥斯特拉西亚人现在同意了克洛多辛德公主和雷卡雷德国王之间的婚事。然而，根据新签订的《昂德洛协定》，布隆希尔德和希尔德贝尔特需要首先得到贡特拉姆的准允，而国王一点儿也不想给出自己的祝福。他声称，他依然因为英贡德的死悲痛欲绝[6]，以至于无法忍受使她的妹妹也要面临同样命运的计划。不过，他似乎也考虑到了，奥斯特拉西亚和西班牙之间的联盟将如何影响到他。

布隆希尔德耐心劝诱。他们曾一起摧毁了博索，不是吗？而且，奥斯特拉西亚正在信守它在《昂德洛协定》中提出的承诺。

布隆希尔德派出了她的老盟友格雷戈里主教［还有他的一个朋友费利克斯（Felix）］去试着说服国王。贡特拉姆和他们一起大张旗鼓地审查了协定，指出他还没有得到任何一个城市的补偿。但是，在结束协商之后，这些人的交谈转向了当时的八卦——法兰克王国其他两位统治者，即两位王后之间的关系。

自己听到的谣言是真的吗？费利克斯向贡特拉姆国王求证道。他真的试图在布隆希尔德和弗蕾德贡德之间"建立亲切友好的关系"[7]吗？

格雷戈里俏皮而又不露声色地回答他的朋友："将她们联系在一起数年的'友好关系'[8]，双方依然在培养中。也就是说，你可以相当确信，她们相互之间忍受了这么多年的仇恨远没有消亡，而是一如既往地强韧。"

在确保这两位王后至少不会联合起来对抗他后,贡特拉姆终于允许举办婚礼了。

⚔   ⚔   ⚔

正当克洛多辛德和雷卡雷德的婚礼如火如荼地筹备时,里贡特在鲁昂的王室别墅里生着闷气。她的堂姐妹就要在她人生黯然无望的时候偷走她的未婚夫,让她当个一辈子的老处女吗?

先是她的婴儿弟弟死了,推迟了她的婚礼,然后是她的父亲在她距离西哥特边境只有几天路程的时候被刺杀了。她现在本应作为西班牙王后大权在握的。然而,她被羞辱——嫁妆被抢,还被迫像个可怜的罪犯一样在一个小教堂里躲了好几个星期。里贡特恼羞成怒,认为这一切都是她母亲的错。

"你为什么这么恨我?"[9]弗蕾德贡德抱怨道,充满了不解。

弗蕾德贡德一直以来都在确保她女儿在物质上要比自己以前要好。她掏空了自己的私人金库,用难以想象的嫁妆送走她的女儿;她还竭尽所能地保全她,并把她安全地带回家。

当然,弗蕾德贡德很可能并没有花费大量的精力在女儿身上,因为她总是忙于生育,然后悼念襁褓中的男孩。墨洛温王朝的继承——也是任何父系继承——的讽刺之处在于,小男孩相比小女孩要脆弱得多。每一年都有更多的男孩出生,但存活下来的男孩却远少于女孩[10]；他们更容易得病和死亡。里贡特曾是个结实、健康的头胎；并没有她在儿童时期得过严重疾病的记录。她受到了良好的教育，而且我们可以猜测，她还继承了父母的良好外表和魅力，相当有吸引力。然而，她的父母在她的兄弟们身上投入了大量的时间和资源，男孩们的相继死亡让这个王国陷入了混乱。

当然，里贡特不会想到这一点，或者就算她想到了，她也不会用语言来消化或者表达自己的怨恨。然而，她似乎深受漫无目的之感的折磨，这是一种含糊不清、难以言明的痛苦，她只能用一次又一次的宫廷调情来缓解它。她的母亲冷冰冰地指出，这些对她的婚姻前景大概是没有帮助的。

争论变成了高声争吵。弗蕾德贡德苦苦哀求。她太清楚了，就算只是看起来水性杨花，也会对一个女人的政治生涯产生极不利的影响。

里贡特对这条建议并不感激。她的母亲没有权力告诉她该怎么做！里贡特才是血管里流着王室血脉的人。她的母亲就该回去当宫廷女奴，就该开始去侍奉**她**[11]！

高声争吵升级成了肢体冲突，宫廷人员们亲眼看到了"耳光和拳击"[12]。

在某次这样的争吵之后，弗蕾德贡德把她的女儿带进金库里一个上了锁的房间。王后打开一箱珠宝，好似听天由命地告诉她的女儿："你可以带走你父亲的所有东西，只要它们还是属于我的，然后用它们做你想做的任何事。"[13]

里贡特俯下身，伸手去拿。

第二十五章　王室订婚

弗蕾德贡德夺过箱子的盖子，然后重重地砸了下去，正中她女儿的脖子。

里贡特挣扎着要呼吸。她的脖子顶住了箱子和盖子的边缘。

房间里的仆人们开始尖叫，但是弗蕾德贡德制止了他们。

里贡特的眼睛鼓了出来；她不能呼吸了。

公主的一位侍从跑了出来，冲到门厅，大声呼救。随从们涌入。有人把王后从箱子的盖子上拉下来[14]，其他人则护送她喘着粗气的女儿出去呼吸更多空气。

⚔   ⚔   ⚔

201　习俗和协议规定，未婚夫妻的家庭要在婚礼之前交换礼物，因此，布隆希尔德让工匠们制造了"一个大到难以想象的金属托（盘），用黄金和珍贵的珠宝打造……还有一对木碟……上面也装饰有黄金和珠宝"[15]。负责运送这些贵重物品的使节在途经巴黎前往西班牙时被抓住和搜查，士兵们甚至连他的鞋子都检查了[16]，而后他被拖到了贡特拉姆国王面前。

"你这个混蛋！"[17]国王向他吼道。

使节似乎一脸茫然。

贡特拉姆愤怒的是，他认为这个可怜人带来的礼物不是为了他侄女即将到来的婚礼，而是给布隆希尔德的。国王生气的是，克洛多辛德的婚礼不过是个诡计，其真实意图是让她的母亲能够嫁给贡多瓦尔德的一个儿子："你现在带着礼物给贡多瓦尔德的儿子们，毫无疑问，就会邀请他们回到（法兰克王国）割开我的喉咙！"[18]

在他们的父亲争夺权力的时期，贡多瓦尔德的儿子们曾前往西班牙试图获得增援，并在他死后留在了那里。但没有证据显示他们表达过任何想回到法兰克王国的兴趣。而这位特使，尽管被立即处死的威胁吓得魂飞魄散，依然坚称这些礼物确实是送给西班牙国王的。最终，贡特拉姆松口了，并允许他继续自己的行程。

我们并不清楚为什么贡特拉姆国王会突然认为布隆希尔德打算嫁给贡多瓦尔德的一个儿子，他们年纪才到她的一半，没有土地、头衔或是巨大的财富。格雷戈里主教说"有人告诉了他（这些谣言）"[19]，但那个人是谁并不清楚。是弗蕾德贡德的一个探子吗？是为了破坏克洛多辛德的婚姻安排吗？

也许贡特拉姆怀疑布隆希尔德是否可信是对的。贡多瓦尔德最忠实的一位支持者[20]逃跑了；他果断"逃向了布隆希尔德王后，而她客气地接待了他（并）给了他礼物"[21]。贡特拉姆还有其他理由起疑心。据报告，布隆希尔德的使节频繁访问西班牙[22]——联姻协商真的需要这么多访问吗？贡特拉姆甚至有更多理由担心，倘若他的军队在赛普提曼尼亚的战场上再度战败。他现在大腹便便、满身佝偻、白发苍苍，国王再也不能否认自己的力量正在减弱了。他的身体和他的军队都在背叛他；也许他的盟友也是如此。

第二十五章　王室订婚

感到了脆弱，也许还有难堪，贡特拉姆再次破口大骂起布隆希尔德。虽然他为她和她的儿子做了这一切，但王后还是不清楚自己该处的位置。贡特拉姆声称，她是王位背后的真正掌权者，命令她的儿子做她吩咐的事情，她基本上确实如此。他还重提了他的指控[23]，即布隆希尔德试图嫁给贡多瓦尔德的一个儿子。这种联合的可能后果，足以让一个早就猜忌女性权力的男人感到恐惧。有了西班牙军队的支持，布隆希尔德会用贡多瓦尔德的一个儿子替代他，她会再操控另一个年轻的傀儡，就像操控她的儿子那样吗？一个女人最终会统治法兰克王国的所有子王国吗？

贡特拉姆决定关闭勃艮第的边境，这样一来，其他前往西班牙的奥斯特拉西亚使节就不能通过了，这个举动将延迟克洛多辛德的婚礼。一怒之下，他下令在588年11月1日召集教会会议[24]，审判布隆希尔德王后。

无论真实的指控是什么，格雷戈里主教都非常谨慎地没有复述出来，这说明指控对王后是相当致命的。（图尔的主教毫不迟疑地重复了贡特拉姆的指控，即布隆希尔德违背了协定，甚至试图刺杀他。）而选择用教会法庭审判也是很奇怪的，这表明贡特拉姆相信布隆希尔德违背的是道德法则。一个可能的指控是，布隆希尔德试图订立一场乱伦的婚姻——贡多瓦尔德的儿子本是王后的侄子。（当然，这样的指控将要求贡特拉姆承认，贡多瓦尔德是他同父异母的兄弟，在贡多瓦尔德还活着的时候，贡特拉姆一直拒绝这么做。）另一个可能的指控可能是某种形式的通奸行为，尽管在考虑距离和逻辑的情况下，王后和她假定的情夫之间的约会将极其难以实现。

无论指控是什么，它都已经严重到让布隆希尔德认为它会危害西班牙与奥斯特拉西亚的联盟，这也正是二十多年前她自己的婚姻要巩固的那场联盟。尽管火冒三丈，布隆希尔德还是决定继续出击。当主教们还在收拾行李，为前往教会会议的漫长旅程做准备时，布隆希尔德匆忙离开，率先一步到达贡特拉姆的宫廷。一到那里，她就公开宣誓[25]，澄清自己的清白并洗清自己的名誉——根据《萨利克法典》，只有男人才能这么做。

主教们在半路上接到掉转方向回家的命令；贡特拉姆再次开放了边境。婚礼终于可以继续了。但就在布隆希尔德和女儿准备好嫁妆时，另一个麻烦出现了——她的母亲戈伊斯温特被拘捕了。

戈伊斯温特曾得到提醒，说她的继子并非她所设想的那样对她感激而顺从，于是她开始想办法限制他的权力。她联合了托莱多的主教，后者坚持自己的阿里乌斯信仰，而且从她第一次担任王后起就是她的老朋友。在她的外孙女成为王后之后，这两个人打算帮助阿里乌斯教会，而组成教会基础的传统派们将能重获他们的部分权力。他们的联盟被发现了。主教被下令流放[26]，足智多谋的老王后则被戴上锁链，等待雷卡雷德决定如何处置她。

589年初期，布隆希尔德知道了两件事。第一件是她的母亲死了。形势晦暗不清。当时唯一的一份西哥特资料用复杂的拉丁语写道，在阴谋被发现后不久，戈伊斯温特"结束了她的生命"[27]。我们尚不清楚这一说法是否意味着她是死于自然原因（这大概可以看成上帝对她的罪过的惩罚），或者是，西哥特王后不愿在修女院了却余生，选择了自杀[28]。

第二件事是，雷卡雷德迅速结婚了[29]。在和法兰克公主们两次三番订婚告吹之后，他选择了一位没有头衔的西哥特女孩巴多（Baddo）。

贡特拉姆国王用这破裂的订婚作为另一个借口，陈兵赛普提曼尼亚。这场进攻将是他的告别演出。他在那里得到一些西哥特人的支持，他们支持戈伊斯温特的计划，而他也有一个更加成熟的策略——他将派出两支军队实施夹攻。但他的公爵们搞砸了这个计划——他们出现在错误的地点，直冲进西哥特人的埋伏里。贡特拉姆失去了五千人，还有另外两千人被俘[30]。再次惨败之后，他永远放弃了对赛普提曼尼亚的渴望。

回到纽斯特里亚，在听说堂妹和雷卡雷德国王的婚约也分崩离析之后，里贡特并没有因此而平息怒气。这位公主并没有因为她母亲的攻击而恐惧，进而顺从；若是有什么不同的话，那就是她更加张狂了。宫殿的侍从们如履薄冰，不得不一次又一次地卷入她们的"互殴"[31]中。

而里贡特并不是那一年里唯一公开反抗的墨洛温王室公主。

第二十六章　反抗的修女

589年3月1日，四十名修女出现在格雷戈里主教的家门口[1]，声称她们正在反抗。领导她们的是两位公主。

拉德贡德离世的时候，她在圣十字修女院留下了两百位修女。其中有希尔佩里克国王的女儿巴西娜和他的第一任妻子奥多韦拉，以及查理贝尔特国王的女儿克洛提尔德。

克洛提尔德曾和她的堂姐妹们一样，期望能有一段好的婚姻，并成为一位外国的王后，但是在其父亲遽然离世之后，她被她的叔叔们遣送到了这所修女院。巴西娜是在弗蕾德贡德杀光了她剩下的家人后加入了圣十字修女院；她曾经回绝了一个离开修女院去结婚的机会。

拉德贡德曾经指定的修女院院长阿格内斯，在前王后离世后不久就驾鹤西去了。公主们希望，作为拉德贡德的侄女们，她们中的一位能被选为她的继承者。克洛提尔德，这位最年长的堂亲似乎可能性最大。当另一位修女，一个相对默默无闻、名为柳博韦拉（Leubovera）的人被选上时，公主们一片哗然。

"我要去找我的王亲们，告诉他们我们被迫承受的侮辱！"据说克洛提尔德曾经大声疾呼，"我们在这里被羞辱，就像我们是卑贱女侍的后代，而不是国王的女儿！"[2]

克洛提尔德和巴西娜以及其他四十位修女，抗议着走出修女院，无视她们的封地誓言。她们从普瓦提埃一路走到图尔[3]，在寒冷中徒步六十四英里，这场旅程大概耗费了她们两周的时间。六世纪八十年代标志性的洪水泛滥，逼得她们在"及踝的水"[4]中跋涉。她们"筋疲力尽、衣衫褴褛"[5]地到达图尔，而且饥肠辘辘。

她们上诉至格雷戈里主教，抱怨修女院里的苛刻待遇以及不正当事件。尽管如此，格雷戈里还是犹豫要不要干预。之后，克洛提尔德将其他修女留下，请求他照顾，自己则继续前行，去向她的叔叔贡特拉姆陈述案情[6]——这次是坐着舒适的马车。贡特拉姆国王以足够的礼遇在宫廷接待了他的侄女，并让她放心，承诺他会派遣主教们去调查她们的申诉。

克洛提尔德回到图尔等待其他修女。数月之后，承诺的调查者还未出现，修女们又回到了普瓦提埃，此时，柳博韦拉依然和她的支持者们安坐在圣十字修女院。参与抗议活动的修女无法进入修女院关闭的大门，她们只好征用了附近的一间教堂作为她们的总部。为了自卫，公主们花光了她们的钱财，雇佣了一群武装暴徒，格雷戈里主教将这些人斥为"强盗、杀人犯、通奸者和各种罪犯"[7]。

这一行为似乎终于引起了教会的注意。四位主教[8]匆忙赶往普瓦提埃，随行的还有几位执事和其他神职人员，目的是劝说这些女人回到她们的修女院。修女们拒绝这么做，除非她们的申诉被认真对待，但是主教们拒绝协商。最后，主教们厌烦了修女们的反抗，宣布她们被逐出教会。

在被永远罚入地狱的威胁下，克洛提尔德和巴西娜并没有像预料的那样泪眼婆娑地乞求原谅。相反，她们命令她们的保镖攻击主教们。神职人员被暴徒们摔到地上暴揍，都尖叫着逃离了现场[9]。

已经没有什么可以失去的了，公主们仿照中世纪早期的围城战开始了下一步行动。这座修女院位于两座肥沃山谷的岬角；她们命令手下包围修女院，并占领下方提供农产品和牛奶的农场。接着，修女们和她们雇佣的壮汉在吞并的教堂里蹲踞起来，准备用饥饿逼出柳博韦拉。几名教会人员试图介入，并带来了和平解决方案。但是修女们拒绝谈判，除非先撤销把她们驱逐出教会的判决，然而教会拒绝向一群女性反抗者让步。589年的年末，冬天降临，教会和修女们仍然僵持不下。

⚔ ⚔ ⚔

修女们的反抗并不是教会可以等闲视之的威胁。教会对权力的掌控，一开始只有一些轻微的试探，现在却被公开挑衅，修女们的反抗只不过是最新、最明显的例子。

由于六世纪八十年代高涨的洪水持久不退，农作物受

第二十六章　反抗的修女　　[261]

损，疾病肆虐。流言纷纷，说主教们的祈祷和圣人们的遗物似乎无法抵御痢疾和葡萄藤上的腐烂。瘟疫卷土重来。

腺鼠疫在中世纪早期世界纠缠了两百多年，直到八世纪五十年代。588年，在法兰克帝国的港口城市马赛，它再次爆发。这次爆发可以溯源至一艘刚刚从西班牙驶来的船只。从船上买了东西的人们首先死去，格雷戈里主教记录道，接下来，"就像是玉米地着了火一样，整个镇子被瘟疫瞬间点燃"[10]。瘟疫向北肆虐，从马赛到阿维尼翁，然后到了维维埃尔，接着是里昂，将近两百英里的距离，在罗马道路上却是畅通无阻。

即使不了解具体的传播媒介，法兰克人对瘟疫传播的基本原理有着初步的认识。虽然通常认为，隔离是在十四世纪的黑死病期间出现的，但实际上，在六世纪，法兰克人就已经发现了公共健康的某些基本原则；他们知道要远离其他患病的人，还要阻隔道路以避免传播——中世纪早期的社交距离和出行限制[11]。

但这些是任何城市管理者都能采取的实际措施，它们缺少神圣干预的宏大戏剧性。贡特拉姆幻想上帝听到了自己的声音，他虔诚的代祷能一举终结疾病。他命令自己的子民在教堂中聚集，让他们紧紧地挨着彼此，然后命令他们禁食[12]，除了面包和水什么也不吃，这进一步损耗了他们的免疫系统。

毫不意外，瘟疫继续传播。到了590年早期，它已向南传至罗马——就连教皇本人都感染了。

这显然是《圣经》所示的末日。到处都是凶兆，甚至天上也有——先是彗星，然后是日食[13]。忏悔者们披麻蒙灰地在街上漫游，尖叫着末日临近。惊恐的普通人，尤其是女人，涌向巡回的传教士和信仰治疗师；有的时候，她们会被他们的主张深深吸引，以至于"狂欢并宣布她们的领袖是神圣的"[14]。教会已经习惯了伪装成圣徒和先知的江湖骗子的滋扰，现在还得和越来越多的"耶稣基督"打交道。

最普遍因而也最危险的，是"布尔日的基督"（Christ of Bourges）。他自称为耶稣，由一个自称为玛利亚（Mary）的女人陪同，他在遭受瘟疫的地区漫游，把手放在病人的身上，预告未来。这位布尔日的基督，就像《圣经》中的基督，戒绝物质财富；当他收到了金子，他立即转赠给穷人。如果他的追随者都是穷人，那他还是可以被容忍的，但最让教会恐惧的是，他的追随者"不仅仅是乌合之众，还有教堂的主教"[15]。他聚拢了三千名追随者，他们跟着他从一个镇到了另一个镇。最后，他们开始劫富济贫。当他公开挑衅一位主教时，教会派人去杀了他；玛利亚则被抓住并遭受折磨。

布尔日的基督的追随者陆续逃散了，但是他们并没有失去信仰。格雷戈里主教抱怨他们持续不断的异端邪说："他们还在妄称他是基督，而那个玛利亚与他一样神圣。"[16]

※ ※ ※

修女们的反抗开始一年后，在590年的春天，修女们发现自己的补给不足了。她们的人数减少了许多,因为有的修女已经决定回到家人那里去,接受婚姻的提议,或是加入其他修女院。克洛提尔德迅速成为了这场暴动的首脑和骨干,她决定,她们需要绝地反击来为她们的事业重获支持。她派出雇来的壮汉,命其在修女院的墙上打开一个缺口,并绑架了修女院院长柳博韦拉。

这应该是个容易的活儿。男人们趁夜袭击,毫不费力就进入了修女院。柳博韦拉正忍受着痛风,无法自己走出来。为了回避入侵者,修女们带着修女院院长进入了一个小神龛[17],那里面放着修女院里最珍贵的遗骨——真十字架的碎片。

她们的藏身之处很快就被发现了;男人们向走投无路的修女们拔出了剑。不过,其中一个人故意吹灭了蜡烛。在黑暗和茫然中,男人们意外地抓错了人[18]。他们带走了另一个修女,之后才发现抓错了。他们接着回去抓住柳博韦拉,并把她拖回来锁在紧邻被征用教堂的房子里。之后,他们想起执行任务时在地下室里看到的所有财富,男人们第三次回去掠夺修女院,把所有贵重的东西抢夺一空,包括真十字架碎片。

普瓦提埃的伯爵发起了营救柳博韦拉的行动,在街道和修女院门口暴发了激烈的战斗。冲突一拖再拖,修女们的部队寡不敌众。在最后一次绝望的尝试中,克洛提尔德拿起真十字架的遗骸,站在她的手下前面挥舞着遗物,希望能抵御镇上的士兵。她大喊道:"别碰我!……我是一位国王的女儿,也是另一位国王的侄女!如果你碰我,我敢保证,总有一天我一定会来复仇的！"[19]这位咆哮的公主安然无恙地离开了战场，但她的手下们不是受伤就是被捕。

克洛提尔德和巴西娜被拖到了由贡特拉姆和希尔德贝尔特组建的教会法庭之上，教会终于听取了她们的申诉，并决定对她们实施的绑架、纵火和武装叛乱实施适度的惩罚。公主们对柳博韦拉的指控是全方位的。她们抗议修女院里"糟糕的食物、缺少衣服，以及……苛刻的对待"[20]，以及人们能想到的公主会抱怨的所有东西。但她们还更加严厉地指责修女院院长把男人带进了与世隔绝的环境里。虽然拉德贡德以在披麻蒙灰中做最俗世的事务著称[21]，但无人指控她；而公主们声称，新的修女院院长竟然参与了俗世的快乐。

克洛提尔德作证说，柳博韦拉在圣十字修女院私会了一个情人，他伪装成女人，"穿着女人的裙子，（也）被当成女人对待，虽然他确切无疑而且几乎一定是个男人，他总是不断注意着修女院院长"[22]。显然，柳博韦拉笨口拙舌地出卖了这个访问者的性别，因为她无意间用了个阳性代词。

格雷戈里在这特别法庭工作，虽然他是出了名的过分正经，但当所谓的情人穿成女人的样子作为证人出现在法庭上时，他竟出乎意料地不为所动，这说明这样的情形在六世纪并非闻所未闻。证人声称，尽管他一直都穿着女人的衣服，但那是因为"他无法做男人的工作"[23]（这话常常被解释为，他是性无能的，因此，无法成为修女院院长的情人）。而且，他宣称自己不认识柳博韦拉——他住在距离修女院足足有四十英里远的地方。主教们接受了这个解释。

克洛提尔德接下来提出，柳博韦拉和拜占庭皇后一样，在修女院里豢养太监。一位被阉割过的侍从提供了证据。不过，一位著名的医生证实，这位侍从在年轻的时候，他的腹股沟遭受过疾病；拉德贡德曾召他去检查这位男孩，看看能不能做点什么。医生本人遵照"我有一次在君士坦丁堡的镇上，看到一个外科医生做的手术那样"[24]，摘除了这个男人的睾丸。

巴西娜和克洛提尔德还是抱怨修女院里有其他男人。她们不得不和男仆共享一个浴室，她们指控，他们还在那里洗澡。修女院院长喜好招待亲戚和朋友，更糟的是，几个修女近期还怀孕了。主教们则和公主们就后一个指控针锋相对——是她们的暴动把种种不堪的人物带入了修女院。难怪有的修女会被奸淫或引诱。

柳博韦拉最后保住了自己的职位，尽管她仍因为某些行为受到了主教们的责备。然而，公主们被逐出教会的判决并未被撤销。

她们再次向堂兄弟希尔德贝尔特国王和她们的姨妈申诉。乐衷于照顾女性亲眷的布隆希尔德并未让人失望。仅仅数月之后，逐出教会的判决就被撤销了。巴西娜同意回到圣十字修女院，想必是确信柳博韦拉将小心谨慎地不再逾越她了。另一边，克洛提尔德依然拒绝接受柳博韦拉的权威。她得到了一座乡村庄园[25]，在那里养尊处优地退隐了。

第二十七章　盟友和刺客

在母亲逝世以及克洛多辛德的结婚计划破灭之后，布隆希尔德急匆匆地为女儿寻找良配。

回到580年，布隆希尔德见证了她的侄女贝尔塔[1]和盎格鲁-撒克逊王子[2]的婚姻。这场婚事一开始看起来似乎不太理想——不列颠是一个落后的异教之地——但她的侄女现在作为肯特的王后统治着坎特伯雷。这场婚姻也为法兰克人和不列颠东南部盎格鲁-撒克逊人的联盟铺平了道路，它顺利得让教皇都认为肯特人臣服于法兰克王国了[3]。

现在，一个类似的机会出现在克洛多辛德面前。在588年凯旋的王室旅行中，布隆希尔德和希尔德贝尔特曾同一位公爵共进晚餐，后者现在正在物色一位新娘。年轻的克洛多尔德公爵（Duke Chrodoald）[4]出身于巴伐利亚的统治家族，这是法兰克人的一个附属王国。他不像西班牙国王那样享有威望，但是和他结婚能解决很多问题。它能让克洛多辛德免于远嫁给某个她的家人尚未见过、不知在何处的配偶，或是免于落入像她的表姐里贡特那样毫无指望的糟糕境地。考虑到近期这个地区的反叛流言[5]，这场婚姻将有助于保证巴伐利亚人的忠诚。布隆希尔德会满意这一切的功效。她的女儿显然得到了巴伐利亚人的珍惜，而事实证明，克洛多尔德在接下来的数十年里都是忠诚的女婿[6]。

当奥斯特拉西亚人正在保卫一方边境时，贡特拉姆也在奋力做同样的事情。他在最西面的边境布列塔尼遇到了困难。布列塔尼是个伸入了大西洋的半岛，这里的居民是异教的凯尔特人，由一个名叫瓦罗克（Waroch）的战争领主统治[7]。作为一个附属国，布列塔尼通常都安守于国土之内，并向墨洛温王朝纳贡，但近期发生在勃艮第的事情让布列塔尼人有了胆量。贡特拉姆在赛普提曼尼亚的战败以及一场新瘟疫的爆发，促使瓦罗克派出一支骑兵向东进入法兰克的领土，直抵南特和雷恩。

最近在赛普提曼尼亚的战败让贡特拉姆极为受辱，他不能再让布列塔尼人来挑衅自己王国的边境了。老国王知道他在世上的时日所剩无几，而他又渴望一场浩大的远征，一场能在他的葬礼上用诗歌礼赞的辉煌胜利。贡特拉姆为最后一次战役重整旗鼓，增派了两位公爵[8]去征服布列塔尼人。

弗蕾德贡德依然信奉"敌人的敌人就是朋友"这句格言，正和布列塔尼人的国王瓦罗克保持着友好的关系[9]。他们交换了一连串的信件，弗蕾德贡德提出派出部队帮助他击退贡特拉姆的士兵。一如既往地，这位王后力求用最小的代价实现最大的效果。她早就用刺客做到了这一点，现在，她将用区区一百名士兵造成类似的浩劫。

当然，她不能冒同时激怒奥斯特拉西亚和勃艮第的风险。但她早期作为侍女的经历曾教会她如何为人所不察地溜进溜出房间，这种技能将再次发挥作用。尽管今日没有任何草图或者详细的描述留存下来，但我们知道，布列塔尼人有着独具特色的民族发型和服饰[10]。当弗蕾德贡德派出一小队萨克森士兵去支援瓦罗克时，她剪掉了他们长长的卷发[11]，并让他们装扮成布列塔尼人的样子。贡特拉姆永远也不会发现她的诡计。

贡特拉姆最终没能征服布列塔尼人。他的公爵们争吵不休，这种情况在两位自负的将领联合作战时常常会发生，他们都很清楚，谁被看成是这场战役的领袖，谁就会在回程后获得更大的提拔。他们分道扬镳而非保持团结，结果各自遭遇了伏击。他们伤亡惨重，数百人被俘。

贡特拉姆的情绪波动愈发极端。盛怒之下，贡特拉姆杀死了他最信任的王室宫务大臣，下令把他绑在火刑柱上并用石头砸死，只是因为他认为这个人未经允许便在王室森林里打猎。之后，贡特拉姆哀叹自己的行为如此"莽撞"[12]，竟然让脾气打败了自己。他无法再经受任何损失了。

⚔ ⚔ ⚔

当被布列塔尼人俘虏的勃艮第人获释时,贡特拉姆突然且毫无理由地认为,上帝终于回应了一次他的祈求。这位国王从未发现,他这一点点的好运该感谢一位病重的小王子。

小克洛塔尔染上了痢疾。

弗蕾德贡德觉得自己困在了一个梦一样的世界里:事情总是不断地重复。先是雨,接着是大汗淋漓、不断抽搐的小男孩。一个认识强化了她先前多次经历过的焦虑和懊悔,那就是,如果小克洛塔尔死了,她就再也无缘权力了——她没有家人、没有丈夫、没有其他儿子。她紧紧地抓住克洛塔尔,就像她的儿子紧紧地抓住了生命。

弗蕾德贡德不敢再尝试药水或药膏了。之前,当她的其他儿子患病时,她曾经向一些圣人寻求过代祷;现在她拒绝了那些让她失望过的人。她直接向圣马丁——墨洛温王朝的守护圣人——祈求,向他在图尔的教堂捐赠了惊人的财富。她还给瓦罗克国王送去了消息[13],祈求他释放最近在战争中抓到的所有勃艮第囚犯。

然而,高烧还是不退。这位小国王离死亡如此之近,以至于巴黎的宫廷已经在准备葬礼的计划了。当他发狂的母亲在床边呻吟时,克洛塔尔接受了最后的仪式。年轻国王夭折的消息送抵贡特拉姆国王;贡特拉姆收拾行装踏上前往巴黎的旅程，前去参加他侄子的葬礼[14]。上路几天后，贡特拉姆收到了消息——克洛塔尔的高烧退了。

即使克洛塔尔已经完全康复，弗蕾德贡德还是很担忧。她和整个纽斯特里亚，是如此接近全然覆灭。王后发誓，再也不会将自己置于如此脆弱的处境之中。或者至少，就算她的儿子发生了任何不测，她也要确保不让她的对手布隆希尔德成为胜利者。因此，在590年的秋天，弗蕾德贡德谋划了她有生以来最大胆同时也最大规模的刺杀。

观其一生，弗蕾德贡德与十二起政治暗杀有可信的联系，其中六起成功了[15]。而这些只是**记录在案**的，是由正式指控或刺客证词牵扯出来的。还有其他很多起刺杀，只是通过谣言或暗示和她有关[16]。

国王们杀的人就算没有更多，也会像弗蕾德贡德杀的一样多，只不过他们通常命令自己的军队或私人护卫去除掉政治对手。弗蕾德贡德有自己的私人护卫，她也用自己的士兵去解决一些政敌，比如一只耳的柳达斯特伯爵和她的继子克洛维。但是，她更喜欢用社会上更加贫穷、更加微不足道的人——通常都是奴隶——来完成她的任务。

她也许避免过派遣士兵，这样就不会留下官方的痕迹。一名士兵的攻击会导致一位记仇的公爵出动一支军队，并通过战斗伸张正义。但是一名仆人的攻击可以被轻易地否认。弗蕾德贡德也不是很确定自己的士兵是否忠诚。她不能宣称是他们中的一员，不能巡视他们的营地；在他们融洽的战友情谊中，她没有立足之地。她知道，他们首要效忠的是他们的将领，而不是他们的王后。

与此同时，弗蕾德贡德在和更低阶层的人的相处上有诀窍，他们间的关系融洽到就像是施了魔法；这些人在一定程度上信任她，因为她自己的乌鸦变凤凰的故事。弗蕾德贡德也清楚这些人如何生活和工作，以及上层阶级会如何对待仆人、乞丐和平民。她可以部署她的刺客，以达到最佳效果。但是，鉴于那些没有成功完成任务的奴隶刺客，不是被公开处决，就是被残忍地报复——比如失去双手双脚，弗蕾德贡德要如何再说服人们继续为自己卖命呢？很多人口袋里只要有几个钱，就能跨过边境到达奥斯特拉西亚或者勃艮第，前往最大的城市，隐入人群，开始作为自由人的新生活。其他人则变身为告密者，还有可能从布隆希尔德的宫廷得到更大的嘉奖。

至少有一个成功的刺客，一个前纽斯特里亚的奴隶获得了地位和财富——至少传言中有这样一个人。奴隶们可以变成伯爵，可以成为王后；不难想象，一个奴隶只要用一把匕首迅速刺戳几下，就能成为一个有闲阶级的人，拥有一座乡下庄园，以及巨大的宝石戒指。

这些人也会惧怕她，因为她不仅仅是一位王后，还是一位女巫。据说在绝大多数情形中，弗蕾德贡德都会事先给准刺客们葡萄酒；有时她还会在那杯酒里吹一口特殊的气或者加入药水[17]。她不仅熟稔致命的毒药，还有传统异教徒的香草膏、药膏和药水。也许是弗蕾德贡德在他们的葡萄酒中加了某些东西，让他们更放松也更专注。不过，更有可能的是，起作用的是安慰剂效应——即将成为刺客的人们说,他们喝了一杯让自己更勇敢的药水,他们也确实觉得更加大胆了。

然而,这个方法不是对每个刺客都有用。有一个刺客在希尔德贝尔特国王的乡村别墅里害怕得动弹不得。

当国王大步走向自己的私人礼拜堂时,他的侍从们注意到阴影中有一个人。询问之后,他招供自己是弗蕾德贡德派来的。他本应该在希尔德贝尔特祈祷的时候刺杀他,但是他说自己浑身无力、无法行动[18]。他还供认说自己只是十二名刺客中的一个。有六个人已经被派来刺杀希尔德贝尔特,另外六个则被派去刺杀他的大儿子——四岁的提乌德贝尔特。

希尔德贝尔特下令在全国范围内搜索另外十一个人。当他们被捕时,很多人没有在最初的讯问中活下来。有的自杀身亡,有的在审问过程中死去。对于那些活下来的人,他们承受的惩罚正如自己所担心的那样可怕:"有些人的手被砍掉,然后才被释放,有些人的耳朵和鼻子被割掉。"[19]他们没有变成富有的领主,反而成了"可笑的牺牲品"[20]。

第二十八章　孤苦无依的小男孩们

被刺杀的阴谋吓了一跳，尤其是刚经历了公爵们的反叛，布隆希尔德决定根除剩余所有不忠的贵族。在因这场清洗被捕的人中，有一位是被罢黜的官员，他曾外围地参与过更早的反对她的阴谋。他在这次清洗中被流放了，之后又被允许返回（在他的土地被王室霸占之后）[1]。现在他饱受折磨，"日日被棍棒和皮条鞭打。他的伤口溃烂。脓液一流出、伤口一愈合，就又被重新撕开"[2]。在这样的刑讯下，这个人供认，密谋刺杀国王的不光有他，还有埃吉迪乌斯主教。

埃吉迪乌斯主教早就远离了他之前在宫廷里的关键位置。和希尔佩里克的联盟失败后，他就完全投入到传教的职责中去。当他的一些老伙计们策划的公爵们的反叛失败之后，埃吉迪乌斯就急于向希尔德贝尔特乞求谅解，甚至谦卑地向他的宿敌沃尔夫公爵抛出了橄榄枝[3]。

这位主教现在不可能领导一场反叛；他早就过了自己的鼎盛时期，而且据说身体状况不佳[4]。但是布隆希尔德和她的儿子不抱有任何侥幸心理。他们把埃吉迪乌斯关进监狱，同时下令召集教会会议审判他。他的同僚主教们抱怨这种粗鲁的对待毫无必要,这让埃吉迪乌斯在审判前被释放,但是主教们没能成功更改审判举行的日期——11月。那个月"接连不断地下着倾盆大雨,天气冷得难以忍受,(而且)路上都是深深的泥泞"[5],但他们无法拒绝王室的召令。所以,主教们在淤泥中向梅兹跋涉,一路上抱怨不休。

当他们到达时,埃吉迪乌斯被指控接受了希尔佩里克——国王和他的母亲"长期的敌人"[6]的资助。

"我无法否认我是希尔佩里克国王的朋友。"[7]主教在法庭上承认。但是,他坚称,这个关系并未伤害国王和他的母亲。

埃吉迪乌斯在582年和希尔佩里克促成的《诺让协议》,成为对他不利的证据。埃吉迪乌斯和希尔佩里克之间的私人通信也是如此,"其中有许多对布隆希尔德的侮辱性言论"[8]。(再一次,图尔的格雷戈里不敢写出那些言论是什么。)埃吉迪乌斯的仆人们证实了,他曾因为自己的背叛而得到土地和黄金的嘉奖。

毫不意外地,埃吉迪乌斯被定为严重叛国罪。

在等待判决时,他的主教同僚们都认为埃吉迪乌斯会通过为自己的逻辑辩护或者提出一些情有可原的情形来保卫自己。当他竟然承认并乞求他们的怜悯时,他们都无比震惊:"我承认,我犯下严重叛国罪,死有余辜。我一而再再而三地密谋反对国王和他母亲的利益。"[9]

主教们放了埃吉迪乌斯一条生路,但是判决除去他的圣

第二十八章 孤苦无依的小男孩们 [275]

职并将其流放。埃吉迪乌斯被发配到斯特拉斯堡，在耻辱中了却残生。

布隆希尔德初入宫廷时，那里曾有三个不同的派系。现在其中的两个——就是反对她努力为她姐姐的死复仇并收回她姐姐的土地的那两个——已经被彻底清除了。惩罚老对手的同时也给了布隆希尔德嘉奖老朋友的机会，尤其是沃尔夫公爵，他是二十余年的可靠盟友。

沃尔夫有个儿子，名叫罗穆尔夫（Romulf）[10]，他没有像他父亲一样进入军队，而是被立为了神父。现在，埃吉迪乌斯的位置——兰斯主教的职位——空出来了，将由他的宿敌之子担任。有了作为公爵的沃尔夫和作为主教的罗穆尔夫，香槟地区的教会和世俗权力机构在二十余年中首次站在了同一阵营。

⚔ ⚔ ⚔

国内的纷争平息之后，布隆希尔德就能再一次考虑扩张自己的国际影响力了。她已经和南部的不列颠和巴伐利亚建立了稳定且和平的关系，加上纽斯特里亚王国已经收缩为沿英吉利海峡的一条长带，剩下的只有一方边境需要担忧了：和伦巴德接壤的南部边境。

到现在为止，法兰克人代表拜占庭人在意大利进行的代理战争都不曾成功到能说服摩里斯皇帝归还他有价值的谈判筹码：小阿塔纳吉尔德。但布隆希尔德仍几乎每个夏季都派出军队去骚扰伦巴德[11]。虽然她的主要动机是确保她的外孙被释放，但布隆希尔德也意识到，让她的军队在法兰克边境外满足掠夺的欲望颇有益处。

然而，590年的夏天，是法兰克人最后一次进攻意大利半岛。瘟疫让军队在第二年留在了家乡，但是就算疫情减弱了，奥斯特拉西亚军队也没有从他们停止的地方继续征战。伦巴德人方面，则从590年开始，年年向奥斯特拉西亚人支付一万两千索里达[12]，这笔钱成了王室国库稳定的现金收入来源，被用来补贴道路和教堂的修建。在590年后的某个时刻，阿塔纳吉尔德的名字被加进布隆希尔德为之祈祷的已故家人名单中[13]，就排在他的母亲英贡德之后。

流传着一个谣言，说小孤儿国王其实没有死。在七世纪早期，一个叫阿达巴斯特（Ardabast）的流亡者从拜占庭宫廷回到了西班牙。他将娶西哥特国王的侄女，而他的儿子之后会成为国王。西班牙宫廷的系谱学者们将记载，这位阿达巴斯特其实是阿塔纳吉尔德和摩里斯皇帝一位侄女的儿子[14]。

这个说法很吸引人——被拜占庭皇室扣押的男孩，最终和它联姻了；这个被禁止和他唯一的家人接触的男孩，最终拥有了自己的家庭。更好的是，他的后代夺回了阿塔纳吉尔德曾被夺走的西班牙王冠。但是，尽管这个故事很浪漫，其他系谱学者对它的真实性是有争议的[15]。更有可能的是，阿塔纳吉尔德从未活过八岁，他一生都是拜占庭的人质。

虽然布隆希尔德失去了她的外孙——她亲爱的女儿英贡

德最后留下的孩子，但是他的死拯救了无数生命。奥斯特拉西亚人再也没有理由听从拜占庭人的命令，去入侵他们的南方邻居了。不过，这也是个奖赏其他忠诚同盟的机会。普罗旺斯总督迪纳米乌斯被授予了监督和伦巴德人新友谊的任务[16]。

一种奇怪的寂静笼罩了这个王国——和平。十年后的第一次，奥斯特拉西亚不用担忧在任何一方的边境遭受外来入侵。

⚔　　⚔　　⚔

弗蕾德贡德知道盛大场面的好处；用一次公开的刺杀消灭她的敌人将提高她的威信，并震慑她王国内的贵族。但是因为她上一次的尝试失败了，弗蕾德贡德需要寻找其他方法来巩固自己的权力。她决定像布隆希尔德做过的那样，果断压制宫廷里的任何异议。就算克洛塔尔非常健康，他也只有七岁；到他掌权还有八年。八年是很长的一段时间，长到能够让她的支持者们考虑放弃她，改而扶持一位男性摄政者。宫廷中或许有一些对她的怀疑和轻视，有一些图谋推翻她的计划，但或许只是因克洛塔尔染病所带来的心理创伤再度激活了她的偏执。

弗蕾德贡德不允许存在任何对她的轻视。现在，她像布隆希尔德一样主持王室法庭，监管司法。各大家族本应将他们的申诉交由她解决，但是图尔奈的两个家族至今都拒绝接受她提出的关于他们之间血仇的解决方案。

纠纷肇始于一个男人对自己妹妹的遭遇的愤怒，他的妹夫经常召妓。在一场冲突中，这个人杀了他的妹夫，接着又自杀了。报复性暴力的循环不断夺走他们直系家属的生命，接着又在他们的亲友圈中爆发。弗蕾德贡德忧心忡忡，发出数道命令——这些家族必须"放弃他们的世仇，并……再一次达成和平，因为，这场纷争若是持续，它将成为波及甚广的公害"[17]。

克洛维在几个世纪前颁布《萨利克法典》正是出于这个原因：防止一次又一次的报复，它们有可能像野火一样蔓延到宫廷上，损害重要的管理者和将领。但是这两个家族对法律置之不理，也拒不服从弗蕾德贡德提出的协商合适的赔偿金的解决方案。

当伏击和杀戮仍未休止时，弗蕾德贡德邀请家族的三个成员，也就是剩余亲族各分支的首脑们，来参加她在王宫举行的盛大宴会。这三位还处在敌对状态的家庭成员被迫坐在同一条长凳上，交出武器，并被要求在宴会期间举止文明。

这是漫长的一餐。他们吃饱了，喝了很多酒。随着夜幕降临，他们和着音乐鼓掌、在舞蹈时大声说话、互相拍打后背，他们甚至似乎发展出了某种友谊。时间越来越晚，他们的侍从都在大厅角落打起了瞌睡。

这些人喝得更多了。

在王后的一个示意下，"三个拿着斧头的人"[18]并排站在这三个醉醺醺的客人身后。在她的另一个示意下，斧头落下。

三个头颅滚到了花砖地面上。当弗蕾德贡德站在大厅前面的高台上时,她的护卫在她的身后站成一排,她无须开口说一个字。其他客人瞬间酒醒,完全没有了困意,他们收拾好东西,一言不发地匆匆离开了。

※ ※ ※

克洛塔尔和死亡擦肩而过,加上越来越多的消息称贡特拉姆情绪起伏不定、痛风发作日益频繁,都让弗蕾德贡德意识到,她不能再推迟她儿子的洗礼了。

贡特拉姆指控弗蕾德贡德的通奸行为时,他提出她习惯于一直推迟她儿子的洗礼。他抱怨说,弗蕾德贡德"一直遮掩着这个男孩,对我隐瞒"[19]。至少,在这一点上他是对的。克洛塔尔是秘密出生的,并在隐居中长大。他高度警惕的母亲不想把他交给任何人,就算是他的叔父。有太多轻巧的意外能使一位年轻的国王遭遇不测,即便是在教堂举行仪式之时。

但现在,弗蕾德贡德送了封信给贡特拉姆,恳求道:"尊敬的国王陛下能否前来巴黎?我儿是陛下的侄子。他应在陛下的陪同下受洗。"[20]

贡特拉姆很高兴自己被需要,很快就接受了她的邀请。他派出了三位主教、一些家臣以及几位伯爵前往巴黎。他本想一起去的,但是他被脚上发作的痛风耽误了。

这次拖延让布隆希尔德听到了洗礼计划的风声。她不想这件事在巴黎举行。等到贡特拉姆身体恢复并前往他在城市外面的一座别墅时,布隆希尔德的特使们正在路上等着他。

"这不是你对你的侄子希尔德贝尔特承诺的事情,"消息写道,指责贡特拉姆违反了《昂德洛协定》,"你正在做的事情,是在认可这个孩子有权继承巴黎的王位。上帝会因你违背了你的所有誓约而审判你。"[21]

布隆希尔德的考虑是正确的。巴黎再一次成了三个王国共享的城市。但布隆希尔德知道,弗蕾德贡德对场地的选择并非偶然——她的敌人希望她的儿子在克洛维的旧首都受洗。

贡特拉姆抗议说他并没有违反协定,而是在履行他对上帝的责任。毕竟,被邀请作为教父,是"没有基督徒能够拒绝的请求"[22]。他细心周到地说,其实"一想到因为我做了别的事情而招致圣怒,我就颤抖不已"[23]。不过,他确实同意在场地上作一个小的改变。克洛塔尔将不会在西岱岛受洗,而是在农泰镇,就在巴黎往北十二英里处。

弗蕾德贡德大概会小心教导克洛塔尔,对他的伯父要表现得既友好又恭敬。她希望,再次见到年幼的侄子能够激发贡特拉姆的舐犊之情。教会鼓励教父母像对待自己的亲生孩子一样去照顾他们的教子女,而贡特拉姆既容易发怒,也容易多愁善感。亮相的时候,男孩穿着简单的亚麻短袍,睁着大眼睛、一脸庄重,由他那仍然一瘸一拐的伯父领着走向洗礼池。虽然他未曾如此承诺,但贡特拉姆确实想为自己的侄子做点什么。他曾向格雷戈里主教吐露,他想至少给克洛塔尔留下王国的一小部分,"两三个城市……这样他也许就不觉得自己被剥夺了继承权"[24]。正如弗蕾德贡德希望的那样,亲眼看到自己七岁的侄子激发了贡特拉姆的善意之举。这也将是他最后所能做的了。

第二十九章　国王们的陨落

密闭的房间里，香气氤氲，浓稠又甜腻。国王的气息粗砺刺耳；牧师们嗡嗡嗡地祈祷着。592年3月28日[1]，当贡特拉姆的灵魂终于离去之时，他就是这样躺在亚麻床单上，身上涂抹着圣油。这一次，没人谈论毒药。在墨洛温王朝的标准下，贡特拉姆是一位非常老的国王。他刚刚度过了六十岁的生日。贡特拉姆的父亲也是在相同的年纪逝世，但他的祖父、曾祖父和高祖父都没有活过四十五岁。

他的身后事，按照墨洛温王朝的标准，也是秩序井然的。没有混乱、没有倒戈、没有掠夺。贡特拉姆得到了自己想要的盛大葬礼；他被埋葬在他为了自己百年之后而修建的、位于自己王国首都索恩河畔夏龙的教堂中[2]。毗邻教堂的修道院确保了修士们会永远为他的灵魂祈祷。

贡特拉姆的遗嘱清楚说明了哪个侄子将继承他的王位。他确切无疑地公开反复重申，他希望弗蕾德贡德和克洛塔尔能被允许保有他们的小王国，外加几座贡特拉姆曾赠予他的教子的城市。希尔德贝尔特则按照承诺继承了勃艮第；他的土地现在远远超过并包围了他婶婶和堂兄的土地。561年的四个法兰克王国，如今减少到了两个。

弗雷德贡德和布隆希尔德现在都四十多岁了。步入中年对于任何时代的女性来说，都意味着进入一个边缘性的生存空间，对于墨洛温王室的女人来说更是如此。她们的外表吸引力和生育能力日益下降。帝国中，女人曾经能够要求最高的赔偿金，但是"在她们无法生出更多孩子后"[3]，女人的平均价值明显下降，从六百索里达降到了两百。

当然，年迈王后的经济价值会使她们略有不同。譬如，布隆希尔德的母亲戈伊斯温特在四十几岁的时候改嫁给她的第二任国王丈夫；他不期望她能生出孩子，而是看重她的政治能力。摆脱了怀孕和养育的事务后，王后的价值也可能会上涨。她已经获得了统治的亲身经验，在脑子里积累了一份名单——盟友和敌人，以及外部家族的网络，并磨练出了选择时机的意识。她现在知道了该对哪位公爵或哪位公爵的母亲在什么时机施加多大的压力。

当布隆希尔德负责合并两个王国时，这些技能就被证明是无价之宝了。为了有效地集中权力，她需要安抚勃艮第人，他们的王国不是简单地被吸纳进奥斯特拉西亚。为了安抚人心并防止潜在的叛乱，她允许很多勃艮第官员保留他们的职位。但她也创造出了新的职位，并指派长期忠诚的人担任。比如，她将马赛和阿尔两座城市合并，然后安排迪纳米乌斯——她在戈哥派系中的老盟友——管理它们。

但她也明确表示，她和她的儿子不会因循贡特拉姆的旧例来统治勃艮第。贡特拉姆的王国首都是索恩河畔夏龙,但布隆希尔德喜欢奥顿,它位于王国东北边境三十英里处。她迁往那里居住,密切关注着这个新王国,而让她的儿子和儿媳北上梅兹。

要不是因为法伊柳巴,她不会对离开梅兹感到安心。无论她们对对方的个人看法如何,这两个女人在工作上结成了富有成效的同盟,在和希尔德贝尔特一起处理问题和制定政策时,始终保持统一战线。

三年前,法伊柳巴和布隆希尔德合作挫败了一起未遂的政变,这证明了她的忠诚。令人感到意外的是,这场阴谋的关键人物竟然不是弗蕾德贡德,而是负责照料希尔德贝尔特两个襁褓中的儿子的保姆[4]。她的同谋包括她的情人,即年幼王子们的近侍总管,以及两位宫廷官员[5]。这位保姆是一个年轻貌美的寡妇,她和希尔德贝尔特的关系非常亲密,于是她炮制了一个计划:她将操控他把他的妻子冷落一旁,然后自己取而代之。要是她无法说服希尔德贝尔特处置法伊柳巴——并扩展到布隆希尔德——那么她就会用据传是她杀死第一任丈夫的方法,用巫术[6]杀死国王。随后,这两位贵族会入主宫廷,作为年轻王子们的摄政者来统治王国。

法伊柳巴刚刚生完孩子;那是场可怕的折磨,孩子也很快就死去了。之后数周她都卧床不起,那时还不清楚她能否活下来。但是在恍惚中,她听到自己的保姆在和同谋耳语。

法伊柳巴从床上爬起,去向她的婆婆报信。野心勃勃的保姆的漂亮脸蛋被烙上了烙印,她被驱逐到远离她无比渴望的美好宫廷生活的地方,被判处在磨坊里磨玉米。更重要的是,牵涉其中的宫廷官员都被驱逐,一场政变得以平息。再一次,布隆希尔德经营的女性关系为她带来了好处。布隆希尔德从来不会让希尔德贝尔特独立决策,但现在她确信自己的儿子在可靠的人手里。

奥顿这个城市让布隆希尔德想起了自己的故乡。它位于梅兹以南两百多英里处,气候更温和、阳光更充沛,更像是一座罗马城市,奥古斯都皇帝曾经称它为"罗马的姐妹和对手"[7]。那时它名为奥古斯托杜努姆,是个著名的教育中心,直到四世纪还以拉丁文修辞学学校著称。布隆希尔德通过选择一座知识型的城市,而非更加商业化的河港,为她在这个地区的治理定下了基调。在确立自己的统治后,她开始为争取这座城市的主教——西阿格里乌斯的支持而筹谋,他曾是贡特拉姆的心腹之一。

她还试图通过改革财产税系统来集中权力,她觉得这个系统需要被"彻底检修"[8]。她尝试通过开展人口普查并把税收调查员派到多个城市来改革这个系统。税收名册上的很多普通人都已经去世,但是他们留下的寡妇和年迈的双亲仍须支付他们的份额;通过清理名册,她可以"向穷人和弱者提供救济"[9]。她的举措更多地受到穷人的欢迎,而非富人;贵族们讨厌为他们的新土地和庄园支付更高的税。

布隆希尔德没有发动任何新的军事战役。她现在统领着欧洲最庞大的军队,本可以立刻进攻纽斯特里亚。但她克制住了,尊重了贡特拉姆遗嘱中的意愿。

和平持续了一年。接下来的593年，鉴于纽斯特里亚相对弱势，布隆希尔德批准了进攻。这是场小规模的行动，军队从奥斯特拉西亚开拔，只求拿下苏瓦松和邻近的几座小镇。苏瓦松是纽斯特里亚的前首都，也是墨洛温王朝内部常年争夺的对象。当希尔佩里克把巴黎作为自己的首都时，苏瓦松就失去了部分重要性，尽管这座城市还是保留了大部分的财富。之后，当贡特拉姆代表弗蕾德贡德掌控纽斯特里亚时，苏瓦松又落到了贡特拉姆的手上。不久之后，作为《昂德洛协定》的一部分，贡特拉姆允许奥斯特拉西亚人占有苏瓦松，但在一次小规模冲突中，布隆希尔德失去了它。因为这座城市就在她的边境上，所以她想拿回它。

这个区域接壤香槟，但是沃尔夫早就不是公爵了[10]。尚不清楚他是死了抑或仅仅是隐退，但他已经太老了，不能随军队出征。这项工作由他的替任者——一个叫作温特里奥（Wintrio）的男人来领导。加上来自奥斯特拉西亚和勃艮第的一些贵族，温特里奥和另一位公爵率领他们的联合军队入侵了苏瓦松周边的乡村和小镇。在他们的攻击下，乡下被"大肆毁坏"[11]，所有的农作物都被烧为灰烬。

弗蕾德贡德命令她勇敢的支持者兰德里克将军集结起所有能调动的兵力。然后，她决定和男人们一同出征。

第二十九章　国王们的陨落　　［287］

通常，男人在实施暴力时会集结起来，而王后——无论她的个性有多么强势，无论她在刺杀或国际阴谋上有多么无情的名声——都被排除出这项活动。士兵们有自己的文化、玩笑和共同的历史。友谊是在行军、扎营、决定策略时形成的；财富是在抢劫和掠夺城镇时获得的。一位王后也许偶尔会和她的国王一起出现在战线后方，或者是从一个地方撤离到另一个地方，但是她本人绝对不会被认为是一个战士。现在，无论是有意为之还是出于绝望，弗蕾德贡德都要去改写这项规则。

弗蕾德贡德、她的将军兰德里克，以及他们能够招募到的士兵们，向位于贝尔尼-里维耶尔的王室别墅进军。在那里，弗蕾德贡德突袭了一间财物储藏室，并像传统的野蛮人国王一样在士兵中分发宝物。她决定，与其让这些财宝落入奥斯特拉西亚人的手中，还不如在大战前就把战利品分给她的手下，以确保他们的忠诚——当他们痛苦地意识到己方寡不敌众时，这将能锻造他们的精神。

温特里奥公爵的部队在苏瓦松以南九英里的地方扎营，就在德罗瓦济村庄外面的田野上，准备最后的进攻。弗蕾德贡德并不指望能在围城战中保住苏瓦松这座城市，或者在对战中打败奥斯特拉西亚-勃艮第的联合军队。她决定，保卫苏瓦松的战斗应该发生在德罗瓦济的敌军营地；她唯一的机会是奇袭。弗蕾德贡德就像罗马战地指挥官那样，遵守《军事论》(De Re Militari) 这样一本小册子的格言；她选择了合适的战场，并在以少对多时采用了诡计。

弗蕾德贡德命令她的军队在夜间行军，这不是个常规的策略。此外，她劝告手下们伪装自己。一队战士被部署在行军队伍的最前方，每个人都扛着一棵大树枝，掩护后面的骑兵。弗蕾德贡德还命令手下给马系上铃铛。铃铛通常在放牧时才会被系在马上，而敌人在扎营时给马系上了铃铛，这样一来，他们就更容易在早上混入敌军围捕敌人。

没有关于德罗瓦济战斗生还者的同时期记录流传下来。最早关于这场战斗的生还记录来自八世纪，但是向来言简意赅的编年史家们对这件事的描述竟然十分详细，就好像他们是从本地的一家修道院或一部口述史中得到了这些流传下来的细节。在这个说法里，弗蕾德贡德并不确定计划能否成功："天一亮，就兵临城下，谁知道呢，也许我们能打败他们。"[12]

一个哨兵听到叮叮当当的铃铛声时起了疑心。他问："那些地方昨天不是田野吗？为什么我们会看到树林？"[13]

然而，其他哨兵嘲笑他的警告："肯定是你喝醉了才看不见它了。你没听到我们的马在那片森林旁边吃草的铃铛声吗？"[14]

因为无视警告，布隆希尔德的士兵们呼呼大睡。破晓的时候，奥斯特拉西亚人才发现自己被包围了，然后，被屠杀了。他们的将领，包括温特里奥公爵，落荒而逃。兰德里克追击温特里奥，他"只能在自己快马的帮助下"[15]逃脱。

弗蕾德贡德的军队拯救了苏瓦松，接着发起进攻，向东骑行，深入奥斯特拉西亚领土将近四十英里，一路抵达兰斯。为了报复奥斯特拉西亚人对苏瓦松周边地区的破坏，"她烧了香槟,并摧毁了它"[16]。她的士兵们掠夺了这个地区的村庄,当弗蕾德贡德回到家时,她就像是个真正的法兰克人勇士——"带着满坑满谷的战利品"[17]。

这则记录中的对话也许经过了后人的加工,但战斗本身的组织活动是真实的。不过,有一个细节似乎有误。描述说,克洛塔尔陪着他的母亲到了战场上,但他仍是一个"小男孩",以至于王后在骑马时还得"把小国王抱在手上"[18]。虽然克洛塔尔可能也去了,因为熟悉战斗对于任何墨洛温王室的教育来说都是必须的,但国王当时已经八岁了,这个年纪的大多数男孩都知道如何骑马。他也许坐在母亲或者其他官员的马鞍前,但肯定是大到无法抱着了。后来的一则记录[19]则宣称,这个男孩不是被带去的,而是在部队前方督战,以提醒军队他们为谁而战。

弗蕾德贡德的战斗策略,即用"行走的森林"来伪装她的手下,在莎士比亚的《麦克白》中被采用,由此广为人知,其中勃南森林移动到了邓斯纳恩。学者和民俗学家在西欧找到了这个故事的诸多版本。同样的策略可以在十一世纪找到:特里尔的科农主教(Bishop Conon)的反对者使用了它;在二十世纪末期,丹麦的哈肯国王(King Hakon)在击败反对者时再一次使用了它[20]。但弗蕾德贡德的故事,比这些战役中最早的还要早三个多世纪。不过,在凯尔特神话中也提到了行走的森林,但它很难确定时间。这些神话本身也许就受到了弗蕾德贡德的启发——或者,她在做奴隶前可能就是在一个凯尔特部落中长大的,她从自小听到的古老的异教徒故事中选用了这个策略。无法作出更加确切的判断了，因为现存的资料太少了。

在这段时间，这个时期最著名的两位编年史家，也永远地放下了他们的羽毛笔。594年，当时最多产（私以为如此）的历史学家逝世了。格雷戈里履任图尔的主教逾二十一年，在这个时期，他一直都是布隆希尔德坚定的同盟。他也许不曾赞赏掌权的女人，但要么是她赢得了他的钦佩，要么是他太忌惮她的权威，以至于不敢反对她。格雷戈里见证了两位王后在政治上的崛起，但是他将无法记录她们攀至权力巅峰的时刻了。

临死之前，格雷戈里赠送给他的朋友维纳提乌斯·福图纳图斯最后一个礼物——授予他牧师的圣职[21]。

福图纳图斯接二连三地失去了很多老朋友以及熟人。在拉德贡德和阿格内斯逝世后，591年，他失去了亲爱的鲁科，后者是巴黎的主教。同年，福图纳图斯写下了他的最后一首诗[22]。他的诗句成为无价的历史记录，并让人看见近四分之一个世纪中，法兰克王国政治和教会参与者的形象。但是，在授任圣职和格雷戈里死后，福图纳图斯把他尚未集结的诗歌收录在他的第三本书，也是他的最后一本书里[23]。这本书的特点在于，他对在普瓦提埃的往日时光的怀念以及显露出的新的宗教倾向；其中包含一篇关于《主祷文》的散论，这对牧师来说是更相称的主题。

几年后，福图纳图斯将被布隆希尔德任命为普瓦提埃的主教。这座修女院的秩序曾因修女们的武装反抗而有所动摇，

第二十九章　国王们的陨落

他也曾在那里度过了许多愉快的下午；他的任务就是恢复这所拉德贡德挚爱的机构的秩序。福图纳图斯将活到七十九岁高龄，但是在生命的最后十年，他不再发表一个字。

遗憾的是，我们无法从福图纳图斯对接下来几年的见解中受益，因为在格雷戈里死后，发生了另外一件始料未及、具有颠覆性，且依然无法解释的事情。

595年，年仅二十五岁的希尔德贝尔特国王突然逝世。同时，他的妻子法伊柳巴也从历史记载中消失了。

希尔德贝尔特的逝世肯定曾记载在悼词和挽诗中，但是它们都没有保存下来。同样，这也证明了，这位年轻的国王是个多么容易被遗忘的人物，连他的死亡都很难掀起轰动。在他逝世六十年后，一份亲纽斯特里亚立场的资料仅用一句话记述了这件事："在继承贡特拉姆的王国四年后，希尔德贝尔特死了。"[24]其他编年史则压根没有提到这位国王的死亡。在一个多世纪后，一份伦巴德语的资料转述了一则耸人听闻的流言，即这位年轻的国王"是被谋杀的，据说是和他的妻子一起被毒死的"[25]。

但谁会毒死他们呢？鉴于第一则资料有着亲纽斯特里亚立场的偏见，如果弗蕾德贡德设法发动了这样的政变，编年史家会称颂她的机智。也能设想在有计划的刺杀之后，会有一场军事突击或者入侵，但是没有。如果假设是布隆希尔德想要解决掉她自己的儿子和儿媳，那么这则资料一定会严厉谴责她这样的行为。

当然，也有可能是一次宫廷内部变革的尝试，奥斯特拉西亚贵族已经厌烦了布隆希尔德和希尔德贝尔特的统治。多年前有过类似的图谋，由美丽的保姆打前站。但若是如此，这场革命就壮丽地失败了，因为它导致的后果是使布隆希尔德手中的权力更加稳固。更可能的是，这对王室夫妇是死于某些更加平淡的原因——也许是痢疾，或是食物中毒——而最接近这一事件真相的资料很少提到希尔德贝尔特之死的原因在于，对于所有实际问题来说，它都没有什么影响。布隆希尔德之前就大权在握，之后也会一直如此。

希尔德贝尔特留下了三个孩子，而且非常奇怪的是，他们的名字都以**提乌德**（theude）起头：提乌德贝尔特，九岁；和法伊柳巴的孩子提乌德里克，八岁；以及他的妹妹提乌德利亚。希尔德贝尔特的王国现在会在他的两个儿子之间分裂开来。法兰克帝国又回到了三足鼎立的局面。但是，现在所有的王国，严格来说都是由小孩统治的：纽斯特里亚由十一岁的克洛塔尔统治，奥斯特拉西亚由十岁的提乌德贝尔特统治，勃艮第则由九岁的提乌德里克统治。

当然，真正的权力在他们的母亲手上。

第三十章　双重统治

595年,当六世纪行将结束时,有些事情发生了。在伦巴德意大利,一位一度守寡的王后依然执掌权力。被她选作下一任丈夫的男人成为国王,和她共同统治。地球的另一端,日本正由其第一位女皇统治——推古天皇（Suiko）刚刚登上了帝位。

因此,当布隆希尔德为她的两个孙子摄政时,她步入了欧洲史上最不寻常的时期——一个由两位女性统治的时期。她和弗蕾德贡德同时作为摄政者统治,而她们分治的帝国合并起来则包含了今日的法国、比利时、荷兰、卢森堡、德国的西部和南部地区,以及瑞士的部分领土。简而言之,只有查理大帝控制的土地比这两个女人控制的多。

这一时期的重要性不言而喻,而历史记录的匮乏不禁让人感到惋惜;资料的缺乏使她们之间的互动未能得到更好的记录。我们失去了格雷戈里主教和福图纳图斯能够提供给我们的那些场景——集会、审判和条约谈判中的对话和互动。所有片段都是通过时空中的交谈传递的。

我们可以认为，王国之间通过使节和主教开展的寻常交流还在继续，所有的贸易和外交活动也不会戛然而止。但是，在王国间必然存在着的往来信件里，君主们会如何互相称呼呢？会称呼对方为**女王陛下**（*domina regina*）吗？我们无法确定。

有些外国统治者可能会致信未成年的男孩们，而这些男孩只是在名义上进行统治，实际上他们还未掌握拉丁文，甚至还没有长出胡子。可以假设两位王后都回信了，就像布隆希尔德先前回信给一位皇帝那样，尖锐地提醒每个人权力究竟掌控在谁手中。不过，新教皇知道，最好不要犯这样的错误。他给弗蕾德贡德的信件没有保留下来，但是他在写给布隆希尔德的那些信中称其为 Brunigilda regina Francorum——法兰克女王布隆希尔德。

后来，这位教皇将以大格里高利（Gregory the Great）之名著称；他为西方文明留下了格里高利圣咏（Gregorian chant）和格里高利弥撒（Gregorian mass）；而他也被封为圣人，并被认为是古代的最后一位教皇和中世纪的第一位教皇。不过现在，他仅仅是一位刚上任的教皇，此时教皇们来来去去。在王后们的一生里，格里高利是第六位罗马教皇；当他的前任死于卷土重来的腺鼠疫时，他被选出继任。在摇摇欲坠的罗马，这只不过是众多危机中的一个——天主教教会不仅正在遭受瘟疫以及一系列自然灾害的侵袭，它还从各个方面受到了阿里乌斯伦巴德人的围攻。格里高利常常与拜占庭的摩里斯皇帝起冲突，后者骂他是叛徒和傻瓜[1]。新教

第三十章 双重统治

皇有一个野心勃勃的改革和外交纲领，但支持者寥寥。

因此，和很多同时代的人不同，格里高利愿意和各行各业有权势的女性合作[2]，无论是有钱的寡妇还是王室成员。在当时，他是彻头彻尾的改革派。和很多教士同僚不同，比如，他认为没有理由禁止女人在例假期间进入教堂或者接受圣餐；"女人来例假不是罪过，"他辩论道，"因为那是自然发生的。"[3]

现在，这位新教皇梦想着拯救不列颠的盎格鲁人（或者"天使"[1]，据说他更喜欢这样称呼他们[4]）的灵魂。他们的王后——法兰克人公主贝尔塔，在婚后还保留着她的天主教信仰，但是她的丈夫埃塞尔伯特（Aethelbert）以及他的许多臣子还是异教徒。如今，她的丈夫在其父不久前逝世之后已经成了国王，并在考虑改宗。贝尔塔已经请求教皇派遣传教士来宣扬天主教的信仰了。格里高利相信世界的末日就要临近，迫不及待地想让成千上万的灵魂在审判日之前改变信仰。

肯特的基督徒最早似乎是向距离他们最近、位于北海对岸的纽斯特里亚人寻求帮助[5]。弗蕾德贡德要么是忙于国内的其他危机，要么就是没看出做这件事有什么用处[6]。她的主教为她提供了很多支持；又或许她没发现和罗马建立更好的关系有什么意义。

自然而然，盎格鲁-撒克逊人和教皇转向了贝尔塔王后

---

[1] 盎格鲁人的英文是 Angles，天使的英文是 Angels，只有两个字母的顺序之差。——译者注

的另一位阿姨，也就是为她安排了婚事的布隆希尔德。格里高利教皇早已找过布隆希尔德了，称赞她的智慧和她对儿子的教育[7]。接着，在596年夏天——希尔德贝尔特死后不到一年，布隆希尔德请求保管宗教遗物，正如拉德贡德做过的那样。这是将她自己塑造成两个王国的精神领袖的一个方法。格里高利教皇应允了她的请求，赠送给她使徒圣彼得和圣保罗非常珍贵的遗骸。但他要求一些回礼——援助他到不列颠传道[8]。

这样的援助将耗费可观的时间和金钱。这不仅仅是在传教士们走遍法兰克王国时为他们提供招待的问题。这些神职人员需要补给上的支持——交通、食物、住宿，以及保护——还要有法兰克人牧师和了解盎格鲁-撒克逊语言的法兰克人翻译加入他们。

布隆希尔德投身组织和资助这次传道。为什么？她似乎还在缅怀自己的儿子希尔德贝尔特，因此很感谢这件能让自己转移注意力的事。这次传教还给了她一个机会，去展示自己的虔诚并获得潜在的有价值的同盟。对于再次成为摄政者的她来说，还有什么比教皇本人的认可更有价值的呢？而且，虽然布隆希尔德可能会因期待获得天堂的嘉奖而激动不已，但加入这次传道也有一个现实的好处。把她的影响扩张到肯特将会给弗蕾德贡德施加压力，后者的边境线正对着不列颠南部。如果布隆希尔德想在未来发动对弗蕾德贡德的攻击——她确实这么做了，那么确保她的敌人不会从其北部邻国获得支援（或者避难）将是明智之举[9]。

596年，教皇派遣一位名叫奥古斯丁的意大利本笃会修士（他将成为坎特伯雷的第一位大主教）前往肯特，随行有四十名修士。这次传教从罗马西南部的一个港口出发，然后在马赛登陆[10]，途经埃克斯、阿尔、维恩、奥顿和图尔，在前往不列颠之前，他们一路会见了当地的主教和贵族。据推测，修士们在这次旅程中，估计是在奥顿这座城市觐见了布隆希尔德。格里高利教皇宣称，布隆希尔德在这次传教中对盎格鲁-撒克逊人的作用超过了任何人，仅次于上帝本身[11]。尽管没有此次会面的记录留存，但是王后在这次传教中投入了如此之多的资源，却在队伍行经她的住所时忽略它，那必然是十分不寻常的。最有可能的是，奥古斯丁和他的修士们请求并得以面见他们的资助者。据说，这些神职人员被在不列颠等待着他们的东西吓呆了[12]。除了对野兽和沉船普遍（且非常真实）的恐惧外，他们还很害怕盎格鲁人和撒克逊人——据说，异教徒们会折磨甚至杀死那些来拯救他们灵魂的人。布隆希尔德可能温柔地鼓励了这些勇敢的修士，并请求了他们的祝福。她应该安排了这次会面，这样，所有出席的人员，无论是群臣还是牧师，都不会质疑她的虔诚或权力。

※　　※　　※

弗蕾德贡德不怎么关心行政事务，也不怎么想证明她的虔诚。相反，她考虑的是通过一场大胆的战役来让纽斯特里亚恢复往日的辉煌。

在这一点上，她毋需担忧自己和战士们的关系。在德罗瓦济的胜利让她赢得了他们的尊重。他们将允许她指挥他们，就像铁器时代的野蛮人王后布狄卡（Boudica）和卡迪曼杜瓦（Cartimandua）一样。因此，弗蕾德贡德和她的手下一起骑马冲进战场。不过，她确实效仿了布隆希尔德的做法，后者曾安排她的儿子希尔德贝尔特率军进攻意大利。现年十二三岁的克洛塔尔王子头一回被允许象征性地领导部队。他们一起夺得了塞纳河附近的领土。他们"像野蛮人一样拿走巴黎和其他城市的财物"[13]，这说明这场战斗既不有序，也非常规。

布隆希尔德从她的两个王国集结了一支军队，她以雷霆万钧之势前往巴黎。弗蕾德贡德在拉福小镇附近严阵以待。弗蕾德贡德再一次证明了，她在选择战场上的天赋。她把自己相对较少的兵力放在一道石灰岩岭上，这道山岭横跨了埃纳河和艾莱特河的河谷——这样一个有着重要战略意义的山岭，在一千多年后将继续被选为重要对峙的地点，包括拿破仑和普鲁士人的一场战斗以及第一次世界大战中的另外三场[14]。

山岭提供了一个有利位置，从这里可以轻易发现敌人的动向。敌人将被两条无法通过的河流包围；进来的路和出去的路都只有一条。而且山岭上还有天然的石灰岩洞穴、采石场和隧道。弗蕾德贡德的密探很可能利用了这些特点来监视敌人。她的士兵们向奥斯特拉西亚和勃艮第的联合军队发起攻击，并"严重削弱了他们的军队"[15]。

之后，弗蕾德贡德为他的儿子进入巴黎安排了一场胜利游行，后者在巴黎受到了英雄征服者的礼遇[16]。自从希尔佩里克死后，无论什么时候，她待在这个城市里时，要么是个躲在大教堂里的避难王后，要么是她的保护者贡特拉姆的客人。她试过让自己的儿子在那里受洗，却被布隆希尔德阻挠。现在，她终于靠自己回到了巴黎，并以一位摄政王后的身份亲眼见证着，当他们的马队跨过塞纳河上的桥梁时，克洛塔尔的头发在阳光下闪闪发光。他们进入了城门，接着前行到了圣埃蒂安大教堂，并在那里下了马。在这里，弗蕾德贡德一度为自己和她襁褓中的儿子乞求避难。现在，他们向主教点头致意，主教在克洛维国王的前首都里为他们的胜利祈福。

⚔ ⚔ ⚔

纽斯特里亚的前景重新焕发了光彩。弗蕾德贡德的谋略带来了一连串的军事胜利，这一切都为她赢得了她的公爵和士兵的尊重，就连她的敌人也是如此（尽管很不情愿）。在新的征服中，弗蕾德贡德加大了对教会的赞助力度，把掠获的别墅送给忠诚的主教们[17]，希望以此撼动教会似乎正在倾力支持布隆希尔德的局面。

伴随着些许惶恐，贵族阶级开始意识到，尽管在许多年前弗蕾德贡德就立下了保证，但是在克洛塔尔王子数年后成年之时，她未必愿意退居一旁。权力确实令人心醉神迷，会像毒品一样腐蚀大脑的奖励回路[18]。这种多巴胺的激增现象很有可能被六世纪的主流观点解释成天赋神权，使当权者感到仿佛被选中了一样。而想到这种权力会突然被剥夺，他们会觉得难以忍受。

在弗蕾德贡德摄政了十余年之后，纽斯特里亚贵族们直觉地认为，她将希望继续作为活跃的太后，成为王位之后真正的掌权者，就像布隆希尔德对希尔德贝尔特做的那样。除掉一位女性统治者的一般做法，是谋杀或送去修女院。这是在她之前的有权的王后们被消灭的方法，数代之后那些胆敢仿照她的人也是这样被抹去的[19]。

弗蕾德贡德省去了大家的麻烦。

对这一事件的记载寥寥无几，只有597年一条简洁的声明："弗蕾德贡德死了。"[20]接着，又详述为："弗蕾德贡德王后，苍老年迈、寿终正寝，死了。"[21]但她并非真的"苍老年迈、寿终正寝"——她才刚刚五十出头。

记载强调了她死得多么安详，她在自己的床上安然逝去，大概是自然死亡吧。没有提到她患了某种类型的疾病，或是当时有任何肆虐的疫情。当然，在六世纪末，许多事情都能成为一个五十岁左右的女人貌似合理的死因。不过，弗蕾德贡德直到最后都非常健康，甚至还参与了战斗演习，那场演习发生在不到一年前，包含了数周艰苦的骑行。奇怪的是，对于希尔德贝尔特突然的死亡，有人猜测是下毒，尽管没有其他证据支持这个说法，但是弗蕾德贡德死后，竟然没有这种猜测。别的不说，她的死亡时机真是不可思议地巧合，就在年轻的国王克洛塔尔二世作为一位真正的勇士国王长驱直入巴黎之后。

弗蕾德贡德的尸体做了防腐处理，并被包裹进亚麻布条里，这些布条曾浸泡在油、荨麻、没药、百里香和沉香的混合物中[22]。之后，人们为她穿上最好的丝绸，戴上她最奢华的珠宝，将她放进一口朴素的石棺中。王后无法埋在她那五个小小年纪就死去的男孩附近；他们的坟墓分散在整个王国不同的教堂地下室里。但是，正如她渴求的那样，她被大张旗鼓地埋葬在巴黎，挨着她的丈夫，就在如今的圣日尔曼德佩区教堂里。

克洛塔尔现在快十四岁了，即将满十五岁，也就是通常的成年年龄。纽斯特里亚贵族们不再需要和弗蕾德贡德争夺对年轻国王的影响力；他们直接介入，帮助他哀悼，并悄悄组建了一个顾问委员会。

第三十一章　布隆希尔德的战斗

布隆希尔德不禁感到无所适从；千变万化的政治领域中，她的对手始终不变。在过去三十年里，弗蕾德贡德的行为一直影响着她的行为。她已经习惯于揣测弗蕾德贡德的下一个计划；若是无忧而眠，反而会让她感到陌生。布隆希尔德也觉察到了自己的年迈。她共事或反对过的王室成员、主教和公爵几乎全都去世了，取而代之的是他们各自的后代，或是一个全新的家族。

布隆希尔德在弗蕾德贡德死后的政治行动出奇地文明。她没有向纽斯特里亚发动攻击，甚至没有夺回近期被征服的土地。尚不清楚这究竟是因为她的军事顾问的糟糕建议，还是因为布隆希尔德自己决定让纽斯特里亚平静地悼念他们的王后。

但布隆希尔德有底气宽宏大量。

奥古斯丁到不列颠的传教取得了巨大的成功。埃塞尔伯特国王和他的数千名臣子在一场大规模洗礼中改宗到了天主教。传教如此成功，以至于教皇满怀感激，并称赞布隆希尔德"虔诚的心灵与热情"[1]。格里高利教皇甚至请求她资助第二次传教，而那次传教也将获得良好的效果。奥古斯丁设立了教区，并创建了一所学校来教导传教士，从而将肯特及其土地牢牢地置于罗马教皇的权威之下。

当然，对逝者的遵重也是有期限的。弗蕾德贡德遽然离世两年后，克洛塔尔甫一成年，奥斯特拉西亚-勃艮第的联合军队就进攻了纽斯特里亚。这场战斗发生在巴黎以东的三十英里处，在一座名为多梅勒斯的村庄附近。布隆希尔德集中部队以成大兵压境之势[2]。因为缺乏弗蕾德贡德的战略眼光，所以纽斯特里亚人的防御十分笨拙。克洛塔尔落荒而逃，手下大量士兵也成了阶下囚。弗蕾德贡德仅仅数年前才夺得的城市被洗劫和掠夺。布隆希尔德的公爵们大获全胜地开赴苏瓦松，强征了纽斯特里亚的旧都。他们继续向巴黎进军。

年轻的克洛塔尔备受屈辱，不得不签署了协议，声明他仅拥有"在瓦兹河、塞纳河和大西洋沿岸之间的十二个市镇"[3]，这个三角地区位于法兰克王国的东北方，包含了今日法国的两个地区：诺曼底和皮卡第。他的父亲希尔佩里克曾经渴望扩张的小王国，现在变得甚至比561年的时候还要小。纽斯特里亚正处在消失的边缘。

布隆希尔德可以除掉她的侄子，但她又一次犹豫了。让他举步维艰地活着似乎就够了，他的土地已经减少了这么多，它们几乎都不再是一个王国了。如果愿意，她可以重提她的侄子不是合法继承人的谣言，让人怀疑他对这一小块帝国领土的权力。如果愿意，她可以开掘弗蕾德贡德的坟墓，并将其迁至其他不知名的地方。但是，她没有亵渎敌人的坟墓。甚至有可能，在她视察新土地时，她停在了埋葬弗蕾德贡德的教堂前，据说她默默地祈祷了。

除掉纽斯特里亚人的威胁后，布隆希尔德开始效仿伟大的罗马政治家，主持了一系列公共工程项目。为了便利贸易，她着手修复连通两个王国的旧罗马道路。她还在奥顿大兴土木，旨在恢复罗马往日的辉煌。希尔佩里克曾经建造过圆形竞技场，贡特拉姆建造了自己的教堂；布隆希尔德似乎决心拥有自己的城市。她修建了一座献给圣马丁的教堂，里面铺满了昂贵的大理石和闪闪发亮的马赛克；一座给本笃会修女的修女院，甚至还有一所给穷人的医院[4]。

※ ※ ※

601年，布隆希尔德最大的孙子提乌德贝尔特已经十五岁了，他正式接管了奥斯特拉西亚。在这一年，布隆希尔德永久迁居勃艮第，以监督她在奥顿的项目，并继续为她更小的孙子提乌德里克摄政。

后来的编年史家讲述了这样一个故事，即提乌德贝尔特国王曾在599年把他的祖母赶出奥斯特拉西亚[5]，有人发现她在乡下游荡，形单影只、身无分文。据说，她被一个穷人发现，后者把她带到了她在勃艮第的更小的孙子那里。为了回报他的善良，她让这个人当上了奥塞尔的主教。

这个故事是捏造的，也许是为了表现布隆希尔德犯下了买卖圣职罪，即为了黄金或其他好处而买卖教会职位。这些事在599年不可能发生，因为格里高利教皇的信件清楚表明，直到601年，布隆希尔德都被认为是两个王国的统治者[6]。那一年，她已经在奥顿住了一段时间，监督她的复兴项目。而所谓的发现了她的穷人，也就是奥塞尔未来的主教，实际上是一位极其富有的贵族[7]。

不过，这个故事也确实表达了失去权力、深受冷落会有什么感觉——一个人在陌生的乡下彷徨。这个故事也反映了某种事实，即布隆希尔德家族内部的关系日渐紧张。这也许是提乌德贝尔特新近的婚姻促成的。他选择了一个名叫比利希尔德的女孩作为自己的妻子，她是布隆希尔德的奴隶。布隆希尔德对弗蕾德贡德的上位历史非常熟悉，以至于她立刻怀疑起这个女孩。

布隆希尔德曾希望能有一个像法伊柳巴一样的孙媳妇，对她谦卑而恭敬，以换取法律和经济上的保护。这位比利希尔德完全相反；她公开挑战并羞辱王后[8]。布隆希尔德对这不敬简直难以置信，并"不停地提起比利希尔德曾经是她的奴隶"[9]。布隆希尔德把这场婚姻以及比利希尔德的态度当成是她对提乌德贝尔特的影响消退的征兆；她猜测她的孙子已经被宫廷中的其他人影响了。

但是在勃艮第，和更小的孙子提乌德里克以及孙女提乌德利亚在一起，布隆希尔德可以维持她早已熟悉了的生活。甚至在提乌德里克满十五岁后，他也愿意让祖母去操控，就像她对自己的父亲做的那样。大使们致意"布隆希尔德王后和提乌德里克国王"[10]。

提乌德里克，以"英俊潇洒、精力旺盛以及性急轻率"[11]闻名，十分乐意于和女士们周旋。当他到了十六岁，他让一个情妇怀孕了。她在602年生下一个男孩；男孩被命名为西吉贝尔特，以纪念他的曾祖父，即布隆希尔德被暗杀的丈夫。另一个情妇在603年生下第二个儿子，名叫希尔德贝尔特，以纪念布隆希尔德的儿子。第三个儿子是科布斯（Corbus），接下来一个，也是最后一个，是墨洛维。

布隆希尔德似乎并不只是容忍了这种情事，她积极地鼓励它。勃艮第现在有了自己的继承人，她也不必担忧会被逼迫退位。只要提乌德里克还没有结婚，布隆希尔德就能作为王后继续统治。

为此，布隆希尔德甚至主动抛弃了和西哥特人的联姻。一位西班牙公主[12]曾被安排与提乌德里克成婚，她甚至还按照安排带着嫁妆到达了奥顿，而布隆希尔德和提乌德利亚说服了提乌德里克不要接受这桩婚事，并把公主送了回去。这一举动差点挑起了和西班牙的战争。

布隆希尔德反对这场结合的原因是，她从自己的西哥特消息来源得知，这个女孩的父亲很快就会被废黜[13]；和前国王的女儿联姻对勃艮第将不会有任何实际的用处（这个消息后来被证明是准确的）。但把西班牙公主送回去也可能是出于个人考量。被一个更年轻的王后取代，光是想想就让她无法忍受。

第三十一章 布隆希尔德的战斗

格里高利教皇一边称赞王后的虔诚，一边催促她为教会做更多的事。他注意到，王后对她王国中的犹太人太宽松了，而且她并没有为消除王国内的圣职买卖做足够的工作[14]。除了传教事务，扑灭圣职买卖也是格里高利教皇最喜欢的工作之一——大约在这期间，他也就此事写信给年轻的克洛塔尔二世[15]。

教皇连年敦促布隆希尔德召开法兰克人会议解决这个问题。最后，她确实在603年召开了一场教会会议，地点在索恩河畔夏龙。不过，这场会议并不像格里高利教皇期望的那样，专门为了解决买卖圣职而召开。相反，主教们被要求审议维恩的德西德里乌斯的案子。德西德里乌斯是一位来自古老家族的富有且颇有教养的主教，管理着勃艮第最有权势的大教区。临近的里昂大教区的主教要求会议听取一个非常严重的指控。随后，一个名为朱斯塔（Justa）的贵族妇女出现，并"向法庭控诉道，她被这位最受祝福的德西德里乌斯强奸了"[16]。

令人震惊的是，德西德里乌斯被认定犯有强奸罪；他的主教同僚们剥夺了他的教职，并把他流放到了一座小岛上的修道院里[17]。

当时的反响在意料之中：判决一定是不实的；它是"针

对这个无辜之人的最不公正的审判"[18]。指控者受到谴责。虽然她有贵族血统,但她必定又笨又傻、道德堕落,不仅"内心畸形",而且"行为失德……恶贯满盈"[19]。诸如此类。在被德西德里乌斯有权势的家族和追随者们折磨了三年之后,朱斯塔公开放弃了原先的观点,宣称是布隆希尔德怂恿她提出指控,随后便死去了。

西班牙国王远远地关注着进展,他后来写道,这个强奸指控必定完完全全是编造的。他发现,相信这是一个作伪证陷害德西德里乌斯的巨大阴谋——其参与者包括撒旦、布隆希尔德王后以及教会会议中的所有主教,要比相信一个有特权的人犯下强奸罪更容易。强奸是一种不神圣的行为,而德西德里乌斯是一个圣人;因此,他不可能是强奸犯。

布隆希尔德当然有能力策划这种阴谋,用捏造的罪名消灭一位大教区的主教。而且,如果她想伪造一个反对德西德里乌斯主教的案件,宣称他诋毁自己或者侵吞钱款要容易得多;一个强奸案将被认为是一场漫长而艰难的斗争。针对德西德里乌斯的强奸指控,也许是布隆希尔德试图帮助格里高利教皇解决他另一个顾虑的真诚尝试。他在一年多前曾写信给王后,说他震惊于一则流言,即"某些牧师……生活毫不节制而且作恶多端,我们耻于听闻此言"[20]。教皇呼吁她"为此事雪耻",否则她将冒"反受其害"[21]的风险。但格里高利教皇从未描述这些牧师的罪行,显然那些是有性意味的,而他震惊的语气似乎说明,它们要比典型的对已婚牧师和其妻子同房的指控更加严重。奇怪的是,在后来的编年史中,这

第三十一章 布隆希尔德的战斗

则强奸指控被抹除了。取而代之的记录通常是德西德里乌斯曾经挑战王后的权威，或是非议提乌德里克国王的德行[22]。

四年之后，德西德里乌斯结束流放并恢复了教职。然而，在他的布道台上，他持续不断地谴责布隆希尔德和提乌德里克的堕落，把批判他们的统治当成自己一生的任务；他"全身心地投入到驱赶他们的所有罪孽"[23]。毫不意外，他很快就在维恩自己的大教堂里被捕。一场骚乱爆发了，而主教要么是被一个疯狂的人用棍棒打死[24]，要么就是被士兵们用石头砸死[25]，这取决于人们相信哪种说法。

※　　※　　※

布隆希尔德发现，德西德里乌斯并不是自己唯一需要与之斗争的神职人员。正如罗马和法兰克的传教士蜂拥进入不列颠群岛一样，爱尔兰的修士和传教士也开始涌现，随之出现的还有他们崭新的凯尔特基督教教派和严格的禁欲主义。德西德里乌斯代表的是教会的旧势力；她的其他反对者，一名爱尔兰修士，则是新势力。

这名修士是克伦巴努斯（Columbanus）。他来自一座爱尔兰修道院，这座修道院以严格的苦行和大量使用体罚著称；现在，他想用这种模式在欧洲大陆建立更多的修道院。他还计划在边境地区强迫剩下的异教徒全部改宗，尽管他作为传教士并不是很善于说服别人。在普通人依然崇敬沃登

（Woden）[1]和他的橡树的地区，克伦巴努斯并没有试着用布道赢得他们的信仰，而是粗暴地伐倒他们畏惧的树木，并放火烧了他们的庙宇。

当格里高利教皇的修士们第一次登陆不列颠去改变盎格鲁-撒克逊人的信仰时，他们的做法与此类似。但不久后，教皇决定采用更加温和的方式[26]。异教徒的庙宇可以被重新奉献给基督教的神，而异教徒的传统节日和祭祀则可以和诸多圣人及殉道者联系在一起[27]。但是，克伦巴努斯并不屈服于罗马教皇的权威，而他也绝对不会妥协。他执着于自己的焦土策略，当他的修士被报复性地杀害后，他不得不多次转移阵地。

布隆希尔德和克伦巴努斯注定会有某种冲突。克伦巴努斯是毫不妥协的原教旨主义者；王后的世界观更加国际化，证据是她对这种传教工作的资助，以及她对自己王国中犹太人的容忍[28]。在穿越法兰克王国时，克伦巴努斯特意谴责了提乌德里克的性道德低下。他还拒绝为布隆希尔德年幼的曾孙祝福，以公开羞辱她，因为他们是私生子[29]。这种态度似乎很奇怪，因为他愿意为布隆希尔德的另一位同为私生子的孙子提乌德贝尔特祝福。然而，克伦巴努斯的追随者像奴隶一样忠于他，而他和布隆希尔德的争吵意味着，他们也会公开反对王后。

克伦巴努斯和布隆希尔德的斗争，也和教会内部另一个

---

[1]日耳曼神话中的主神，相当于北欧神话中的奥丁。——译者注

更大型的斗争有关。克伦巴努斯和法兰克人的主教们起了冲突，原因是他拒绝承认他们的权威。最后，在他和当地的教士起了冲突并狂热地要求布隆希尔德和提乌德里克下台后，当地的贵族强行把他驱逐出勃艮第；他转而向纽斯特里亚的克洛塔尔二世寻求庇护，之后又向奥斯特拉西亚的提乌德贝尔特国王寻求庇护，最后才前往意大利。

除了德西德里乌斯和克伦巴努斯的追随者，法兰克王国的其他弄权者也找到了与布隆希尔德对抗的理由。为了资助王国内的罗马式建筑狂潮，她试着用更加直接的征税来充实国库。这项征税在争取税收豁免的教会中不受欢迎，在贵族中则更不受欢迎。

在今日法国和瑞士边境的侏罗群山地区，彼时一场税收叛乱开始酝酿。这个崎岖山区的居民已经和南部邻居伦巴德人和平相处；由于不再需要墨洛温王朝王室的保护，当地的各大家族开始鼓动争取更多的独立。他们有自己的贵族统治阶层，对于罗马制度无甚回忆；他们住在几乎全是乡下的地区，而且蔑视大城市。为什么他们要交更多的税去资助数百英里以外的道路修建呢？为了支撑他们的自治要求，这些家族利用自己的圣人甚至是自己的王室家族（大多是传说中的）发起了一场影响甚广的运动[30]。他们声称自己不效忠于墨洛温王朝的王室，因为他们是克洛维征服之前的老勃艮第国王们的后裔。

在奥尔布地区有一座王室别墅。这个小镇座落在朱涅山口另一边的路上，在两条商路的交叉路口——其中一条商路连接莱茵河和罗纳河，另一条穿过阿尔卑斯山脉到达日内瓦。这个小镇曾经是一座宏伟的罗马庄园的遗址；尚不清楚墨洛温王室是征用了这个建筑群，还是建了一个新的。但是，为了阻止潜在的叛乱，布隆希尔德把这座别墅作为王室宫殿，并把她的孙女提乌德利亚和她的王室人员安置在了那里[31]，这样她就能密切关注政治局势了。

布隆希尔德还将一位深受他青睐的人任命为这个地区的总督。603年，当她五十多岁时，谣传她喜欢上一个名叫普罗塔迪乌斯（Protadius）的人，那是个富有魅力而且英俊的官员。据说他"快活而且精力充沛"，但同时"聪明反被聪明误"[32]。一位编年史家讥讽地说道，普罗塔迪乌斯之所以得到这个职位，只是因为"布隆希尔德想用荣誉来提拔他，以换取他的性关注"[33]。当地人对这个选择怒不可遏，因为他们希望由自己人担任这个职位，而不是一个外来者。但鉴于潜在的反叛正在酝酿，布隆希尔德需要一个能够信任的拥护者来支持她的孙女，并向自己报告情况。

⚔ ⚔ ⚔

605年，家庭内部的紧张局势达到了一个高潮，当时，克洛塔尔和他的将军兰德里克发动了对勃艮第的攻击，以夺回巴黎和苏瓦松。提乌德贝尔特曾保证会帮助他的弟弟，但是奥斯特拉西亚承诺的援军迟迟才到。当他们到达时，提乌德贝尔特又单独和克洛塔尔议和,然后他的部队就离开了,留下他的弟弟独自抗击克洛塔尔。提乌德里克轻而易举就打败了克洛塔尔,但是他的宫相在战斗中被杀害了。

布隆希尔德任命忠诚但越来越不受欢迎的普罗塔迪乌斯作为接任者。普罗塔迪乌斯上任后的首要行动之一是组织一场针对奥斯特拉西亚的袭击,以报复他们的临阵脱逃。贵族们不赞同这个计划,对普罗塔迪乌斯的快速崛起更是心怀不满。在奎亚兹扎营时,"提乌德里克的全部士兵……冲向普罗塔迪乌斯"[34],团团包围了营帐,他正在里面和军医玩棋盘游戏。

获知兵变后,提乌德里克国王派一名官员向士兵们传令退下。但是,这名官员偏袒军队,而且忽视了国王的命令,告诉士兵们解决普罗塔迪乌斯。接着,士兵们"用剑从四面八方砍入帐篷,并杀了他"[35]。布隆希尔德则报复了两位煽动杀死普罗塔迪乌斯的领导者——一人被砍断双腿并剥夺财产,另一人则被处死。然而,她似乎只把这场反对她最青睐之人的叛乱当成一次警告。

布隆希尔德动过半隐退的念头,和四个曾孙安居在奥顿的一座别墅里,可能还会亲自监督他们的教育[36]。然而,提乌德贝尔特和提乌德里克兄弟俩之间一直都有零星的战斗,克洛塔尔则作壁上观,怂恿他的堂兄弟们自相残杀,先是和这一个结盟,而后再和另一个结盟。

布隆希尔德更倾向于和其他女人协商,因此她联系了提乌德贝尔特的妻子比利希尔德。这个女孩意志坚定而且十分独立，但她也很务实，看到了两个王国持续交战对彼此的影响。一场正式的会面得以安排，"因此，两位王后能够面谈提乌德里克和提乌德贝尔特之间的和平"[37]。在最后时刻，比利希尔德被奥斯特拉西亚的贵族们阻止出席会议。不久之后，在610年，她被提乌德贝尔特国王谋杀，并迅速被另一位王后取代[38]。他们有一个儿子，他们为其取名为克洛塔尔，这清楚表明了他们的政治立场。

无论现在谁能说服提乌德贝尔特，他建议的都不会是和平。610年，提乌德贝尔特伏击了自己的弟弟。提乌德里克出现在一场他以为旨在解决二人领土争端的会议上，结果却发现自己被奥斯特拉西亚的军队包围了。在被释放前，他不得不签署一份协议，终止了他对阿尔萨斯和其他许多土地的权力。

愤怒的提乌德里克骑马回家，在全国征募了尽可能多的士兵，然后掉头进攻他的哥哥。提乌德里克在朗格勒打败了他的哥哥；提乌德贝尔特带着财宝向东逃至科隆。提乌德里克穷追不舍，兄弟俩在612年的曲尔皮西战役中[39]展开了最后的对决。据说那场战役战况惨烈："两军的厮杀如此惨烈，以至于在战斗最激烈时……被杀的尸体都无处倒下，只能和其他尸体并肩而立。"[40]提乌德里克国王再一次干脆利落地击败了奥斯特拉西亚的军队，俘虏了他的哥哥，并控制了他的王室财富。

提乌德贝尔特的新生儿也被俘虏了，并被提乌德里克的手下杀害了："有人抓住男孩的脚，并把他的脑袋砸向了一块石头。"[41]

提乌德里克对他的哥哥要仁慈一些；他让哥哥活着，但夺走他的王室礼服、剪掉他的长发并将其剃度，然后把他送进了一座修道院[42]，断了他的后路。

⚔ ⚔ ⚔

612年，提乌德里克统一了奥斯特拉西亚和勃艮第。布隆希尔德作为唯一一位王后的地位得到了保障。

几个月后，在穿越梅兹的行军中，提乌德里克陨落了。他曾经停下，在一条小溪或是一口被污染的井边喝水。数日后，这位年轻的国王——二十六岁、身强力壮、处在荣誉的顶峰——死去了[43]。

第三十二章　陨落

提乌德里克国王留下了四个儿子。奥斯特拉西亚和勃艮第统一了还不到一年——把这个王国再次分开似乎是不可思议的，何况这次要分成四个部分，每个男孩一个子王国。而且，布隆希尔德的曾孙都还未成年，贵族们似乎也不会允许她同时成为四个子王国的摄政者。

布隆希尔德另有主意，她借鉴了古罗马和现在的拜占庭只有一个皇帝的传统。最年长的男孩西吉贝尔特十一岁了，就算说他是十二三岁也是可信的。如果让他自己来统治这个统一王国呢？把一切都给长子的做法背离了法兰克人的传统，但这将使王国保持统一，使权力都集中在一个国王、一个摄政者、一个王宫之下。其他男孩成年后可能会分得一份——她还有很多年来安排细节。

布隆希尔德告知两个王国的贵族和大人物们，她将再次担任摄政者，不过这次就只担任几年。她任命了一位勃艮第的贵族瓦纳查尔担任西吉贝尔特王子的新宫相。瓦纳查尔急急忙忙地召集了两个王国的领主们；王子被带到他们面前，并被加冕为西吉贝尔特二世。

※ ※ ※

251　　克洛塔尔二世国王继承了他母亲的狼性本能,尽管没能继承她的军事才能。他嗅到了风中令人感到恐惧的气息。

王国的部分贵族——尤其是在提乌德贝尔特的前王国奥斯特拉西亚,以及勃艮第的侏罗地区的那些——都对布隆希尔德的第三次摄政表示怀疑。一个年近七十的王后,加上一个未成年的少年王?就在边境的另一边,是一个二十多岁的国王,现在已经结婚了,还有一个儿子。在阿努尔夫(Arnulf)主教和一位名叫丕平(Pippin)的贵族的领导下,部分持怀疑态度的人竟然邀请克洛塔尔来统治奥斯特拉西亚[1]。

布隆希尔德把西吉贝尔特送往东边的附属国图林根,此举要么是保护他,要么是去招募士兵来抵御克洛塔尔的进攻。和他一起去的是他的宫相瓦纳查尔,以及一队勃艮第的贵族。一位编年史家声称,布隆希尔德给其中一位贵族下达了一道命令:一旦他们抵达目的地,就杀了瓦纳查尔[2]。她担心瓦纳查尔与阿努尔夫和丕平交好,而这两人是支持克洛塔尔的。布隆希尔德再也不相信瓦纳查尔了,想要将他解职并替换掉他。这份命令被阅读后,又被撕毁并丢在一旁。后来,瓦纳查尔的一个仆人找到了这些碎片,并把它们拼凑了起来。

事情不可能真的如此发展,因为瓦纳查尔还是被允许继

[318]　　黑暗王后:缔造中世纪世界的血腥竞争

续控制军队。然而不知何故,瓦纳查尔收到了他气运已尽的消息。意识到自己在劫难逃,他迅速与纽斯特里亚的克洛塔尔国王取得联系。

※ ※ ※

西吉贝尔特二世国王,脸颊光滑、身材瘦小,在变声之前就被安排领导军队。

他的弟弟们和他一起骑马出去。希尔德贝尔特,次子,此时不会超过十岁;科布斯似乎是九岁;而墨洛维大概是六岁。

瓦纳查尔和他们一起出行。新王和年轻的王子们无从得知,宫相已经和克洛塔尔本人、克洛塔尔在奥斯特拉西亚的盟友们以及侏罗地区一直在考虑叛乱的不满贵族们有所勾结了。

当这四个男孩遇到克洛塔尔的军队时,瓦纳查尔和他的手下在进攻信号发出前就骑马离开了[3]。男孩们和一小部分忠诚的支持者们发现自己寡不敌众,只好被迫逃跑。

有人说,这些男孩因为如此大范围的背叛而六神无主,故而跑不了多远;他们在索恩河畔被俘[4]。其他人说,他们蹚过了河流,飞奔向奥尔布那坐落于山口的王室宫殿。据说,他们随后离开了宫殿,并在纳沙泰尔湖岸边被发现[5],这是个冰川湖,常年浓雾弥漫,被侏罗群山和更远处白雪皑皑的阿尔卑斯山脉环绕。

无论是在索恩河还是在纳沙泰尔湖,浑身湿漉漉艰难跋涉的男孩们发现自己周遭环伺着阴森逼近的敌人。在混乱中,一个男孩躲开了追击者的追捕,翻身上了一匹马。他脚踢马肚,惊恐万分地飞奔起来,他的心跳得比马蹄还要快。那是希尔德贝尔特,这位十岁的王子不知怎么"爬上马背逃跑了,再也没有回来过"[6]。

其他人就没这么幸运了。年幼的西吉贝尔特二世国王和他分别只有九岁、六岁的两个弟弟被粗暴地抓住、套上锁链,并被当成囚犯用马车押送到他们的叔叔那里。在奥尔布的宫殿里,布隆希尔德和孙女提乌德利亚也在她们的治安官赫尔波(Herpo)的胁迫之下被俘虏了[7]。

王室成员透过马车栏杆最后看了眼这片令人忧伤的景观,然后在一路颠簸中穿过了蜿蜒崎岖、树木繁茂的朱涅山口,这是通往日内瓦的山区商路的一段,几乎难以通行。他们被带到北方,然后是东方,阴郁的常绿树木和陡峭的山路渐渐被更加平缓的丘陵和芥末色的田野取代,直到他们抵达了勒内夫小镇。克洛塔尔和他的部队就扎营在小镇外万雅讷河的河岸上。

在这里,万雅讷河的河水清浅见底——可以径直看到河床上的石头和水草,也能轻而易举地涉水过河。经过几棵瘦高的杨树,就像在克洛塔尔的年代一样,这里仍然是一片草地。在这个地方发生的事情震撼了整个欧洲:在一个几乎没有文件留存的时代,有五个王国的五个写作者记下了它[8]。

当王室成员——除了逃掉的小希尔德贝尔特——都被带到他的营地里时,克洛塔尔下令处决了西吉贝尔特和科布斯。没有记录说明他们是被如何处决的,但大概是被用斧头斩首。

布隆希尔德也许没有亲眼目睹对她曾孙们的处决,但是在她的帐篷里,她能听到喧哗声、长久的寂静,以及随后的欢呼声。

不过,最小的墨洛维得以幸免,他被送到纽斯特里亚,由一位可信赖的贵族抚养。这不太是因为墨洛维年纪尚小,更多是因为克洛塔尔是男孩的教父这一事实,克洛塔尔非常重视这种精神上的关系。而且,因为克洛塔尔只有一个儿子,为防悲剧袭来,留下一个侄子是很有用的。如果最后小墨洛维不再有用,他将会被送进修道院或被悄无声息地暗杀掉。

提奥德利亚公主也被留下了[9],被关进了一间修女院。克洛塔尔现在不得不决定该如何处置布隆希尔德。因为对年老王后的常规惩罚不是流放就是关进修女院,所以很多人认为布隆希尔德会和其孙女一个下场。

但是克洛塔尔的决定因为一些顾虑变得复杂起来。首先是小希尔德贝尔特的逃跑。

克洛塔尔下令展开过一次广泛的搜捕。在搜寻过程中,阿尔的修女院院长玛西亚(Marcia)被指控"秘密窝藏国王"[10]。克洛塔尔十分担忧,派出一位公爵去调查,但是当公爵回来时,还是没有男孩的踪迹。阿尔是一个非常繁忙的商业港口——无论何时,那里都有几十艘船驶向埃及、西班牙和拜占庭，一个十岁的男孩可能会悄悄地溜上任何一艘。

但是，贡多瓦尔德的事件已经给所有人上了一课，一个消失的王子也许会在某天重新出现，并带来灾难性的结局。如果希尔德贝尔特突然回来，布隆希尔德又还活着，她将证明他的身份，让他的政治活动合法。不过，她已是一个快七十岁的老女人了。她活不了多久了，不是吗？

克洛塔尔的父亲希尔佩里克国王曾经写道："根不除，草不枯。"[11]他已经意识到，消除敌人意味着消除那个家族的"根"——布隆希尔德。她可不是个普通的王后。

日子一天天过去，布隆希尔德越来越疑惑。她的侄子在等什么？她料想自己会在睡觉的时候被暗杀，如果她能摆脱耳畔挥之不去的曾孙们遇难时的哀嚎而得以入睡的话。这是处理王后惯用的方法——在她们的卧室中悄无声息地动手，正如她的姐姐所遭遇的那样。

十年前，当摩里斯皇帝在一场波及甚广的叛乱中被他的将军废黜时，他不得不在自己被砍头之前亲眼看着自己的儿子被处死，但康斯坦丁娜皇后和她的三个女儿幸免于难，被送去了修女院[12]。公开处决是为国王、皇帝等掌有权力的男人预留的。

尽管如此，克洛塔尔的盟友们强烈要求处决布隆希尔德。

瓦纳查尔不想冒任何险。他指出，布隆希尔德已经被证明是非常狡猾的，她曾经设法从修女院中逃出来。克洛塔尔此前不得不与之结盟的其他人——阿努尔夫主教和丕平公爵，也极力主张处死王后。

※ ※ ※

审判的场地已准备就绪。布隆希尔德被带到他们面前，她的背挺得笔直。

克洛塔尔二世国王，在他临时搭建的高台上宣称，对布隆希尔德王后的指控是谋杀了十个国王[13]。

她可能会感到难以置信。

接着，弗蕾德贡德的罪行被归到了布隆希尔德的身上——对她丈夫西吉贝尔特的谋杀、她第二个丈夫墨洛维的自杀，以及对弗蕾德贡德另一个继子克洛维王子在监狱中的谋杀。布隆希尔德被指控杀害了克洛塔尔尚在襁褓中的儿子，而后者死于自然原因。克洛塔尔列出的被布隆希尔德谋杀的国王名单，还包括她自己的曾孙们，而其中两个男孩正是不久前被他自己处决的（这位国王列出了三个男孩，要么是想隐藏自己让小墨洛维王子活着的事实，要么更可能的是想掩盖希尔德贝尔特王子逃跑的消息）。

布隆希尔德被指控的谋杀中，只有三项可能是由她谋划的——其中最可以理解的是，克洛塔尔将他父亲希尔佩里克的死归因于她，这起谋杀的刺客仍未找到。指控布隆希尔德是唯一能让他的母亲完全免于此种指控的方法。布隆希尔德的孙子提乌德贝尔特和他的小儿子之死，大概也都算到了她的头上，因为她曾经支持提乌德里克反对他的哥哥。

然而，集结起来的贵族和士兵都在叫喊布隆希尔德有罪。这个狡猾的女人难道不曾为他们的王国带来不可计数的死亡和毁灭吗？

随后，布隆希尔德被依法废黜，按照惯例，她被象征性地剥夺了王室着装。当她的项链、胸针、斗篷和刺绣礼袍被脱下时，她一动不动，直至剩下亚麻连衣裙，她在他们面前站着、颤栗着。

她在等待最后的时刻——流放，或是修女院？

克洛塔尔宣布了对她的判决：死亡。

众声沸腾，日光眩目。

她被"以各种方式折磨了三天"[14]，大概是鞭笞、毒打。她的脸恐怕已经伤痕累累、一脸污垢，她长长的灰发血淋淋地垂在太阳穴上。她跌跌撞撞地被拉出帐篷。

她被带到一个庞大笨拙的野兽面前。当她注目观看时，才发现那是头骆驼。克洛塔尔不知怎么弄到了一头——所有资料都提到了这一点，而布隆希尔德被吊了上去。

花费时间和金钱去弄来一头骆驼看起来很奇怪，因为当时军中就有大量的马匹。而这其实是一种公开羞辱被废黜暴君的仪式，它起源于埃及，并传到了拜占庭。受害者会被鞭笞，然后被放在骆驼上游街示众，脸朝着后面，这意在象征皇帝在马背上大获全胜地进入城市的反面（在布隆希尔德的故乡西班牙，西哥特人有类似的仪式，但使用的是驴[15]）。骆驼的象征性对布隆希尔德来说是显而易见的，而且，克洛塔尔的贵族们也不会无法理解。然而，就算是不知道这项活动起源的普通士兵也能明白，这只外来的野兽意在强调布隆希尔德的外来性，她的西哥特血统或她和拜占庭人的勾结——这可不是一个好的法兰克女人会做的事。

和纽斯特里亚士兵站在一起观看的，还有背叛过她的奥斯特拉西亚和勃艮第的贵族。他们中的许多人，都是在她的婚礼上伸长了脖子只为看她一眼之人的子孙。

布隆希尔德"早已是风烛残年"；现在她又"狼狈不堪"[16]。众人朝她叫嚣辱骂或是吐口水。嘲弄持续了"好长一段时间"[17]，当人们厌倦了向一位曾祖母喊叫羞辱时，他们牵出了几匹马。在某些说法中只有一匹马，但是无论数量多少，据说它们都是狂野且未被驯服的，在被拉扯着前行时不断嘶鸣。

布隆希尔德被从骆驼上拽下来，然后行刑者让人拿来绳子。一个说法是，她被绑在了马蹄上，另一个说法是她被绑在了马尾上，但还有一个细节是，她被用"自己的头发单手单脚地"[18]绑在了一条马尾上。

此时她一定知晓了自己的命运。她的侄子给出了号令，群马被放开并被猛拍一巴掌，它们迫不及待地驰骋过这"人迹罕至、崎岖难行的地域"[19]。

马蹄声是布隆希尔德听到的最后的声音。

✄　　✄　　✄

王后什么也没有留下。西班牙国王写道："她难以名状、鲜血淋漓的躯体被撕扯开来"[20]。一个编年史家提到，她"死无全尸"[21]。还有人提到，克洛塔尔甚至在她死后毁掉了她仅存的东西："她最后的坟墓被焚毁。她的尸骨被焚烧。"[22]

克洛塔尔不能让布隆希尔德被看成是殉道者，那样的话，她的坟墓将成为反对他的统治的中心。但布隆希尔德在她位于奥顿的教堂的地下室里似乎曾有过一间墓室[23]，内部由大理石石柱和马赛克装饰而成。尽管这座教堂在法国大革命期间被毁，但关于它的插图和版画[24]保留了下来。这说明，那天曾有人出现过，无论是一位有同情心的贵族，还是某位当地教会的牧师，他从火葬的柴堆中舀出了一小捧灰烬，然后小心翼翼地将它们送往西南方七十四英里之外的奥顿，交给圣马丁教堂好心的修士们。

推翻和处决布隆希尔德并不像它可能显示的那样得到了全体一致的支持。根据记载，不只是在阿尔——逃跑的希尔贝尔特似乎就隐匿在那里——有克洛塔尔二世国王的反对者，整个勃艮第境内都有人反对他。在桑斯小镇，当地主教用他的教堂大钟努力吓跑国王手下进犯的士兵[25]；他后来因为这次防御被流放了。勃艮第的贵族和传教士也试图在克洛塔尔统治的头几年罢免他[26]。那个批评克洛塔尔"太过在意女人的意见，无论老幼"[27]（这是在指责弗蕾德贡德）的编年史家还诚心地提到，这一罢免阴谋被克洛塔尔自己的王后快速挫败了。

※　　※　　※

多亏了两个女人——他的母亲和他母亲的政敌——克洛塔尔得以从统治十二个市镇发展到如今统治整个帝国。这是五十多年来的头一回，法兰克王国统一在一个统治者之下。但在摧毁布隆希尔德并完成他母亲生前未竟之志之后，克洛塔尔也引发了将导致墨洛温王朝覆灭的一系列事件。

很多攻击布隆希尔德的人也自取灭亡了。只要再多容忍这位王后几年，他们就能避免等待着他们的更加糟糕的命运。克洛塔尔把他们看作投机主义者而非真正的盟友，并尽可能快地处置了他们中的很多人。侏罗地区的贵族曾为了自己的独立支持克洛塔尔，到头来却发现自己的起义被镇压、领袖被处决[28]。其他人则死于平民之手——曾经交出布隆希尔德的治安官赫尔波，被嘉奖了一块公爵领地，但接着他就被一个暴徒杀死了[29]。

当克洛塔尔登上统一了的法兰克王国的王座之后，他立即

第三十二章　陨落

在614年10月召开了巴黎会议，出席的人有奥斯特拉西亚、纽斯特里亚和勃艮第的主教，以及从新近基督教化的盎格鲁-撒克逊王国前来的主教[30]。缔成的《巴黎敕令》（Edict of Paris）被普遍认为是《大宪章》（Manga Carta）的早期前身，后者是十三世纪不列颠里程碑式的法律文件，它限制了国王的权威。而且，克洛塔尔没有像伟大的克洛维国王那样把法兰克王国集中在一个国王和一个首都之下，而是默认了贵族们保留三个王国的要求，每个王国都有自己的首都，都由自己的宫相治理。

但这不是克洛塔尔不得不做出的唯一让步。

在部队进攻奥斯特拉西亚和勃艮第之前，克洛塔尔和勃艮第的宫相瓦纳查尔达成了一项交易。瓦纳查尔就是那个下令撤退的人，他让年幼的西吉贝尔特国王和他的兄弟们毫无还手之力，只能轻易被捕。现在，瓦纳查尔的职位变成了终身任命[31]。与之前宫相由国王随意任命的情况相比，这是一个重大的变化。首先，这个职位变成了终身任命；之后，它变成了世袭的。弗蕾德贡德的后代渐渐被认为是rois fainéants，或者说"懒王"（do-nothing kings）。他们变成了纯粹的傀儡——被他们的宫相操纵，然后被废黜[32]。

与瓦纳查尔合作的两位贵族——阿努尔夫主教和丕平公爵——通过后代的联姻建立起一个新的王朝。他们的后代——加洛林王朝的王室，将确保宫相成为世袭公职，并最终取代墨洛温王室成为统治法兰克王国的家族。那些背叛了布隆希尔德的人正是查理大帝的高祖父辈。

黑暗王后：缔造中世纪世界的血腥竞争

后记　反响

我去寻访布隆希尔德和弗蕾德贡德足迹的那个夏天，考古人员发现了另一位墨洛温王室成员[1]。

这位老妪的坟墓至少是二十一世纪早期发现的第五座此类墓葬[2]——而在二十世纪已发现了数十座类似的墓葬，其中包括弗蕾德贡德的婆婆——阿蕾贡德王后——的豪华陵墓。

原来，墨洛温王室成员无处不在。

弗蕾德贡德婆婆的墓葬品被放置在博物馆的玻璃展柜里。埋葬她公公克洛塔尔一世和被她所刺杀的西吉贝尔特国王的地点，现在是一个活跃的考古遗址；这些地下墓室所在的教堂现在正在修复中。布隆希尔德的盟友拉德贡德如今依然安眠在普瓦提埃一座以她的名字命名的教堂的地下墓室里。人们依然能在那里瞻仰真十字架的遗物，并聆听《王的旗帜》(*Vexilla Regis*) 的旋律，它由维纳提乌斯·福图纳图斯为纪念真十字架的到来而写就。抑或看看世人是如何铭记拉德贡德的：人们从四面八方赶来朝圣，把信纸投入她的石棺盖下以祈求她的代祷。

而普通的、默默无闻的墨洛温王室人员也被发现了。在梅兹一座博物馆的地下，他们的头骨向我"咧嘴微笑"，一口牙齿非常完美（向导告诉我这多亏了中世纪早期的一种牙膏配方）。我讶异于竟有如此之多的东西被保留了下来，并且正处于被"复活"的过程中——不仅仅是遗骸，还有大教堂、修道院、圆形竞技场、教堂地下墓室；绣花的外衫、项链、耳环，以及印戒。在法国和德国的乡村小镇，或是熙熙攘攘的城市鹅卵石路面下，埋藏着一整个失落的王朝。

长久以来，墨洛温王室都处在取代了他们的家族——查理大帝和加洛林王室——的阴影下，后者有强烈的动机把自己描述成一片未开化荒原的征服者。而我们之所以继承了这种笨拙野蛮人的形象，部分是因为加洛林王朝奋力抹除他们的前任，这是和一位教皇密谋完成的。墨洛温王朝被法国大革命中的革命者进一步诋毁，因为他们在第一个路易（Louis，克洛维国王）身上看到了为他们自己所唾弃的国王路易十六的起源故事。

如今，墨洛温王朝重新获得了历史学家的关注，因为这个王朝见证了从罗马帝国到中世纪世界的转变，确立了至今依然存在的欧洲政治边界，以及许多影响至今的法律和社会风俗。然而，墨洛温王朝治期最长的两位王后和摄政者却尚未得到她们应得的荣誉，其原因是显而易见的。

布隆希尔德被处决后那个时期的资料几乎都没有留存下来[3]，但从现存的资料可以看出，国王克洛塔尔二世迅速采取行动，抹除了关于他伯母和他自己母亲的记忆与遗产。在统治伊始，他颁布了他最为人所熟知的法案——614年的《巴黎敕令》[4]，在其中彻底抹去了布隆希尔德和她的后代们的痕迹。这份文件将通行税和租税追溯到了数十年前他父亲希尔佩里克甚至是他伯父们的统治时期，但是并未提及布隆希尔德、她的儿子或是她的孙子。这一整条血脉在公开记录中被抹除了。

更令人震惊的是，克洛塔尔二世也没有提到他的母亲，尽管弗蕾德贡德曾颁布过她治下的通行税和租税律法。克洛塔尔二世也许是一个孝顺的儿子，他会为了母亲灵魂的安宁而祷颂日常弥撒，但他不允许她在法律层面得到任何认可。他也没有为了纪念弗蕾德贡德而委托创作任何诗歌，或是建造任何教堂。他并没有试图让她成为圣人——尽管这个门槛在当时非常低，比如贡特拉姆国王很快就被封为圣人了。不过，编年史中关于弗蕾德贡德可能通奸的记录，以及她杀死希尔佩里克国王以掩盖她和兰德里克偷情的指控也都被抹除了。这个罪行被安在了布隆希尔德的头上，以证实她谋杀了许多国王的指控[5]。

编年史家用来记录布隆希尔德统治的语言越来越恶毒。一开始,这场处决被描述成谨慎的政治考量;过了不到二三十年,对布隆希尔德的厌恶变得明显起来,对这场处决的描述开始充满强烈的情绪。克洛塔尔对他的伯母充满了憎恶(*odium contra ipsam nimium haberit*)[6]。贵族们畏惧(*timentis*)布隆希尔德,没错,但是他们也恨她,正是这种憎恨驱使他们背叛了她(*odium in eam habentes*)。

显然,有些贵族和教会官员质疑过处决布隆希尔德的方法是否过于暴虐,甚至离奇,因为这些编年史家现在开始竞相论证这是命中注定的刑罚。他们强调了乌尔西奥和王后在将近三十年前的那场疆场对峙,当时,这位公爵曾经恐吓王后:"滚开!否则我们的马蹄将把你踹翻!"[7]难道布隆希尔德没有被警告过,要是她不控制自己的野心,会发生什么吗?此外,他们还添上了一则预言。据说,一位希腊女预言家曾经预测道:"布鲁娜(Bruna)自西班牙的土地而来[8],她将目睹死亡。这个女人将殒命于马蹄之下。"

克洛塔尔二世不仅抹除了政治记录,默许编年史家修改他们的记述,还致力于抹去布隆希尔德对教会的影响。她并没有因为资助传教至不列颠而受到称赞,相反,王后因为帝国境内的圣职买卖问题而备受苛责,尽管克洛塔尔二世之后也因这一问题受到了抨击。没有人可以反驳他的说法。布隆希尔德曾和一位极有权势的教皇结盟,但是大格里高利无法为其虔诚辩护,因为他已经早她两年去世了。在克洛塔尔二世统治期间有过六位不同的教皇,但没有一位能像格里高利教皇那样,在位的时间长到足以巩固权力并制定明确的议程。

因为没有来自教皇的强烈反对，克洛塔尔二世进而提拔了一位神职人员，他是布隆希尔德最新近的反对者。他先是掀起了对维恩的德西德里乌斯的崇拜，为这位反对布隆希尔德和她的孙子的主教成为圣徒而四处游说，并忽略了德西德里乌斯曾因叛国罪被捕，以及因强奸罪而被流放的经历。国王还把傲慢的克伦巴努斯召回法兰克王国，这位修士拒绝了。但是在他数年后死去时，克洛塔尔二世还是掀起了对他的崇拜[9]。另一个预言被造了出来，并被说成是这位已故修士所说：克伦巴努斯曾谴责布隆希尔德是一个"狡诈的女人"[10]，并预测克洛塔尔二世将在三年内统治法兰克王国全境。克洛塔尔推翻和处死布隆希尔德只是应验了圣人的预言。

另一则据说也是由原教旨主义修士作出的预言则在不知不觉间有了不同的效用。克伦巴努斯拒绝为提乌德里克的儿子们洗礼，因为他认为他们被诅咒了："他们永远拿不起国王的权杖。"[11]修士和布隆希尔德也被投射成善恶之争中的对立角色："一条年迈的大蛇来到（提乌德里克的）祖母布隆希尔德面前，后者是第二个耶洗别（Jezebel），并引诱她在圣人面前骄傲自矜。"[12]

在耶洗别的圣经故事中，人们发现了摧毁有权势王后的蓝本，以及谈论他们的简要表述方法。耶洗别是直言不讳的耶尼基人王后，挑战了先知以利亚（Elijah）。《列王纪》描述了她海纳百川的自由主义，并将其和先知古板的原教旨主义相比较[13]。据说，耶洗别对她的丈夫施加了不正当的影响，而布隆希尔德和弗蕾德贡德都被指控做了类似的事情；据说耶洗别行为放荡，而两位王后也都被谴责有情人。耶洗别以充满对抗的姿态迎接了她的结局，她身着华服，眼睛上涂着黑色的眼影，等待着杀手的到来。她被扔出窗户，然后被群马践踏；她身体的残骸"似尘土般"[14]散落四处。

对布隆希尔德的处决明显是为了以相同的方法消除她。而弗蕾德贡德，尽管她的葬礼十分奢华，却也被抹除了所有痕迹。这位勇敢且残忍的王后，她的一切痕迹都在风中消散，取而代之的是一位性情温和、舐犊情深的母亲。

在她们之前，墨洛温王朝还没有出现过摄政王后，但在她们之后便开始有了仿效者，其中最著名的是南蒂尔德王后（Queen Nanthild，摄政期639—642年）和巴蒂尔德王后（Queen Bathild，摄政期657—664年）。不过，权力机构从错误中吸取了教训，迅速镇压了她们——南蒂尔德被悄无声息地谋杀了，而巴蒂尔德被打发进一家修女院。

到了八世纪加洛林王朝执政时期，布隆希尔德和弗蕾德贡德愈发声名狼藉。这一时期也出现过试图作为摄政者统治的加洛林王室女性；其中最有名的是普雷科特鲁德（Plectrude），她设法囚禁了查理大帝的祖父整整四年，阻止他获取王权的企图，但随后她也被关进一家修女院，并死在了那里。编年史家和教会神职人员迫不及待地警告国王和普罗大众女性插手政治所带来的危险。在这样的背景下，布隆希尔德和弗蕾德贡德的统治对日益稳固的父权制秩序带来了巨大的威胁，以至于一场系统性的污名化运动被发动起来，以阻止其他女性效仿她们。

弗蕾德贡德被重塑为一个蛇蝎女人——"妖艳、极端狡诈，还是个荡妇"[15]，而布隆希尔德则是个没有任何母性本能的谋杀犯。法兰克王国之间的内战——其缘起早于两位王后嫁入王室的时间——则被完全归咎于弗蕾德贡德和布隆希尔德，是她们居心叵测地"在两方煽动（她们的丈夫）"[16]。布隆希尔德还因为她的孙子提乌德贝尔特和提乌德里克之间的竞争而受到苛责；他们全因她"邪恶的建议"[17]而剑拔弩张。

王后们形象的转变不是一个偶然事件，并非由糟糕的翻译、马虎的抄写，甚或是某些另有企图的抄写员所导致。它是一项有条不紊地合力完成的成果。加洛林王室系统地重写了历史[18]，正如一位学者明确地指出，为了达此目的，他们的编年史家"有意改动了他们的史料"[19]——显然，赋予女性权力只会带来混乱、战争和死亡。

数个世纪之后，法兰克的土地上才再度出现了在事业和成就方面同布隆希尔德和弗蕾德贡德不相上下的女性，比如卡斯蒂利亚的布朗歇（Blanche of Castille）[20]或凯瑟琳·德·美第奇（Catherine de Medici）。欧洲下一场类似的女性政治较量——发生在伊丽莎白一世（Elizabeth I）和她的表侄女、苏格兰王后玛丽（Mary）之间的斗争——直到弗蕾德贡德和布隆希尔德死后将近一千年才会发生。

⚔   ⚔   ⚔

在政治舞台上消失后，王后们在传说和神话中扎下根来。

弗蕾德贡德对继子墨洛维和克洛维的赶尽杀绝被收入了现存的关于邪恶继母的传说中。母亲们消灭引起麻烦的非亲生后代的故事广泛存在于任何时代和文化，但这位奴隶出身的王后无疑在这个传统中留下了属于自己的印记。她把木箱盖猛地摔到叛逆的里贡特公主的脖子上，这个举动在大约成书于800年的《诗体埃达》（*The Poetic Edda*）中被保留了下来。书中一则北欧童话提到了用木箱盖杀死年轻女孩的情节。里贡特故事的另一个版本，则在十七世纪早期一个意大利版的灰姑娘故事中展露无疑，尽管角色调换了：女儿把一个木箱盖摔到她继母的头上，并把她杀了[21]。

弗蕾德贡德在神话和文学作品中最有名的再现，可能是莎士比亚在《麦克白》中对她"行走森林"战斗策略[22]的使用。不过，比莎士比亚还要早两个世纪的诗人克里斯蒂娜·德·皮桑（Christine de Pizan）在1405年的《妇女城》（*Book of the City of Ladies*）中就已着重提及弗蕾德贡德的策略。六世纪的德罗瓦济战役的细节之所以能被保留下来，或许要归功于女性的努力——记述弗蕾德贡德领军作战的手稿和苏瓦松的一家修女院有关[23]。克里斯蒂娜·德·皮桑整理了这些资料，来为女性辩护，她赞扬了弗蕾德贡德在这场战役中的军事领导力："这位勇敢的王后一直身先士卒，用承诺和劝诱激励众人投入战斗"[24]，而她的士兵们为了不被一个女人比下去而更加英勇地战斗。诗人承认，弗蕾德贡德"作为一个女人，异常地残酷"[25]，但她也称赞王后"掌握权力，游刃有余"。弗蕾德贡德不仅是一位机敏的将军，还是一个成功的摄政者："在丈夫逝世之后，她极其明智地统治着法兰西王国。"[26]

非常奇怪的是，在同一时期，法国境内的许多道路都以布隆希尔德王后的名字（Brunhild，或是她在法语中的称呼"Brunehaut"）命名。吉恩·达特梅斯（Jean d'Outremeuse）在1398年提到了这样一条道路：普通人因为这条路十分笔直而感到疑惑，于是捏造了布隆希尔德王后是个女巫的故事，说她在魔鬼的帮助下一夜之间神奇地铺平了道路[27]。

以布隆希尔德之名命名的这些道路，同她人生的经历纠缠在一起。有的人说，这些路之所以会用她的名字命名，是因为布隆希尔德重修了古罗马的道路；还有人说，这些路是建造在处决她时由受惊的野马拖拽着年迈的王后穿越乡野时踩出的小路上。这些"布隆希尔德路"中的大部分，似乎都是古罗马时的道路，它们在法国、比利时和德国的土地上交错纵横，一直保留到了十五、十六甚至十七世纪。其中至少还有十三条依然存在：直到今天，你都可以在一条布隆希尔德路上骑行，或是来一场周末自驾。它们中的一小部分交汇于法国小镇巴维，在诸条道路交汇的正中心，是一座用以纪念布隆希尔德本人的十九世纪的雕像。

以布隆希尔德之名命名的还有两座城堡和几座古塔，以及一座精酿啤酒厂和比利时的一个自治市。其他城镇则自豪地宣称，自己就位于她被处决的地点。还有一则传说把她的处决地点放在了巴黎，具体是在圣奥诺雷路和阿尔布塞街交汇的角落[28]，靠近卢浮宫。法国西南部的布吕尼凯尔小镇也声称它享有这一殊荣[29]，尽管它和处决的发生地相距甚远，但它依然宣称，王后是在这座小镇外的科迪鲁日被拖拽至死的。不过，这个小镇和布隆希尔德的联系也许可以追溯到当地的一座城堡，后者建在一座六世纪别墅的废墟上，毗邻布隆希尔德奋力想夺回的晨礼土地。也许王后在她处在权力巅峰之时曾在那里待过。

布隆希尔德和弗蕾德贡德作为两个独立个体的记载有很多，但不论在生前还是死后，这两位王后间似乎都有着紧密的关联。当十九世纪浪漫主义横扫欧洲时，王后们再一次重换新面，伴随而来的是对过去的理想化。在英国，人们痴迷于骑士和亚瑟王（King Arthur），在法国和德国，则推崇在罗马陷落后势如破竹的野蛮人部落。在法国，人们徜徉在1819年巴黎世博会的厅堂里，他们长长的头发飞掠过肩头，穿衣打扮犹如墨洛温王室成员[30]。一系列的作品刻画了王后们——包括一部歌剧、一部小歌剧、一部舞剧、三部戏剧，以及大量的图书、诗歌、印刷品和肖像画[31]。在德国，十二世纪的史诗《尼伯龙根之歌》（Nibelungenlied, or The Song of the Nibelungs）被重新发现，并被奉为国宝。这部史诗的主要角色之一就是布隆希尔德——这位勇士般的王后,而它的一条剧情主线讲述了两位皇室妯娌的争吵如何使王国走向分裂。正是这个中世纪文本为瓦格纳的歌剧套曲《尼伯龙根之歌》提供了灵感。

在出现于十九世纪并流传下来的墨洛温王朝历史的主流版本中,王后们故事的残片被糅合进一个故事,这个故事围绕加尔斯温特的谋杀展开。它本质上是一个关于三角恋和女性争斗的厌女故事:一个女人策划谋杀了另一个女人并抢走了她的男人,随后与被杀女人的妹妹爆发了一系列争吵,从而引发了两个王室之间的可怕内战。纽斯特里亚和奥斯特拉西亚之间的内战持续了至少四十年,比英国的玫瑰战争还要长[32]。然而,这场影响深远的王位继承之战却被重塑为一个关于爱情和复仇的故事,一场放大版的杰瑞·斯普林格(Jerry Springer)[1]式闹剧。

即便如此,布隆希尔德和弗蕾德贡德一生中最重要且可怕的事件并未被完全忽视。例如,《权力的游戏》系列小说和同名电视剧中的瑟曦,毫无疑问影射了英国玫瑰战争时期的人物——伊丽莎白·伍德维尔(Elizabeth Woodville)、安茹的玛格丽特(Margaret of Anjou)和安妮·博林(Anne Boleyn),但历史学家宣称,她的人物形象也借鉴了我们这两位王后的人生[33]。和弗蕾德贡德一样,瑟曦被不忠的怀疑困扰,当她的不忠行为被发现时,她谋划让自己的王夫在狩猎中死去,

---

[1]美国知名主持人。——译者注

正如弗蕾德贡德的敌人指责她做的那样。像传说中弗蕾德贡德所做的那样，瑟曦还杀死了丈夫的其他孩子，在她身上，我们也看到了布隆希尔德对被更年轻王后取代的多疑。和两位王后一样，瑟曦表面上是未成年男孩的摄政者，实则自己掌控了王权。

王后们的踪迹随处可见；我们只需要知道去何处寻觅。

1632年8月25日，一小群信众在奥顿参加了一个小型的开棺仪式[34]。在这口大理石石棺里面是一个铅制灵柩，灵柩里面是骨灰、煤炭和一根马刺，它们证明了这确确实实是布隆希尔德王后的坟墓。

布隆希尔德位于奥顿的修道院在法国大革命期间被洗劫一空。如今，只有被认为是她石棺的棺盖保留了下来——两片光滑的黑色大理石石板，与古代的花瓶和雕像残片共同陈列在一个小型博物馆的小房间里[35]。这座曾经宏伟的修道院的废墟，如今掩埋在附近一座公园的地下[36]。

相反，弗蕾德贡德的骸骨与君王们长眠在一起，阳光透过彩色玻璃，在她的石棺上投下紫色和黄色的光斑。在十二世纪翻修圣日尔曼德佩区期间，她被人们发现，人们为她建造了一块崭新、精致的马赛克石板[37]。她的肖像用由石头和大理石混合而成的砂浆描画而成，并用黄铜镶边。这位曾经的奴隶手持权杖，头戴王冠。然而，她是没有面孔的。或许，她的面容曾经被描绘过，但是数个世纪过去，颜料褪去了。更加负面的解释则是，她的脸是有意留白的，旨在"模仿"她本该在生前褪下的"面纱"[38]。

她的坟墓躲过了大革命给圣日尔曼德佩区带来的最严重的破坏。在十九世纪早期，它被移至雄伟的圣丹尼斯大教堂[39]，就安置在她一生敬佩的克洛维一世的旁边，旁边还有她的孙子及曾孙的坟墓。然而，和这一切尊荣相比，她所留下的复杂的历史遗产只缩略成了一句碑文：FREDEGUNDIA REGINA, UXOR CHILPERICI RÉGIS——弗蕾德贡德王后，希尔佩里克国王之妻。

当我还是一个女孩时，我如饥似渴地阅读了大量女性历史人物的传记：活动家、作家和艺术家，但是很少有政治领袖，来自遥远过去的更是少之又少。我不知道如果在当时读过的书中发现弗蕾德贡德王后和布隆希尔德王后的故事，对我和其他小女孩会有何意义。现在，两位王后的故事使我们看到，即使在最黑暗、最动荡的时代，女性能够——而且确实做到了——统治。

父权制的厌女逻辑是一个古怪的循环论证：女人不能统治是因为她们从未统治过。而这个弥天大谎是建立在人为诱发的历史失忆症的基础之上的，无数的抹杀和遗忘共同传递出这样一个信息，即**曾经**统治过的女人不应拥有被铭记的权利。

尽管这些黑暗王后并未出现在我所读的书中，但在我的整个童年，她们都清楚地出现在我被警诫不该成为的那种女性之列。童话中恶毒的继母、宣扬反对教会的傲慢的耶洗别、在歌剧中歌唱的胖女人……全都是些被厌恶和嘲笑的对象。在被压抑的历史的沉默和刻板印象令人窒息的喧嚣之间，还给她们留下了什么空间？

但是布隆希尔德和弗蕾德贡德的幽魂拒绝保持沉默。她们坚持不懈地浮出历史地表，决意要被听见。

这是因为王后们被剥夺了——声音？还是认可？抑或是和生者的联系？

或是因为，是**我们**被剥夺了——对女性权力的基本叙事？

若是如此，我们要如何开始矫正这种不公？或许可以通过想象并坚持布隆希尔德和弗蕾德贡德会为她们自己写下的墓志铭。**不是谁的妻子、谁的母亲**，而是她们终其一生要求获得的头衔——PRAECELLENTISSIMAE ET GLORIOSISSIMAE FRANCORUM REGINAE——法兰克王国最杰出、最辉煌的女王。

资料来源和方法说明

本书不是一本学术类历史书，而是一部基于原始文献的叙事类非虚构作品。诚然，这些原始文献是很零散的，但是已足够让我们尝试着还原一个故事，拼凑出这两位王后的情感生活和日常现实。

我们对布隆希尔德和弗蕾德贡德的了解，绝大部分来自图尔主教格雷戈里所写的历史。在两位王后都进入公众视野后不久，这位主教开始撰写他那冗长芜杂的十卷本《法兰克人史》(History of the Franks)，并在接下来的二十年里笔耕不辍。在那个时期，格雷戈里和两位王后及她们的使者都有过接触。因此，他为我们提供了实时的新闻纪事以及当时大量的小道消息。

然而，格雷戈里的记述有其缺陷。这位主教（理应）对自己的拉丁文水平缺乏自信，又不善游历，而且按照二十一世纪的标准，他还颇为轻信且天真。更重要的是（这毫不让人意外），他是个厌女者，猜忌有野心的女人，尤其反对积极参与政治活动的女人。此外，格雷戈里视一位王后为自己的敌人，视另一位为自己的庇护者,而且似乎受到了双方的威胁。

虽然格雷戈里似乎并没有直接捏造事件,但我认同目前的学界共识,即主教有自己的意图,并据此篡改了自己笔下的历史。格雷戈里不仅实实在在地曲解了某些事件(比如,把天气现象解释为神迹),他还有意隐去了某些细节和事件。主教还喜欢添油加醋、夸大其词,常常把自己美化成最好的样子。

我使用同一时期的其他资料补充了从图尔主教格雷戈里那里得到的信息。其中最重要的是格雷戈里的朋友、宫廷诗人维纳提乌斯·福图纳图斯的作品,以及布隆希尔德和她儿子们的信件,还有教皇大格里高利的一些信件。其他同期的资料包括:阿旺什主教马吕斯(Bishop Marius of Avenches)写的一本简明编年史,以及比克拉罗的约翰(John of Biclaro)和塞维利亚的伊西多尔(Isidore of Seville)用西班牙语写的历史。我还参考了一些关于教会会议、世俗法律和考古发现的资料,它们说明了墨洛温王室如何生活、饮食和着装。

还有一些原始文献是在王后们生命最后阶段或去世后不久写成的,比如西班牙的西塞布特国王(King Sisebut)或鲍比奥的乔纳斯修士(monk Jonas of Bobbio)所写的东西。而我主要使用的另外两份资料是在王后们去世后写的:弗里德加的《编年史》(*Chronicle*),似乎是写于七世纪六十年代,在布隆希尔德被处决的半个世纪之后,以及无名氏的《法兰克人史》(*Liber Historiae Francorum*),它在八世纪二十年代风靡一时。《编年史》和《法兰克人史》都是基于图尔主教格雷戈里的作品创作的,但也都加入了自己的资料——例如,精确的人名、地名,甚至是对话——这说明这些作者能接触到其他更早期的资料。

和格雷戈里一样,所有这些作品的作者都有自己的喜好和偏见。我试图以怀疑的态度阅读,着眼于作者与他们所报道事件的利益相关程度,以及夸大或隐去信息对他们是否有好处。我还参考了许多学者和历史学家对这些原始文献的阐释和研究。当面对互相抵牾的记述时,我试着选出看起来最可信,并与当事人性格最相符的版本。令人沮丧的是,有的时候,解释一个人的动机或一个事件的准确时间点,全系于一个动词时态或一个模糊的句子。在年表和因果关系上,学者们往往有争论;我试图在自己的注释中理清这些进行中的辩论。

除了事件有多个版本,在历史记录中还有大量的空白。每每此时,我就试着重构事件并进行可靠的推测,并对自己的推测加以标注。因此,对于某些读者来说,书里可能出现了太多"可能",但对于大多数历史学家而言这还远远不够。我满心期待还有其他等待被发掘的证据。一块墓地、一片废墟,或是一张羊皮纸,都有可能在未来为人们理解某个事件的动机或时序提供全新的思路。在这种情况下,我乐于被证明是错误的。

我将布隆希尔德和弗蕾德贡德生活过的地方作为另一种原始资料。作为整个研究过程的一个环节,我游历了梅兹——奥斯特拉西亚王国的前首都；苏瓦松——纽斯特里亚王国的前首都；以及巴黎这座纷争不断的城市。在法国，我还参观了弗蕾德贡德取得军事胜利的若干遗址，以及勒内夫——布隆希尔德受审并被处决的地方。此外，我还去了德国的特里尔，以及瑞士的奥尔布和纳沙泰尔湖。最后，我在拜访布隆希尔德和弗蕾德贡德分别位于奥顿和巴黎的长眠之地的旅程中受益良多；我希望本书的读者也能从中有所受益。

致　　谢

很荣幸也很愉快能和本·海曼（Ben Hyman）一起工作。这本书的臻于完善全仰赖于能有这样一位尽心尽力的编辑。我也非常感谢摩根·琼斯（Morgan Jones）和阿克沙亚·伊耶尔（Akshaya Iyer），以及本书的布鲁姆斯伯里出版社团队：玛丽·库曼（Marie Coolman）、妮可·贾维斯（Nicole Jarvis）、乔纳森·李（Jonathan Lee）和罗茜·马霍特（Rosie Mahorter）。

我也很感激本书文字编辑格莱尼·巴特尔斯（Gleni Bartels）和校对员贾丝明·奎迪恩（Jasmine Kwityn）细致入微的工作。

我要感谢麦肯齐·布雷迪·沃森（Mackenzie Brady Watson），她是我忠实的经纪人和不懈的支持者。她和艾米利亚·菲利普斯（Aemilia Phillips）共同推动了作品的完成。

如果没有埃琳·托马斯·戴利（Erin Thomas Dailey）的学问、洞见和慷慨相助，这本书不可能写就。

至于拉丁语翻译，我受到约翰·德·博尔顿-霍兰（John

de Boulton-Holland）极大的帮助，对此感激不尽。

在有机会游历许多和王后生平有关的遗址方面，我要感谢梅兹旅游促进局（Inspire Metz）的索菲·德兰格（Sophie Delange），她安排我单独参观了金王宫博物馆（Musée de La Cour d'Or）；托马斯·威尔沃特（Thomas Wilwert）则带我去了地下的圣玛丽墓穴（Caves Sainte Marie）；莫尼克·犹大-乌舍尔（Monique Judas-Urschel）和苏瓦松圣梅达尔皇家修道院协会（Association Abbaye Royale Saint-Médard de Soissons）允许我进入修道院的地下墓室；奥尔布旅游局（Office du Tourisme d'Orbe）同意我欣赏博塞亚兹的罗马马赛克壁画；还有奥顿鲁兰博物馆（Musée Rolin）和巴黎圣丹尼斯大教堂（Basilica of Saint-Denis）善良的工作人员们。

特别感谢亨利·弗里德兰（Henry Freedland），是他最先邀请我为《拉帕姆季刊》（Lapham's Quarterly）撰写这些王后的故事；感谢凯特·博塞特（Kate Bossert）的学术援助和善解人意的倾听；巴尔的摩县公共图书馆馆际互借处的琼·拉坦齐（Joan Lattanzi）设法为我取得了许多晦涩难寻的文本，甚至在疫情期间也是如此；还有邦尼·埃夫罗斯（Bonnie Effros）、希林·佛子（Shirin Fozi）、让娜·德尔罗索（Jeana DelRosso）、雷·博塞特（Ray Bossert）和布里奇特·奎因（Bridget Quinn），他们为我答疑解惑、指点迷津。

谢谢信任我的人们，尤其是克里斯蒂·布鲁克哈特（Christy Brookhart）和詹妮弗·贝登（Jennifer Bedon）。

谢谢我的家人们，你们不厌其烦地陪伴我一次又一次参观博物馆和教堂地下墓穴，聆听无数的中世纪琐事。保罗（Paul），感谢你无限的耐心。

最后，这本书献给奈特（Nate）——你是一位非凡的历史爱好者。

参考书目

原始文献

在下面的原始文献列表中，我首要列出的是我参考过的译本。对于同一本书，我常常会参考不止一个译本。对于那些我发现有必要参考原始拉丁文的资料，我也会注明所使用版本的书目细节。对于一些作品，由于新冠肺炎疫情导致的图书馆闭馆和其他诸种限制，我未能参考最新的译本。

使用的缩写：

MGH——日耳曼历史文献集成（Monumenta Germaniae Historica）

MGH AA——日耳曼历史文献集成：最古老的作者（MGH Auctores antiquissimi）

MGH SRM——日耳曼历史文献集成：关于墨洛温王朝的手稿（MGH Scriptores rerum Merovingicarum）

Aimon de Fleury. *Historia Francorum*. Edited by G. Waitz. MGH, Scriptores, Band xxvi. Hanover and Berlin, 1826–1892.

Anthimus. *De Observatione Ciborum*. Translated by Mark Grant in *On the Observance of Foods*. London: Prospect Books, 1996.

Appollinaris, Sidonius. *Poems and Letters*. 2 vols. Translated by W.B. Anderson. Cambridge: Harvard University Press, 1963.

Baudonivia. *De vita sanctae Radegundis*, in *Sainted Women of the Dark Ages*. Translated by J. McNamara, E. Halborg, and J. Whatley. Durham, NC: Duke University Press Books, 1992, 86–105.

——. *De vitae sanctae Radegundis, Liber II*. MGH SRM. 2. Edited by Bruno Krusch. Hanover, 1888, 377–395.

Brunhild. "Letters 26–31." Translated by Joan Ferrante. *Epistolae: Medieval Women's Latin Letters*.

——. "Letters 26–30." *Epistolae Austrasicae*. Edited by Wilhelm Gundlach. MGH, Epistolae 3: Epistolae Merowingici et Karolini aevi 1. Berlin: Widemann, 1892, 139–141.

Caesarius of Arles. *Regula ad virgines*, Sources Chrétiennes, vol. 345. Paris, 1988.

Childebert II. "Letters XXV, XXVIII." *Epistolae Austrasicae*. Edited by Wilhelm Gundlach. MGH, Epistolae 3: Epistolae Merowingici et Karolini aevi 1. Berlin: Widemann, 1892: 138–139, 140.

Chilperic. "IX, Chilpericus Rex," *Hymni latini antiqvissimi lxxv, psalmi iii*. Edited by Walther Bulst. Heidelberg, Germany: F. H. Kerle Verlag, 1956, 119.

Christine de Pizan. *The Book of the City of Ladies*. Translated by Rosalind Brown-Grant. Translated by Rosalind Brown-Grant. London: Penguin

Books Limited, 1999.

Chronicon Moissiacense Maius, vol. 2. Edited by J.M.J.G Kats and D. Claszen. Leiden University, 2012.

Clothar II. "Constitution of Clothar." Translated by Alexander C. Murray in *From Roman to Merovingian Gaul: A Reader.* Ontario: Broadview Press, 2000, 564–565.

——. "The Edict of Paris of Clothar II, October 614." Translated by Alexander Murray in *From Roman to Merovingian Gaul: A Reader.* Ontario: Broadview Press, 2000, 565–568.

Concilia Aevi Merovingici. MGH: Leges, Sectio III, Tomus I. Edited by Friedrich Maassen. Hanover: Hahn, 1893.

Continuations of the Chronicle of Isidore. Edited by Thomas Mommsen. MGH AA XI: 489–490.

Earliest Life of Gregory the Great. Translated by Bertram Colgrave. Cambridge, UK: Cambridge University Press, 1968.

Edict of Paris, 614. Translated by by Alexander C. Murray in *From Roman to Merovingian Gaul: A Reader.* Ontario: Broadview Press, 2000, 565–568.

Epistolae Wisigothicae. Edited by Wilhelm Gundlach. MGH Epistolae 3. Berlin, 1892, 658–690.

Fredegar. *Chronicle: Book 3.* Translated by Jane Ellen Woodruff in "The 'Historia Epitomata' (third book) of the 'Chronicle' of Fredegar: An Annotated Translation and Historical Analysis of Interpolated Material." PhD dissertation, the University of Nebraska–Lincoln,

1987.

———. *Chronicle: Book 4*. Translated by Alexander C. Murray in "The Sixth Chronicle of Fredegar, Book IV." *From Roman to Merovingian Gaul: A Reader*. Ontario: Broadview Press, 2000, 448–490.

———. *Chronicarum quae dicuntur Fredegarii scholastici libri N cum continuationibus*. Edited by Bruno Krusch, MGH SRM, 2. Hanover, 1888.

Fortunatus, Venantius. *De vitae sanctae Radegundis* in *Sainted Women of the Dark Ages*. Translated by J. McNamara, E. Halborg, and J. Whatley. Durham, NC: Duke University Press Books, 1992, 70–86.

———. *De vitae sanctae Radegundis, Liber I*. MGH SRM. 2. Edited by Bruno Krusch. Hanover, 1888, 364–377.

———. *Venantius Fortunatus: Personal and Political Poems*. Translated by Judith George. Liverpool, UK: Liverpool University Press, 1995.

———. *Poems to Friends*. Translated by Joseph Pucci. Indianapolis: Hackett Publishing, 2010.

———. *Poems*. Translated by Michael Roberts. Cambridge, MA: Harvard University Press, 2017.

———. *Vita Germani episcopi Parisiaci*. MGH SRM VII. Edited by W. Levison. Hanover, 1920, 337–428.

Germanus. "Letter to Brunhild." Translated by Joan Ferrante. *Epistolae: Medieval Women's Latin Letters*.

———. "Letter IX." *Epistolae Austrasicae*. Edited by Wilhelm Gundlach. MGH, Epistolae 3: Epistolae Merowingici et Karolini aevi 1.

Berlin: Widemann, 1892, 122–124.

Grammaticus, Saxo. *Gesta Danorum*. Edited by Alfred Holder. Strasbourg: Karl J. Trübner, 1886.

Gregory the Great. *Epistles*. Edited by Philip Schaff in *A Select Library of the Nicene and Post-Nicene Fathers of the Christian Church*. Second Series. Buffalo, NY: The Christian Literature Co., 1886–1890. vols. 12–13.

——. *Epistles*. MGH, *Gregorii Pape Registrum Epistolarum*, ep.6.55, 1.430.

Gregory of Tours. *Decem libri historiarum*. Translated by Lewis Thorpe in *Gregory of Tours: History of the Franks*. New York: Penguin, 1974.

——. *Decem libri historiarum*. Translated by Ernest Brehaut in *Gregory of Tours: History of the Franks*. New York: Columbia University Press, 1916.

——. *Decem libri historiarum*. Edited by Bruno Krusch and Wilhelm Levison. MGH SRM, 1.1. Hannover, 1951.

——. *De virtutibus et miraculis sancti Martini*. Translated by Raymond Van Dam, Translated *Saints and Their Miracles in Late Antique Gaul*. Princeton: Princeton University Press, 1993, 199–303.

——. *Liber Vitae Patrum*. Translated by Edward James. *Life of the Fathers* 2nd edition, Liverpool: Liverpool University Press, 1991.

Isidore of Seville. *Historia Gothorum*. ed. by Theodor Mommsen. *Isidori Iunioris episcopi Hispalensis historia Gothorum Wandalorum*

Sueborum. MGH AA, 11. Berlin, 1894.

Jean d'Outremeuse. *Ly Mureur des Histors: Chronique de Jean des Preis dit d'Outremeuse,* vol. 2. Edited by Adolphe Borgnet and Stanislas Bormans. Brussels: Commission Royale d'Histoire de Belgique, 1869.

John of Biclaro. *Chronicle.* Translated by Kenneth Baxter Wolf in *Conquerors and Chroniclers of Early Medieval Spain.* Liverpool, UK: Liverpool University Press, 1990, 51–66.

John of Ephesus. *Ecclesiastical History.* Translated by R. Payne Smith in *The Third Part of the Ecclesiastical History of John Bishop of Ephesus.* Oxford University Press, 1860.

Jonas of Bobbio. *Vita Columbani.* Translated by Dana C. Munro in *Translations and Reprints from the Original Sources of European History,* vol. II, no. 7. Philadelphia: University of Pennsylvania Press, 1897.

——. *Vita Columbani.* Edited by Krusch. MGH SRM IV. Hanover, 1902, 1–156.

Les canons des conciles mérovingiens (VIe–VIIe siècles). Translated by Jean Gaudemet and Brigitte Basdevant. 2 vols. Paris: Éditions du Cerf, 1989.

Les Gestes des évêques d'Auxerre. Edited by Michel Sot. Vol.1. Paris: Belles-Lettres, 2002, 8.

Les Grandes Chroniques de France, selon que ells sont conserves en l'eglise de Saint-Denis en France. Paris: Paulin Press, 1836.

Liber Historiae Francorum. Translated by Bernard Bachrach. Coronado

Press, 1973.

Marius of Avenches. *Chronica*. Translated by Alexander Murray in *From Roman to Merovingian Gaul: A Reader*. Ontario: Broadview Press, 2000, 100–108.

Pactus Legis Salicae [*The Laws of the Salian Franks*]. Translated by Katherine Drew. Philadelphia: University of Pennsylvania Press, 1991.

———. Translated by Alexander Murray. *From Roman to Merovingian Gaul: A Reader*. Ontario: Broadview, 2000, 533–556.

Passio Sigismundi regis. Edited by B. Krusch. MGH SRM II. Hanover, 1888, 333–340.

Paul the Deacon. *Historia Langobardorum* [*History of the Lombards*]. Translated by William Dudley Foulke. Philadelphia: University of Pennsylvania Press, 1907.

Pliny the Elder. *Natural History*. vol 8. Translated by W.H.S. Jones. Cambridge: Harvard University Press, 1963.

Procopius. *History of the Wars*. Translated by H. B. Dewing. 7 Vols., Loeb Library of the Greek and Roman Classics. Cambridge, MA: Harvard University Press, 1914, Vol. 1.

Radegund. "De excidio Thoringiae." Translated by McNamara, Halborg, and Whatley in "The Thuringian War" in *Sainted Women of the Dark Ages*. Durham, NC: Duke University Press, 1992, 65–70.

———. "De excidio Thoringiae." Translated by Michael Roberts in *Poems: Venantius Fortunatus* Appendix 1. Cambridge, MA: Harvard

University Press, 2017, 763–769.

Sisebut. *Vita vel passio sancti Desiderii.* Translated by A. T. Fear in *Lives of the Visigothic Fathers*. Liverpool, UK: Liverpool University Press, 1997, 1–14.

——. *Vita vel passio sancti Desiderii.* Ed. by Bruno Krusch, MGH SRM, 3. Hanover, 1896: 630–637.

Tacitus. *Annals.* Translated by John Jackson. vol 4. Cambridge: Harvard University Press, 1937.

Vita Desiderii episcopi Viennensis. Ed. by Bruno Krusch, MGH SRM, 3. Hanover, 1896: 620–648.

Vita Eligii. MGH SRM IV, Ed. B. Krusch. Hanover, 1902: 664–741.

Vita Hugonis monachi Aeduensis et priore Enziacensis. Acta Sanctorum II Apr. II. Eds. G. Henschenio and D. Papebrochio. Paris; Rome, 1866: 761–770.

Vita Lupi episcopi Senonici. MGH SRM IV, Ed. B. Krusch. Hanover, 1902: 176–187.

Vita Melanii. MGH SRM III, Ed. B. Krusch. Hanover, 1896: 372–376.

Vita Menelei. MGH SRM V, Ed. W. Levison. Hanover and Leipzig, 1910: 129–157.

Vita Rusticulae. Translated by McNamara, Halborg, and Whatley. "The Life of Rusticula" in *Sainted Women of the Dark Ages*. Durham, NC: Duke University Press, 1992: 122–136.

——. MGH SRM IV, Ed. Bruno Krusch, Hanover, 1902: 337–351.

二次文献（学术类）：

我希望能够更加充分地参考这些资料，但是疫情期间进行研究多有不便，限制了这个抱负的实现。

Arnold, Ellen. "Rivers of Risk and Redemption in Gregory of Tours' Writing," *Speculum* 92/1 January 2017, 117–143.

Bacharach, Bernard. *The Anatomy of a Little War: A Diplomatic and Military History of the Gundovald Affair (568–586)*. Westview, 1995.

——. *Early Medieval Jewish Policy in Western Europe*. Minneapolis: University of Minnesota Press, 1977.

——. "The Imperial Roots of Merovingian Military Organization," in *Military Aspects of Scandinavian Society in a European Perspective*. Edited by Jorgenson and Clausen, Copenhagen, 1997.

——. *Merovingian Military Organization, 481–751*. Minneapolis: University of Minnesota Press, 1972.

Bischoff, Bernhard. "Sylloge Elgonensis. Grabenschriften aus merowingischer Zeit (um 600)" in *Anecdota novissima: Text of the vierten bis sechzehnten Jahrhunderts*. Stuttgart: Hiersemann, 1984, 145–146.

Bouchard, C. Brittain. *Rewriting Saints and Ancestors: Memory and Forgetting in France, 500–1200*. Philadelphia: University of Pennsylvania Press, 2015.

Bouillart, Jacques. *Histoire de l'abbaye royale de Saint-Germain des Prez*. Paris: G. Dupuis, 1724.

Bourgain, Pascale and Martin Heinzelmann. "L'oeuvre de Grégoire de Tours: la diffusion des manuscrits." *Supplément à la Revue archéologique du centre de la France* 13 (1997), 273–317.

Brennan, Brian. *Bishop and Community in the Poetry of Venantius Fortunatus*. PhD dissertation, Macquarie University, 1983.

——. "The Career of Venantius Fortunatus." *Traditio* vol. 41 (1985), 49–78.

——. "The Disputed Authorship of Fortunatus' Byzantine Poems." *Byzantion*, 66.2 (1996), 335–345.

Brundage, James. *Law, Sex, and Christian Society in Medieval Europe*. Chicago: University of Chicago Press, 1987.

Bothe, Lukas. "Mediterranean Homesick Blues" in *The Merovingian Kingdoms and the Mediterranean World: Revisiting the Sources*. Edited by Stefan Esders. New York: Bloomsbury, 2019.

Challamel, Augustin. *The History of Fashion in France: Or, the Dress of Women from the Gallo-Roman Period to the Present Time*. New York: Crown, 1882.

Chazan, Mireille. "Brunehaut, une femme d'etat" in *Chancels*. Societe des amis des arts et du Musée de la Cour d'Or, 2019, 3–10.

Cherewatuk, Karen. "Radegund and Epistolary Tradition" in *Dear Sister: Medieval Women and the Epistolary Genre*. Edited by Cherewatuk and Ulrike Wiethaus. Philadelphia: University of

Philadelphia Press, 1993, 20–45.

Clark, Elizabeth Ann. *Women in the Early Church*. Collegeville, MN: Liturgical Press, 1990.

Clarke, Gillian." *This Female Man of God": Women and Spiritual Power in the Patristic Age, ad 350–450*. London: Routledge, 1995.

Coates, Simon. "Regendering Radegund? Fortunatus, Baudonivia and the Problem of Female Sanctity in Merovingian Gaul." *Studies in Church History*, 34 (1998): 37–50.

Collins, Roger. "Gregory of Tours and Spain" in *A Companion to Gregory of Tours*. Boston: Brill, 2015. 498–515.

——. "Merida and Toledo, 550-585" in *Visigothic Spain: New Approaches*. Edited by Edward James. Oxford, UK: Clarendon Press, 1980: 189–219.

Crisp, Ryan Patrick. "Marriage and Alliance in the Merovingian Kingdoms, 481–639." PhD dissertation, Ohio State University, 2003.

Dailey, E. T. "Gregory of Tours, Fredegund, and the Paternity of Chlothar II: Strategies of Legitimation in the Merovingian Kingdoms." *Journal of Late Antiquity* 7.1 (2014), 3–27.

——. "Gregory of Tours and the Women in His Works: Studies in Sixth-Century Gaul." PhD dissertation, University of Leeds, 2011.

——. *Queens, Consorts, Concubines: Gregory of Tours and Women of the Merovingian Elite*. London: Brill, 2015.

Day, Hendrik. *The Afterlife of the Roman City: Architecture and*

Ceremony in Late Antiquity and the Early Middle Ages. Cambridge University Press, 2015.

de Jong, Mayke. "An Unsolved Riddle: Early Medieval Incest Legislation" in *Franks and Alamanni in the Merovingian Period: An Ethnographic Perspective.* Edited by Ian Wood. Woodbridge, 1998. 107–140.

Defente, Denis, Ed. *Saint-Medard: Tresors d'une Abbaye Royale.* Paris: Somogy, 1996.

Demoulin, Gustave. *Les Françaises Illustres.* Paris: Hachette, 1889.

Desrosiers, Sophie. "Luxurious Merovingian Textiles Excavated from Burials in the Saint-Denis Basilica, France in the 6th –7th Century." Textile Society of America Symposium Proceedings, September 2012.

Dolan, Autumn. " 'You Would Do Better to Keep Your Mouth Shut:' The Significance of Talk in Sixth-Century Gaul." *Journal of the Western Society for French History*, vol. 40 (2012).

Dronke, Peter. *Women Writers of the Middle Ages.* Cambridge, UK: Cambridge University Press, 1984.

Dumézil, Bruno. "Gogo et ses amis: ecriture, echanges et ambitions dans un reseau aristocratique de la fin du VIe siecle." *Revue Historique* 3.643 (2007): 553–593.

——. *Le Reine Brunehaut.* France: Fayard, 2008.

Dundes, Alan. *Cinderella: A Casebook.* Madison, WI: University of Wisconsin Press, 1988.

Dunn, Marilyn. *The Emergence of Monasticism: From the Desert Fathers to the Early Middle Ages*. Oxford, UK: Wiley-Blackwell, 2008.

Eckhardt, Karl August. *Studia Merovingica*. Aalen: Scientia, 1975.

Effros, Bonnie. *Caring for Body and Soul: Burial and the Afterlife in the Merovingian World*. University Park, PA: Penn State University Press, 2002.

——. *Creating Community with Food and Drink in Merovingian Gaul*. New York: Palgrave Macmillan, 2003.

——. *Merovingian Mortuary Archeology and the Making of the Early Middle Ages*. University of California Press, 2003.

——. "Monuments and Memory: Repossessing Ancient Remains in Early Medieval Gaul" in *Topographies of Power in the Early Middle Ages*. Edited by Mayke de Jong and Frans Theuws. Leiden: Brill, 2001: 93–118.

Erlande-Brandenburg, Alain. *Le roi est mort: études sur les funérailles, les sépultures et les tombeaux des rois de France jusqu'à la fin du 13e siècle*. Geneva: Droz, 1975.

Esders, Stefan. "'Avenger of All Perjury' in Constantinople, Ravenna and Metz: St. Polyeuctus, Sigibert I and the Division of Charibert's Kingdom in 568" in *Western Perspectives on the Mediterranean: Cultural Transfer in Late Antiquity and the Early Middle Ages, 400–800 AD*. Edited by Andreas M. Fischer and Ian N. Wood. London: Bloomsbury, 2014. 17–40.

Evans, James Allan Stewart. *The Age of Justinian: The Circumstances of Imperial Power*. London: Routledge, 2000.

Ewig, Eugen. "Die Namengebung bei den ältesten Frankenkönigen und im merowingischen Königshaus." *Francia*, 18 (1991): 21–69.

——. "Studien zur merowingischen Dynastie." *Frühmittelalterliche Studien* 8 (1974): 15–59.

Filerman, Robert. *Saxon Identities, AD 150–900*. New York: Bloomsbury, 2017.

Fossella, Jason. "Waiting Only for a Pretext: A New Chronology for the Sixth-Century Byzantine Invasion of Spain." *Estudios bizantinos* 1 (2013) 30–38.

Fox, Yaniv. "New *honores* for a Region Transformed: The Patriciate in Post-Roman Gaul." *Revue Belge de Philologie et d'Histoire*. 93.2 (2015): 249–286.

Fozi, Shirin. *Romanesque Tomb Effigies: Death and Redemption in Medieval Europe, 1000–1200*. Pennsylvania State Press, 2021.

Garver, Valerie L. "Childbearing and Infancy in the Carolingian World." *Journal of the History of Sexuality* (May 2012) 21.2: 208–244.

Gillett, Andrew. "Love and Grief in Post-Imperial Diplomacy: The Letters of Brunhild" in *Power and Emotions in the Roman World and Late Antiquity*. Edited by B. Sidwell and D. Dzino. Piscataway, NJ: Gorgias Press, 2010. 127–165.

Gerberding, Richard. *The Rise of the Carolingians and the Liber Historiae Francorum*. London: Clarendon, 1987.

Goffart, Walter. "Byzantine Policy in the West under Tiberius II and Maurice: The Pretenders Hermenegild and Gundovald (579–585)."

Traditio vol. 13 (1957): 73–118.

——. "The Frankish Pretender Gundovald, 582–585." *Francia* 39 (2012): 1–27.

——. "Foreigners in the *Histories* of Gregory of Tours." *Florilgium* vol. 4 (1982): 80–99.

Goldewijk, K. Klein, A. Beusen and P. Janssen. "HYDE 3.1: Long-Term Dynamic Modeling of Global Population and Built-Up Area In A Spatially Explicit Way." History Database of the Global Environment. Netherlands Environmental Assessment Agency (MNP), Bilthoven.

Grant-Hoek, Heike. *Die Frankische Oberschicht im 6. Jahrhundert: Studien zu ihrer rechtlichen und politischen Stellung.* Sigmarin gen: Thorbecke, 1976.

Gradowicz-Pancer, Nira. "De-Gendering Female Violence: Merovingian Female Honour as an 'Exchange Of Violence.'" *Early Medieval Europe* 11.1 (2002): 1–18.

Halfond, Gregory I. *Bishops and the Politics of Patronage in Merovingian Gaul.* Ithaca: Cornell University Press, 2019.

——. "Sis Quoque Catholicis Religionis Apex: The Ecclesiastical Patronage of Chilperic I and Fredegund." *Church History* 81.1, 2012: 48–76.

——. "War and Peace in the *Acta* of the Merovingian Church Councils." *The Medieval Way of War.* Vermont: Ashgate, 2005, 29–46.

Halsall, Guy. "Awkward Identities in Merovingian Trier." *Historian on the Edge* (blog). 21 September 2015.

——. *Cemeteries and Society in Merovingian Gaul*. London: Brill, 2009.

——. "Nero and Herod? The Death of Chilperic and Gregory's Writing of History" in *The World of Gregory of Tours*. Edited by Kathleen Mitchell and Ian N. Wood. Leiden: Brill, 2002: 337–350.

Halsall, Guy. *Settlement and Social Organization: The Merovingian Region of Metz*. Cambridge, UK: Cambridge University Press, 1995.

Handley, Mark A. "Merovingian Epigraphy, Frankish Epigraphy, and the Epigraphy of the Merovingian World." *The Oxford Handbook of the Merovingian World*. Edited by Bonnie Effros and Isabel Moreira. Oxford University Press, 2020: 556–582.

Harbeck, M., Seifert, L., Hänsch, S., et al. "*Yersinia pestis* DNA from Skeletal Remains from the 6th Century AD Reveals Insights into Justinianic Plague." *PLoS Pathog* 9(5) (2013).

Hardison, Jr., O. B. *Christian Rite and Christian Drama in the Middle Ages: Essays in the Origin and Early History of Modern Drama*. Baltimore: Johns Hopkins University Press, 1965.

Hartmann, Martina. "Die Darstellung der Frauen im Liber Historiae Francorum und die Verfasserfrage." *Concilium medii aevi* 7 (2004): 209–237.

Heather, Peter. *Rome Resurgent: War and Empire in the Age of Justinian*. Oxford, UK: Oxford University Press, 2018.

Heilig, Marc. "L'aqueduc de Gorze," *Archeographe*, 2011.

Hen, Yitzhak. "Gender and the Patronage of Culture in Merovingian Gaul" in *Gender in the Early Medieval World: East and West, 300–900.* Edited by Leslie Brubaker and Julia H. M. Smith. Cambridge, UK: Cambridge University Press, 2004. 217–233.

——. *Culture and Religion in Merovingian Gaul: A.D. 481–751.*

Hereberti, Suvia. *The Arnegunde Project: Conjectural Merovingian Clothing construction of the Mid 6th Century.* February 15, 2013. Accessed April 20, 2021.

Heydemann, Gerda. "Zur Gestaltung der Rolle Brunhildes in Merowingischer Historiographie," in *Texts and Identities in the Early Middle Ages.* Edited by Richard Conradini, Rob Means, Christina Pössel, and Philip Shaw. Vienna: Österreiche Akademie der Wissenschaften, 2006, 73–86.

Hillgarth, J. N., ed., *Christianity and Paganism, 350–750: The Conversion of Western Europe.* Philadelphia: University of Pennsylvania Press, 1986.

Hillner, Julia. "Empresses, Queens, and Letters: Finding a 'Female Voice' in Late Antiquity?'" *Gender & History* 31.2 July 2019. 353–382.

Horden, Peregrine. "Disease, Dragons, and Saints: The Management of Epidemics in the Dark Ages," in *Epidemics and Ideas: Essays on the Historical Perception of Pestilence.* Edited by Terence Ranger and Paul Slack. Cambridge, UK: Cambridge University Press, 1995. 45–76.

Hunt, Hannah. "Transvestite Women Saints: Performing Asceticism in Late Antiquity," in *RIHA Journal* 0225 (30 Sept 2019): 2–19.

Jones, Allen. *Social Mobility in Late Antique Gaul: Strategies and Opportunities for the Non-Elite*. Cambridge, UK: Cambridge University Press, 2009.

Kim, Hyun Jin. *The Huns*. London: Routledge, 2015.

Kirby, D. P. *The Earliest English Kings*. London: Routledge, 2000.

Klinkenberg, Emanuel. *Compressed Meanings: The Donor's Model in Medieval Art to around 1300*. Turnhout: Brepols, 2009.

Kroll, Jerome and Bernard S. Bachrach. *The Mystic Mind: The Psychology of Medieval Mystics and Ascetics*. New York: Routledge, 2005, 129–145.

Kurth, Godefroid. *Histoire Poetique des Merovingiens*. Paris: Picard, 1893.

——. *La Reine Brunehaut*. Paris: Bureaux de la Revue, 1891.

Kulikowski, Michael. "Plague in Spanish Late Antiquity" in *Plague and the End of Antiquity: The Pandemic of 541–750*. Edited Lester Little. Cambridge, UK: Cambridge University Press, 2007, 150–170.

Lasko, Peter. *The Kingdom of the Franks: Northwest Europe Before Charlemagne* New York: McGraw Hill, 1971.

Lenoir, Alexandre. *Museum of French Monuments*. Translated by J. Griffiths. Paris: The English Press, 1803.

Lestoquoy, Jacques. "L'étrange Histoire de la Chaussée Brunehaut." *Arras au temps jadis*. Vol. 3. Paris: Arras, 1946.

Lewis, A. R. "The Dukes of the Regnum Francorum, AD 550–751."

Speculum 51 (1976) 381–410.

Leglu, C. "The 'Vida'of Queen Fredegund in 'Tote Listoire de France': Vernacular Translation and Genre in Thirteenth-Century French and Occitan Literature." *Nottingham French Studies*, 56 (2017). p. 98–112.

Little, Lester, ed. "Life and Afterlife of the First Plague Pandemic," in *Plague and the End of Antiquity: The Pandemic of 541–750*. Cambridge, UK: Cambridge University Press, 2007. 3–32.

Longnon, Auguste. *Géographie de la Gaule au VIe siècle*. Paris: Hachette, 1878.

MacGeorge, Penny. *Late Roman Warlords*. Oxford, UK: Oxford University Press, 2002.

Martindale, J. R. *Prosopography of the Later Roman Empire Volume 3: AD 527–641*. Cambridge, UK: Cambridge University Press, 1992.

McClintock, John. *Cyclopædia of Biblical, Theological, and Ecclesiastical Literature,* Vol. 11. Harper, 1867.

McCormick, Michael, et al. "Climate Change during and after the Roman Empire: Reconstructing the Past from Scientific and Historical Evidence." *Journal of Interdisciplinary History*, 43:2 (Autumn, 2012), 196–197.

——. "Toward a Molecular History of the Justinianic Pandemic," *Plague and the End of Antiquity: The Pandemic of 541–750.* Edited by Lester Little. Cambridge, UK: Cambridge University Press, 2007, 290–312.

McKitterick, Rosamond. *History and Memory in the Carolingian World.*

Cambridge, UK: Cambridge University Press, 2004.

McNamara, Jo Ann Kay. *Sisters in Arms: Catholic Nuns through Two Millennia*. Cambridge, MA: Harvard University Press, 1996.

McRobbie, J., "Gender and violence in Gregory of Tours' *Decem libri historiarum*," PhD dissertation, University of Saint Andrews, 2012.

Mezei, Monica. "Jewish Communities in the Merovingian Towns in the Second Half of the Sixth Century as Described by Gregory of Tours." *Chronica* vol. 5 (2005) 15–25.

Montfaucon, Bernard de. *A Collection of Regal and Ecclesiastical Antiquities of France, Volume 2*.

Morony, Michael. " 'For Whom Does the Writer Write?' : The First Bubonic Plague Pandemic According to Syriac Sources" in *Plague and the End of Antiquity: The Pandemic of 541–750*. Edited by Lester Little. Cambrdige, UK: Cambridge University Press, 2007, 59–86.

Mosse, George L., *The Culture of Western Europe: The Nineteenth and Twentieth Centuries: An Introduction*. London: Murray, 1963.

Murray, Alexander C., ed. *A Companion to Gregory of Tours*. Boston: Brill, 2015.

——. "Immunity, Nobility, and the Edict of Paris." *Speculum* 69.1 (Jan 1994): 18–39.

Muschiol, Gisela. *Famula Dei. Zur Liturgie im merowingischen Frauenklöstern*. Münster: Aschendorff, 1994.

Nelson, Janet. "Queens as Jezebels: The Careers of Brunhild and Balthild in Merovingian History," in *Medieval Women*. Edited by

Derek Baker. Oxford, UK: Blackwell, 1978.

Norris, Herbert. *Costume and Fashion: The Evolution of European Dress through the Earlier Ages.* London: J. M. Dent & Sons, 1925.

Panofsky, Erwin. *Tomb Sculpture: Four Lectures on Its Changing Aspects from Ancient Egypt to Bernini.* New York: H. N. Abrams, 1964.

Périn, Patrick. "Saint-Germain-des-Pres, Rremiere Necropole des Rois de France." *Médiévales* 31, (1996): 29–36.

——. "Portrait Posthume d'une Reine Mérovingienne. Arégonde (c. 580), Épouse de Clotaire Ier (c. 561) et Mere de Chilpéric Ier († 584)." *Settimane di studio della Fondazione Centro italiano di studi sull'alto Medioevo* 62 (2015): 1001–1048.

Peterson, Leif Inge Ree. *Siege Warfare and Military Organization in the Successor States (400–800 AD): Byzantium, the West and Islam.* London: Brill, 2013, 206–223.

Pohl, Walter. *The Avars: A Steppe Empire in Central Europe, 567–822.* Ithaca: Cornell University Press, 2018.

Prinz, Freidrich. *Frühes Mönchtum im Frankenreich. Kultur und Gesellschaft in Gallien, den Rheinlanden und Bayern am Beispiel der Monastischen Entwicklung.* Munich: Oldenbourg, 1965.

"The Queen's Royal Footwear." *Shoe Museum Lausanne.* 2014.

Rabben, Linda. *Sanctuary and Asylum: A Social and Political History.* Seattle: University of Washington Press, 2016.

Reimitz, Helmut. *History, Frankish Identity and the Framing of Western Ethnicity, 550–850.* Cambridge, UK: Cambridge University Press,

2015.

Riché, Pierre. *Education and Culture in the Barbarian West, Sixth through Eighth Centuries*. Columbia, SC: University of South Carolina Press, 1976, 210–246.

Roberts, Michael. *The Humblest Sparrow: The Poetry of Venantius Fortunatus*. Ann Arbor, MI: University of Michigan Press, 2009.

Rouche, Michel. "Brunehaut Romaine ou Wisigothe?" *Los Visigodos. Historia y Civilizacîon* vol. 3. Universidad de Murcla, 1986: 103–115.

Samson, Ross. "The Residences of Potentiores in Gaul and Germania in the Fifth to Mid-Ninth Centuries." PhD dissertation, University of Glasgow, 1991.

Scheibelreiter, Georg. "Die fränkische Königin Brunhild. Eine biographische Annäherung," in *Scripturus vitam: Lateinische Biographie von der Antike bis in die Gegenwart*. Edited by Dorthea Walz. Heidelberg, Germany: Mattes, 2002, 295–308.

Schoenfeld, Moritz. *Wörterbuch der altgermanischen personen-und völkernamen; nach der überlieferung des klassischen altertums*. Heidelberg, Germany: C. Winter's University, 1911.

Southon, Emma. "Inventing Incest in Early Medieval Europe." *Notches*. 31 Oct 2017.

——. *Marriage, Sex and Death: The Family and the Fall of the Roman West*. Amsterdam: Amsterdam University Press, 2017.

Stafford, Pauline. *Queens, Concubines and Dowagers: The King's Wife in the Early Middle Ages*. London: Batsford, 1983.

——. "Powerful Women in the Early Middle Ages: Queens and Abbesses" in *The Medieval World*. Edited by P. Linehan and J. L. Nelson. London: Routledge, 2001, 398–415.

Stoclet, Alain. "*Consilia humana, ops divina, superstitio*: Seeking Succor and Solace in Times of Plague, with Particular Reference to Gaul in the Early Middle Ages." *Plague and the End of Antiquity: The Pandemic of 541–750*. Edited by Lester Little. Cambridge, UK: Cambridge University Press, 2007, 135–149.

Thiebaux, Marcelle. *The Writings of Medieval Women: An Anthology*. London: Routledge, 1994.

Tillet, Jean du. *Recueil des rois de France*. Bibliotheque Nationale de France, 1566.

Thomas, E. J. "The 'Second Jezebel': Representations of the Sixth-Century Queen Brunhild." PhD dissertation, University of Glasgow, 2012.

Thompson, E. A. *The Goths in Spain*. Oxford, UK: Clarendon Press, 1969.

Trapp, Julien, and Sébastien Wagner. *Atlas Historique de Metz*, 2nd edition, Editions des Paraiges, 1992.

Ubl, Karl. *Inzestverbot und Gesetzgebung: Die Konstruktion eines Verbrechens (300–1100)*. De Gruyter, 2008.

Underwood, Douglas. *(Re)using Ruins: Public Building in the Cities of the Late Antique West, A.D. 300–600*.
Boston: Brill, 2009.

Van Dam, Raymond. *Saints and Their Miracles in Late Antique Gaul*.

Princeton, NJ: Princeton University Press, 1993.

Viard, Jules. *Les grandes chroniques de France.* Paris: Librairie Ancienne Honore Champion, 1789.

Verpeaux, Nathalie. "Saint-Andoche et Saint-Jean-le-Grand: Des Religieuses à Autun au Moyen Âge." PhD dissertation, Sorbonne, 2009, rtp in *Bulletin du centre d'études médiévales d'Auxerre* 14 (12 Oct 2010).

Wagner, Pierre-Édouard. "La 'Cour d'Or,' Palais Royale de Metz?" *Chancels.* Societe des Amis des Arts et du Musée de la Cour d'Or, 2019, 11–18.

Wagner, Richard. Translated by Stewart Robb. *The Ring of the Nibelung.* Dutton, 1960.

Wallace-Hadrill, J. M. "The Bloodfued of the Franks." *Bulletin of the John Rylands Library* 41.2 (1959): 459–487.

——. *The Long-Haired Kings and Other Studies in Frankish History.* Toronto: University of Toronto Press, 1982.

Wards-Perkins, Bryan. "Constantinople, Imperial Capital of the Fifth and Sixth Centuries." *Sedes regiae (ann. 400–800).* Edited by Gisela Ripoli and Joseph Gurt. Barcelona, 2000. 63–81.

Wells, Peter S. *Barbarians to Angels: The Dark Ages Reconsidered.* New York: Norton, 2008.

Wemple, Suzanne Fonay. *Women in Frankish Society: Marriage and the Cloister, 500 to 900.* Philadelphia: University of Pennsylvania Press, 1981.

Wickham, Chris. *Framing the Early Middle Ages: Europe and the*

Meditarranean. Oxford, UK: Oxford University Press, 2006.

Widdowson, Marc. "Gundovald, 'Ballomer' and the Problems of Identity." *Revue Belge de Philologie et d'Histoire Année 2008* 86.3–4: 607–622.

Wijingaards, John. *No Women in Holy Orders?: The Women Deacons of the Early Church.* Norwich, UK: Canterbury Press, 2002.

Willard, Hope. "Friendship and Diplomacy in the *Histories* of Gregory of Tours" in *The Merovingian Kingdoms and the Mediterranean World: Revisiting the Sources*. Edited by Stefan Esders. New York: Bloomsbury, 2019.

Wilson, Stephen. *The Means of Naming: A Social and Cultural History of Personal Naming in Western Europe.* London: Routledge, 2000.

Wood, Ian N. *The Merovingian Kingdoms: 450–751.* London: Longman, 1994.

——. "The Secret Histories of Gregory of Tours." *Revue Belge de Philologie et d'Histoire* 71. 2 (1993): 253–270.

——. "Chains of Chronicles: The Example of London, British Library ms. add. 16974" in *Zwischen Niederschrift und Wiederschrift*. Edited by Richard Corradini, Maximilian Diesenberger, Meta Niederkorn-Bruck. Vienna, 2010, 67–75.

——. "The Mission of Augustine of Canterbury to the English." *Speculum* 69.1 (Jan 1994): 1–17.

Woolf, Henry B. *The Old Germanic Principles of Name-Giving.* Baltimore: Johns Hopkins University Press, 1939.

Wright, Craig. *Music and Ceremony at Notre Dame of Paris, 500–1550.*

Cambridge, UK: Cambridge University Press, 2009.

二次文献（其他）：

Aggrawal, Anil. "Poisons in Myths, Legends, Folklore, Literature, and Movies." Guest Editorial. *Internet Journal of Forensic Medicine and Toxicology*. 2009.

Ahlfeldt, Johan. "Tribonum: a Pleiades place resource." *Pleiades: A Gazetteer of Past Places*. 2012.

Al-Rodhan, Nayef. "The neurochemistry of power has implications for political change." *The Conversation*. 28 Feb 2014.

Antique Paris. Ministere de la Culture, France.

Brown, Katharine et al. *Guide to Provincial Roman and Barbarian Metalwork and Jewelry in the Metropolitan Museum of Art* (exhibition catalogue). The Met, 1981.

Castro, Luis de Salazar y, *Historia Genealógica de la Casa de Lara*. Vol.1. Madrid, 1696: 45.

Chevallier, Jim. "French Bread History: Gallo-Roman bread." *Les leftovers* (blog). 16 Feb 2016.

——. "Food in Frankish laws." *Les leftovers* (blog). 21 June 2014.

Clay, John Henry. "Brunhild: The Original Queen Cersei." *History behind Game of Thrones*. 16 Sept 2014.

Cochini, Christian. *Apostolic Origins of Priestly Celibacy*. Ignatius Press, 1990.

Coote, Stephen, Ed. *Penguin Book of Homosexual Verse*. Harmondsworth:

Allen Lane, Penguin, 1983. (Fortunatus poem "Written on an Island off the Breton Coast" on p. 112)

Edwards, Charlotte. "Eerie ancient sarcophagus cracked open to reveal 1,500 year old French skeleton from mystery 'Merovingian' period." *The Sun*. 19 August 2019.

"Fredegund, the 'Real Cersei Lannister.'" *Badasses Through History*. 25 Dec 2016.

Forbes, Charles. (Comte de Montalembert) *The Monks of the West*. Book 6: *The monks under the first Merovingians*. Edinburgh: W. Blackwood & Sons, 1861.

"Gender Ratio." *Our World in Data*. University of Oxford.

Gibbons, Ann. "Why 536 was 'the worst year to be alive.'" *Science*. 15 Nov 2018.

"La Reine Brunehaut." *Office de Tourisme du Cambrésis*. 2000.

Larrington, Carolyne. *Winter is Coming: The Medieval World of Game of Thrones*. London: Bloomsbury, 2015.

Macintosh, Robin. *Augustine of Canterbury*. Canterbury Press, 2014.

Marusek, James A. *A Chronological Listing of Early Weather Events*. SPPI Reprint Series, 2011.

"Merovingian Archeology." Rural Riches Project at Leiden University (the Netherlands).

Okey, Thomas. *The Story of Paris*. London: J. M. Dent, 1904.

Oman, Sir Charles William Chadwick. *The Dark Ages, 476-918*. Rivingtons, 1908.

O'Neill, Dennis. *Passionate Holiness: Marginalized Christian Devotions for Distinctive Peoples.* Trafford Publishing, 2010.

ORBIS: The Stanford Geospatial Network Model of the Roman World. Stanford University.

Palmer, James. "The Lost Civilisation of the Merovingians." *Merovingian World* (blog). 23 Jan 2020.

Richter, Joannes. "King Chilperic I's Letters ($\Delta\,\Theta Z\Psi$) may be found at the beginning ("Futha") of the runic alphabet and at the end (WIJZA) of the Danish alphabet."

Sellner, Edward. *Finding the Monk Within.* New Jersey: The Paulist Press, 2008.

"Solving the Mystery of the Mummified Lung." *Archaiologia Online* 19 April 2016.

Thierry, Augustin. *Tales of the Early Franks.* 1840. Translated by M. F. O. Jenkins. University of Alabama Press, 1977.

Wagner, Richard. *Der Ring des Nibelung.* Mainz: Schott, 1876.

Wexler, Philip, Ed. *Toxicology in Antiquity.* 2nd edition, London: Academic Press, 2019.

Wyman, Patrick. "The Decline and Fall of the Roman City." *Tides of History* podcast, 14 Nov 2017 (13: 44 point in audio).

Young, George, P. Frederick. *East and west through fifteen centuries.* Longmans, Green & Co, 1916.

注　释

关于简写的注释：

我在全书中使用下列简写：

HF——图尔主教格雷戈里所著 *Decem libri historiarum*（《法兰克人史》）。除非另有说明，都是指路易斯·索普的译本。

LHF——*Liber historiae Francorum*

DvsR II——Baudonivia's *De vitae sanctae Radegundis, Liber II*

作者的话：影子王后

1. 历史学家 Janet Nelson（p.287）、Emma Jane Thomas（p.185）和 Ian Wood（*Merovingian Kingdom*，p.120）表达了这一观点。
2. 这个说法认为墨洛温王室是基督耶稣和抹大拉的玛利亚的后代，其首次广泛传播是在1982年出版的《圣血与圣杯》（*The Holy Blood and the Holy Grail*）一书中。
3. 德语为"wer—bin ich, / war' ich dein Wille nicht？"参见 Wagner,

Der Ring des Nibelungen，p.36。

人物

1 克洛维名字的意义来自德语中Chlodovech一词。他的名字及本节中其他所有名字的含义，都来自Schoenfeld或Wilson，p.71—73。

2和3 法兰克人名字的拼写差别非常大，就算是在原始文献中，同一个名字也会出现不同的版本。我采用了伊恩·伍德（Ian Wood）在《墨洛温王朝》（*Merovingian Kingdom*）中的版本，因此是"西吉贝尔特"和"布隆希尔德"（有两个例外，分别是"提乌德希尔德"和"提乌德利亚"。对于那些以Chl-开头的名字，我采用了更简单的以Cl-开头的版本）。

4 参见Fortunatus，9.1（George p.74）。

第一章 梅兹的婚礼

1 关于这个年份有一些异议。有的学者认为，这场婚礼要在整整一年前举办，即566年的春天。然而，其他人（比如Pohl、Heather和Kim）证明，在566年的春天，西吉贝尔特正忙着攻打阿瓦尔，因此无暇为了婚礼前往梅兹。

2 Forbes, *The Monks of the West*, p.500："或是橡木，它们倒下的树干，就算是四十个男人也很难移动。"

3 见关于六世纪圣罗南的布列塔尼神话，他被指控能变成狼。

4 即传言三世纪出现在梅兹的格拉利龙或五世纪的巴黎龙，它们都被主教们消灭了。

5 见561年的奥塞尔会议，它试图取缔异教习俗，比如"在树林中或神圣的树木、泉水旁庆祝履行誓约""用木头制作脚或人的形象"（引自 Hillgarth, *Christianity*, p.103）。

6　*HF*, 4.27: *cum magnis thesauris.*

7　一份十世纪的章程提到了"*mansus infra muros mettis qui dicitur aurea*"，即"梅兹一座宫廷内部的墙被称为'黄金'"。这个别称的来源尚不清楚；也许是来自附近前罗马浴场屋顶上的黄金穹顶（见 Wagner, *Chancels*），又或是因为法兰克人对战利品和艳俗黄金装饰品的喜爱。

8　关于这座墨洛温宫殿的位置，有一些争论；一度认为它是在圣十字山上的旧**总督府**（比如，见 Fisher and Wood, *Western Perspectives*, p.30 and 32）；现已证实这座宫殿实际上位于古罗马广场上的一座古老的大教堂（挨着这里修建了如今的大教堂），这有赖于 Pierre-édouard Wagner 的研究；另见 Halsall, *Settlement*, p.233。

9　Trier-Lyon and Reims-Strasbourg.

10　参见 Murray, *A Companion*, p.594 的地图。

11　Fortunatus, 6.1 (George, p.26).

12　关于这个时期纹身依然十分流行的证据见 Norris, *Costume and Fashion*, p.228；关于更早期的流行，见 Challamell, *History of Fashion*, p.13。

13　这里提及的是圣皮埃尔欧诺南教堂，更多细节见 Trapp and Wagner, *Atlas*, p.78。

14　对墨洛温王朝城镇的描述见 Samson, *Residences*, p.47—48。

15　例如桑利、卡奥尔、阿尔、尼姆等城市。参见 Underwood, *(Re)*

using Ruins, p.74—75。

16　参见Heilig, *Archeographe*。

17　Fortunatus, 6.3 (Roberts, p.360).

18　*HF*, 4.27.

19　Wells, Barbarians, p.139.

20　根据Ewig的估计，出生日期在545至550年之间，参见"Die Namengebung"，p.58。也有资料把布隆希尔德的出生日期提前至534年，但是对于这个时期的国王来说，直到女儿三十三岁才把她嫁出去实在是太奇怪了。似乎也有其他基于布隆希尔德去世时的年龄来计算的出生日期，但是这些说法主要是根据她的容貌来推断的。在那个时代，年龄上下浮动或是夸大某人的年龄也很常见。

21　Fortunatus, 6.1.

22　Fortunatus, 6.1 (George, p.31).

23　Fortunatus, 6.1 (Roberts, p.357).

24　Fortunatus, 6.1 (Roberts, p.355).

25　*HF*, 4.27, p.221.

26　多个世纪之后做成的塑像……颧骨又很高：来自西吉贝尔特在苏瓦松圣梅达尔的坟墓，参见Montfaucon Plate XII, p.44（相关图片在p.14）。

27　西吉贝尔特的姨妈有一头金发，见Hereberti。他的很多祖先也是如此，见Sidonius Appollinaris对法兰克公主西吉斯默（Prince Sigismer）的描述（letter 4.20, vol.2, p.35），他还提到，很多法兰克人有着灰蓝色的眼睛（vol.1, p.81）。关于法兰克人金发碧眼的描述，也可以在一个世纪前 Ausonius 撰写的一篇记述中找到，在很多世纪前，Virgil 和 Tacitus 的作品中提到，所有的日耳曼部落几乎都是金发或红发。

28 Fortunatus, 6.1 (George, p.28: *Sigibert amans Brunhildae carpitur igne*).

29 根据希尔佩里克的坟墓，参见 Montfaucon Plate XI, p.42。

30 见 Bachrach, *Anatomy*, p.11；书中声称这段共同的边境有 500 公里。

31 *HF*, 4.28: *quam prius habuerat.*

32 甚至是"古怪的"，见 Bachrach, *Early Medieval Jewish Policy*, p.56。

33 关于奴隶生命的价值，见 *Pactus Legis Salicae*, 10.6 和 25.9；关于猎狗的价值，见 6.1—6.3；奶牛见 3.1—3.6。

34 参见 Ann Gibbon 发表于 *Science* 上的文章。

35 Harbeck et al., in *PLoS Pathog* 9(5).

36 更多奴隶在这一时期逃跑的证据，见 Little, *Plague*, p.23。

第二章　会见法兰克人

1 根据 Sidonius Apollinaris 的诗歌 *Panegyric on Majorian*（翻译见 Norris, *Costume and Fashion*, p.227）。

2 Ibid.

3 参见 Apollinarius 在 vol. 1, p.82—83 及 vol. 2, p.139 中的描述。

4 Procopius, *History of the Wars*, 6.25.

5 Fredegar, 3.9.

6　Fredegar, 2.4—2.6.

7　*HF*, 4.27, p.221.

8　这位国王各种纠葛的证据，见 *HF*, 4.25–4.26 and 4.28。

9　参见 Dailey Chap 5（*Queens, Consorts, Concubines*），尤其是 p.101 和 p.105。

10　见 Bachrach, *Anatomy*, p.183, note 67；对西吉贝尔特贞操的解释如下：Fortunatus, 6.1 和 *HF*, 4.27。

第三章　查理贝尔特的终结

1　Trapp and Wagner, *Atlas*, p.77.

2　摩泽尔河和罗纳河及莱茵河的河道也有连接，将商船和外国商品运送进城市。

3　Fortunatus, 3.13 (George, p.1).

4　这座宫殿高52英尺，按现代的标准大概是四到五层楼那么高，参见 Trapp and Wagner, *Atlas*, p.36。

5　根据 Honorius，角斗士比赛在404年是违法的；关于动物狩猎的记录可以在 *HF*, 8.36 找到，它提到国王透过他的窗户观看一些"野兽"在竞技场被一群狗追逐。

6　见 Riché, *Education*, p.256，描述了布隆希尔德成长于其中的西哥特宫廷是如何效仿更加豪华的拜占庭宫廷的。

7　见 Riché, *Education*, p.245—246；关于流行的小丑和哑剧的其他信息，见 Hen, *Culture and Religion*, p.228—231。

8　布隆希尔德自己信件以外的证据，见 Chazan3–4 和 Dumezil, *Brunehaut*, p.71。

9　Riché, *Education*, p.221.

10　*HF*, 4.26: *qui ut processit ex alvo, protinus delatus est ad sepelchrum.*

11　见 Provision 30 in the 561 Council of Auxerre and Provision 8 in 561 Precept，也见 Hillgarth，*Christianity*，p.104 and p.110；另见 Southon，*Marriage*，*Sex and Death*，p.42。

12　2020年波士顿红袜队媒体指南列出了这个体育场的最大座席容量是37755人；在这个时期，巴黎的全部人口最多估计是20000—30000人。

13　名为 Lutetia。

14　一旦跨过塞纳河，这条路线就会直通西岱岛（见 Day，*Afterlife*，p.165）。地图见 *Antique Paris*，"The Early Roman City：The grid layout"。

15　这个过程依据的是克洛维进入巴黎的过程，见 *HF*，2.38。

16　Fortunatus, 6.2 (Roberts, p.363).

17　Fortunatus, 6.2 (Roberts, p.365).

18　Fortunatus, 6.2 (George, p.37).

19　Ibid.

20　参见 the Decretum Gelasianum（decree of Pope Gelasius I）。

21　虽然阿里乌斯教最终被镇压了，但它从未完全灭亡。它的信仰将在宗教改革期间再次出现（比如，见 John Assheton 或 Michael Servetus 的传道），并活跃在如今的唯一神论者和耶和华见证人的教义中。

22　Aiglan 如此宣称，他是一位西班牙派至希尔佩里克国王宫廷的教廷使节，见 *HF*，5.43，p.310。

23 图尔主教格雷戈里的回应,见 *HF*, 5.43,p.310。

24 Wood认为,教会正在成为"心理压迫的权力集团",见 *The Merovingian Kingdoms*,p.72。

25 Halfond, "War and Peace", p.29.

26 567 Council of Tours, Canon 15 (14) in *Concilia*, p.125–126.

27 六世纪已婚教士名单,见Cochini, *Apostolic Origins*, p.109—116(更早的例子,见p.84—108)。

28 参见535 Council of Clermont, Canon 13, 以及567 Council of Tours, Canon 13（12）in *Concilia*, p.68 and p.125。

29 567 Council of Tours, Canon 20 (19) in *Concilia*, p.127–128.

30 见主教们写给图尔民众的信件(*Les canons des conciles mérovingiens*, p.395)。对这封信的描述,见Dumezil, *Brunehaut*, p.144, note 41 和 Ubl, *Inzestverbot*, p.163。

31 567 Council of Tours, *Concilia*, p.121.

32 注意,查理贝尔特的父亲曾被驱逐过,但只是被一个主教驱逐(见Gregory, *Liber Vitae Patrum*, 17.2, p.109)。这个举动并没有得到其他主教的支持,因此也没有这么严重。

33 Thierry, p.17.

34 the *Blavia castellum*, *LHF*, p.31.

35 Dumézil, *Brunehaut*, p.154.

36 *HF*, 4.26, p.221.

37 他们会面的地点是贡特拉姆的首都,推论见Thierry, *Tales*, p.17。

38 the Latin *indigne*, *HF*, 4.26.

39　*HF*, 4.26, p.221.

40　贡特拉姆的第三个妻子是奥斯特拉希尔德（Austrechild）；关于她的更多背景见 *HF*，5.17 and 5.20；Fredegar，3.56。

41　国王有三个女儿，分别是贝尔特夫蕾德、克洛提尔德和贝尔塔。贝尔特夫蕾德被送到了英格利特在图尔的修女院（*HF*, 9.33）；克洛提尔德被送到拉德贡德在普瓦提埃的修女院（*HF*, 9.39）；贝尔塔在她的晚婚之前，似乎也被送到了拉德贡德的修女院（Dunmezil，*Brunehaut*，p.287—289）。注意，查理贝尔特的第一任妻子已经在修女院了，她在那里度过了漫长的人生（*HF*，9.26）。

42　*HF*, 4.26, p.221.

43　Ibid.

44　Ibid.

第四章　新盟友

1　参见 *HF*，6.24："这不是我儿子。"

2　Bachrach, *Anatomy*, p.6.

3　Ibid.

4　Bachrach, *Anatomy*, p.6.

5　*HF*, 7.36.

6　Bachrach, *Anatomy*, p.13.

7　Bachrach, *Anatomy*, p.13 and note 67 on p.183.

8　*HF*, 6.24.

9　Esders, "Avenger", p.26.

10　*HF*, 4.23.

11　*HF*, 4.45 and 4.47.

12　*HF*, 4.47.

13　*HF*, 6.46.

14　Thomas,"Second Jezebel",p.37–41；Ahlfeldt,"Tribonum".注意，Tribonum（特里博努姆）现在被称为Trébosc。

15　the Treaty of Andelot in *HF*, 9.20.

16　Wemple, *Women*, p.39.

17　Wemple, *Women*, p.39–40.

第五章　给拜占庭的信

1　Esders,"Avenger",p.29–31.

2　Evans, *Age of Justinian*, p.263–264.

3　Kroll and Bachrach, *Mystic Mind*, p.129.

4　瓦尔德特拉达（Vuldetrada），一位伦巴德人公主（*HF*，49），他似乎打算娶她，但是他的"主教们牢骚满腹"，他也无法说服自己的贵族们。

5　*HF*, 7.14.

6　分别位于佩罗讷（Péronne）、阿蒂（Athies）和赛村（Saïx）；参见Dunn, *Emergence*, p.108。

7　Kroll and Bachrach, *Mystic Mind*, p.130.

8　Fortunatus, *Radegundis* 12 (McNamara, p.75).

9　Fortunatus, *Radegundis* 17 (McNamara, p.77).

10　Fortunatus, *Radegundis* 17 and 19 (McNamara, p.77–78).

11 Fortunatus, *Radegundis* 20 (McNamara, p.78–79).

12 Baudonivia, *DvsR II*, 4 (p.88).

13 Ibid.

14 Ibid.

15 McNamara, *Sisters*, p.98.

16 Radegund, "De excidio"（Roberts，p.761）："苍白的灰烬取代了曾经鲜艳的天花板，它在明亮的金属护套上闪着白光"，以及"头发比跳动的火焰更加闪耀的侍从，横躺在地板上，脸色像牛奶一样苍白"。

17 福图纳图斯在自己的诗中提到，他是在回应拉德贡德的诗歌。

18 我是根据自己在文学上的学术经验作出这样的判断的。与福图纳图斯其他两首以女性身份述说的诗（6.5和8.3）相比，这首诗中的情感宣言似乎更加微妙和内敛。

19 承认作者是拉德贡德的学者包括Karen Cherewatuk、JoAnn McNamara、Charles Nisard、Jozef Szövérffy和Marcelle Thiebaux。

20 采用这种观点的学者包括Peter Dronke、Jerzy Strzelczyk和Anna Maria Wasyl。

21 Radegund, "De excidio" (Roberts, p.761).

22 Ibid.

23 Radegund, "De excidio" (Roberts, p.765).

24 Radegund, "De excidio" (Roberts, p.763).

25 Radegund, "De excidio"（Roberts，p.769："重新唤［醒］我干涸的眼泪"）。

26 Radegund, "De excidio" (McNamara, p.65).

27　Ibid., p.70.

28　Baudonivia, *DvsR II*, 16 (p.98).

29　Bachrach, *Anatomy*, p.23.

30　*HF*, 4.40; Bachrach, *Anatomy*, p.24.

31　Baudonivia, *DvsR II*, 16 (p.99).

32　Fortunatus, 6.5.

33　Fortunatus, 6.5 (George, p.46).

34　同上。注意，福图纳图斯让加尔斯温特乘坐银顶马车到达普瓦提埃，接着前往图尔，然后"乘坐桤木船"（某种渡船）穿过维恩。接着，"缓缓流动的卢瓦尔河""迎接"了她，接着是塞纳河，然后在鲁昂结束了她的旅程。这段话意味着，加尔斯温特在旅程的后半段转乘船。另外，斯坦福的ORBIS记载了一条传统的罗马线路，从托莱多到紧靠福图纳图斯描述的各个落脚处：普瓦提埃、图尔，接着是奥尔良，然后乘船经过巴黎，向北到鲁昂。

35　Ibid.

36　*HF*, 4.28, p.222.

第六章　奴隶王后

1　Chevallier, "French Bread History".

2　对法兰克人食物的概述见Wells, *Barbarians*, p.134—135；主要使用的调料、蔬菜和特殊食谱，比如酱汁牛肉，见Anthimus, *On the Observance of Foods*；另见Effros, *Creating Community with Food and Drink in Merovingian Gaul*。

3 Anthimus说培根是"法兰克佳肴"（p.55），还收入了很多如何更好地制作它的方法；*Pactus Legis Salicae* 第9条和第27条中关于偷窃猪的行为的赔偿金，证明了这种食物的价值。

4 关于蜂箱的价值，见 *Pactus Legis Salicae* 第8条。

5 Derosiers，"Luxurious"，p.1 and p.6；关于石榴石的重要性和石榴石贸易的更多信息，见 Birgit Arrhenius，*Merovingian Garnet Jewellery：Emergence and Social Implications*（Stockholm：Kungl，1985）。

6 关于弗蕾德贡德发色的推测，见 Jean Du Tillet 所绘这位王后的图像（*Recueil des rois de France*，F.24-25v）。

7 关于墨洛温王朝奴隶贸易的更多资料，见 Jones，*Social Mobility*，p.171—172 和 Bothe 在 *The Merovingian Kingdoms and the Mediterranean World* 中的整章内容。

8 参见维基百科和众多家谱网站上所列。

9 *HF*, 4.28: *Ad extremum enim suggillari iussit a puero, mortuamque repperit in strato.*

10 *Grandes Chroniques de France*, Paris, BNF, Fr. 2813, fol. 31 recto. via GALLICA.

11 *Grandes chroniques de France* MS M.536 fol. 26r via the Morgan Library.

12 *LHF*，31（Murray，p.625-626）.广泛认为，*LHF*在727年左右被重写过。

13 *LHF*, 31 (Murray, p.625).

14 Ibid.

15 Ibid.

16 格里高利二世在721年的罗马主教会议上提出；见Southon, "Inventing Incest"。

17 比如，见584—585年左右柳维吉尔德国王用拉丁语写给弗蕾德贡德的信件，引用见 *HF*, 8.28。她的读写能力的其他证据，可以从她同她的萨克森臣民以及布列塔尼国王瓦罗克的交流推测出来，见 *HF*, 10.9 and 10.11，还有其他司法审判，以及与将领们的来往信件。

18 Fortunatus, 6.5 (George, p.40–50).

19 Ibid.

20 Ibid.

第七章 国王的人马

1 *HF*, 4.28.

2 Riché, *Education*, p.231.

3 Halsall, *Settlement*, p.37.

4 Lewis, "The Dukes", p.391.

5 Halsall, *Settlement*, p.37.

6 见Lewis，386。注意，在普罗旺斯和勃艮第南部，这些地区被罗马统治的时间最长，也是最近才被征服的，还有一些贵族有其他头衔——**总督**（rector）或**贵族**（patrician），它们大致和公爵的地位相当。Lewis宣称有六位贵族、三位总督。关于这些地位的描述也见Fox，p.249。

7 Lewis, "The Dukes", p.392.

8 主要是公国，见 Ibid., p.399。

9 参见 Patrick Wyman 的播客 *Tides of History*。

10 福图纳图斯称赞戈哥的辩论才能："用你那甜美口才的花蜜，你胜过了蜜蜂。"(7.1) 鉴于蜜蜂（以及蜂蜜）在墨洛温王朝世界的重要性，这着实是高度赞扬。

11 戈哥大约出生于544年；我们知道他是在581年，即三十七岁时过世的；见 Bischoff, *Epitaph Gogo*。

12 Fredegar, 3.59.

13 Dumézil, *Brunehaut*, p.137.

14 他的部分作品保存到了现在：两封信、两篇圣徒传，以及一首诗 "*laeta sendes filomella fronde*"。见 Dumézil, "Gogo et es amis", p.571；*Grammatici Latini*, vol. 5, ed. Henri Keil, Leipzig：Teubner, 1857, p.579, 1.13–1.14。

15 Fortunatus, 6.9 (George, p.55).

16 Fortunatus, 7.7.

17 为了让读者更好理解，我经常把贡特拉姆·博索称为博索公爵。已知在格雷戈里的编年史书后面部分，还提到了另一个博索公爵。出现在7.38和9.31处的这个博索公爵是另一个人。

18 Dumezil, *Brunehaut*, p.140.

19 Fortunatus, 6.5 (George, p.41).

20 Ibid.

21 Fortunatus, 6.5 (George, p.49).

22 Fortunatus, 6.5（George, p.48）和 Gregory, *HF*, 4.28 都有提到。

23 Dumezil, *Brunehaut*, p.169.

24　*HF*, 8.4.

25　Thierry, *Tales*, p.25.

26　Ibid.

27　*HF*，3.31；这是阿玛拉逊莎王后（Queen Amalasuntha）的赔偿金。

第八章　围城

1　*HF*, 4.49.

2　Germanus (Ferrante, *Epistolae*).

3　Fortunatus, 6.1 (George, p.28).

4　Germanus (Ferrante, *Epistolae*).

5　Horden, "Disease, Dragons, and Saints", p.68.

6　这是鲁夫雷堡（Forêt de Rouvray），一直向西延伸到了鲁昂。

7　*HF*, 2.14.

8　Van Dam, *Saints*, p.63-66; Roberts, *The Humblest Sparrow*, p.106-122.

9　Fortunatus，5.3；另见Roberts，*The Humblest Sparrow*，p.106-122。

10　*HF*, 4.47, p.244.

11　*HF*, 4.51, p.247.

12　*HF*, 4.51, p.248.

13　*HF*, 5.22: *a se abiecit et perdere voluit*（J. Holland）.

14　*HF*, 5.22, p.288.

15　*HF*, 5.22.

16 *HF*, 5.22: *obiurgata a rege* (J. Holland).

17 *HF*, 5.22.

18 *HF*, 4.51.

19 Vitry-en-Artois; *HF*, 4.51.

20 Thierry, *Tales*, p.43.

21 *HF*, 4.51.

22 Thierry, *Tales*, p.43.

23 使用这句话（拉丁语是Vivat rex）的证据见*HF*，8.1。

24 *HF*, 4.51.

25 有的陈列在梅兹的金王宫博物馆（2019年8月）。

26 *Pactus Legis Salicae*, 6.1, 17.2 and 119.3.

27 罗马人对不同毒药的认识，见Galen、Nicander和Scribonius Largus的作品。古人在箭矢上使用蛇毒的历史十分悠久，包括某些高卢人，见Wecler, *Toxicology*, p.246—249。更多关于狼毒的材料见Aggrawal, "Poisons"。（注意，狼毒也被称为附子草或乌头。）

28 *HF*, 4.51.

29 *HF*, 4.51, p.248.

30 Ibid.

31 Fredegar, 3.71 (Woodruff, p.79).

第九章　女巫和修女

1 Marius of Avenches, *Chronica*, p.108.

2 *HF*, 4.51.

3　更广泛的名词列表可在Jones，*Social Mobility*，p.293中找到。

4　*Pactus Legis Salicae*，19.3（删减的版本见Murray，*A Companion*，p.551）。

5　*Pactus Legis Salicae*, 64.1.

6　*Pactus Legis Salicae*, 64.3.

7　*Pactus Legis Salicae*, 64.2.

8　*Pactus Legis Salicae*, 30.3.

9　错误指控一个女人是女巫要缴纳187.5个索里达的赔偿金（*Pactus Legis Salicae*，64.2），而强奸——或 *uueruanathe*（15.2）——是62.5个索里达。注意，法兰克人公认有多种类型的强奸——轮奸的赔偿金甚至会更高（200索里达），而*firilasia*的赔偿金要少很多，我们现在称之为法定强奸罪。性侵也有不同的程度，比如触碰头发和触碰胸部是不同的。

10　包括戈丁将军（General Godin）和宫务大臣希格（Siggo）；*HF*，5.3。

11　Fredegar, 3.72.

12　Gregory, in *HF*, 5.1.

13　Ibid.

14　*HF*，5.18. 如何计算这些财宝的价值和重量，见Goffart，"Pretender"，p.16。

15　*HF*, 5.1：*filias vero eius Meledus urbe tenire praecipit*. 尽管有相反的翻译，但是 *tenire*（*tenere*的一种形式）的意思是"持有"或"被拘留"（而不是"被送往"）。

16　这位宫务大臣是埃贝鲁尔夫；*HF*，7.29。

17　*HF*, 8.4.

18　Fredegar, 3.59.

19　Wemple, *Women*, p.157.

20　Caesarius of Arles, *Regula*, 45.

21　Ibid., 7.

22　Ibid., 2.

第十章　秘密渠道

1　拉文纳是拜占庭人在意大利的宫廷所在地；*HF*，7.36。

2　*HF*，7.36；关于贡多瓦尔德的妻子死于分娩的猜测，见Goffart，"Byzantine Police"，note 104，p.97。

3　Bachrach, *Anatomy*, p.29-30.

4　John of Epheseus, III.2.

5　John of Epheus, III.3.

6　Bachrach, *Anatomy*, p.30.

7　*LHF*, 31.

8　图尔主教格雷戈里是重复这些谣言的人之一，参见*HF*，5.14 and 5.18。

9　*HF*, 5.2.

10　Wemple, *Women*, p.154.

11　*HF*, 10.16.

12　*HF*, 2.38.

13　她要么是英贡德王后的姐妹，要么是表亲，因此是通过婚姻和墨洛温王朝的国王们有关联。她以王室遗孀的身份成为修女；

她的一个儿子是波尔多的主教，其他儿子曾在西吉贝尔特的宫廷任职；关于她的修女院的细节，见Wemple, *Women*, p.15。

14　*HF*, 5.2, p.255.

15　*HF*, 5.2.

16　婚礼在4月末举办，就在复活节之后（根据*HF*, 5.17, 是在4月18日）。

17　Southon, *Marriage*, p.45.

第十一章　叛乱

1　譬如，见Ewig, "Studien", p.33和Nelson, "Queens", p.40—41。关于通过婚配王室遗孀来获得权力的策略，更多资料见Satfford, *Queens*, p.49—54。

2　西吉贝尔特是在11月被刺杀的，希尔德贝尔特是在圣诞节登上王位的。布隆希尔德的婚礼发生在3月末或4月一开始，大约在她守寡后的五个月。

3　*ea quoque in matrimonio sociavit.* E. T. Dailey, *Queens*, p.146.

4　这个观点在十九世纪大多数的描述中十分突出。这个观点的另一种变体见Goffart, "Pretender", p.27。Kurth在*Histoire Poetique*一书中，尽管疑惑她的动机，但认为这是个"大胆"（*hardiesse*）的行为，见p.7。

5　Grant-Hoek, *Die frankische*, p.203–207; Dailey, "Women", p.154-155.

6　*HF*, 5.18.

7　Grant-Hoek, *Die frankische*, p.203 and p.206.

8 *HF*，5.3: *multus ex ea strenuos atque utilis viros*（"很多孔武有力的人"）；*LHF*，33: *multosque ibi nobilissimos viros occidit*（"很多出身高贵的贵族们"）。

9 *HF*, 6.31: *incendia, praedas et homicidia.*

10 Dumézil, *Brunehaut*, p.187.

11 *HF*，5.2：*in multis ingeniis*（"通过许多卑劣的手段"）。

12 Dailey, "Women", p.153.

13 *HF*, 5.2, p.255.

14 见511年的奥朗日会议，出自Rabben, *Sanctuary and Asylum*, p.40："没人能被允许使用自己的权力，将那些逃入教堂的人用武力带走，但他们可以向主教申请。"

15 *HF*, 5.2, p.255.

16 *HF*, 5.2.

17 *HF*，5.3；另见Bachrach；*Merovingian Military*，p.47和Dumézil, *Brunehaut*，p.188。

18 *HF*, 5.3.

19 *HF*, 5.3；注意，他也召集了一批新的顾问，比如劳辛公爵和普瓦提埃的主教安索尔德（Ansoald）。

20 *HF*, 5.13.

21 *HF*, 5.13.

22 Ubl, *Inzestverbot*, p.176–179.

23 *HF*, 5.14.

24 *HF*, 5.14.

25 Prinz, *Frühes Möchtum*, p.155.

26 格雷戈里（*HF*，5.18）提到"当布隆希尔德王后离开了鲁昂城"，而没有用"逃跑"；*LHF*提到来自奥斯特拉西亚的代表团请求释放她；Dumézil在*Brunehaut*中提出一个理论，即希尔佩里克给了她一个提议，Goffart在"Pretender"中也支持了这个说法，后者认为，这个提议是布隆希尔德同意这场婚姻的关键。

27 *HF*, 5.18, p.280.

28 *HF*, 5.18, p.280 and *HF*, 5.18.

第十二章 避难所的法律

1 *HF*, 5.14.

2 Ibid.

3 Dumézil, *Brunehaut*, p.188.

4 *HF*, 5.14, p.268.

5 *HF*, 5.14.

6 *HF*, 2.14.

7 *HF*, 2.14："它160英尺长，60英尺宽，穹顶高45英尺。"

8 *HF*, 5.48.

9 *HF*, 5.48, p.315.

10 Halfond, "War and Peace", p.43.

11 *HF*, 5.48.

12 *HF*, 5.14.

13 *HF*, 5.14, p.268.

14 *HF*, 5.14.

15 *HF*, 5.14.

16　*HF*, 5.14, p.271; *HF*, 9.10.

17　*HF*, 5.14, p.271.

18　*HF*, 5.14.

19　复活节一般都在4月18日，依据Gregory（*HF*，17），这一事件就发生在复活节之后。

20　*HF*, 5.17.

21　*HF*, 5.17, p.275.

22　*HF*, 5.14.

第十三章　罪与罚

1　*HF*, 5.18, p.280.

2　Halfond, "Sis Quoque", p.57.

3　Ibid.

4　*HF*, 5.18. 在这一处，我使用了1916年Ernest Brehaut的译文。

5　*HF*, 5.18: *timebant enim regine fururem, cuius instinctu haec agebantur*. 注意，有的版本写作*regem*（king）。

6　*HF*, 5.18：希尔佩里克暗示普雷特克斯塔图斯和格雷戈里是一丘之貉，是"同类不相残"。

7　*HF*, 5.18：希尔佩里克说，他会让图尔的市民向格雷戈里如此抗议："他既不公正，也不为任何人伸张正义！"

8　*HF*, 5.18 (Brehaut).

9　*HF*, 5.18, p.279.

10　Ibid., p.281.

11　Ibid.

12　Ibid., p.282.

13　Ibid.

14　同上；也见 Marius of Avenches，*Chronica*，p.108：他听说王子被"杀"了。

15　Ibid., p.283.

16　Ibid.

17　*HF*, 5.18: *quod et iam longo tempore esset carus.*

18　*HF*, 5.22.

19　现名为吕特斯竞技场。

20　*HF*, 5.17, p.275.

21　角斗士比赛在一个多世纪前就被取缔了。

22　*HF*, 5.18 (Brehaut).

23　*HF*, 5.40, p.305.

第十四章　"明智的顾问"

1　580、583、585、587、589 年都有洪水。McCormick et al., "Climate Change", p.196，fn 21.

2　*HF*, 5.33.

3　*HF*, 8.2；他是英格利特的儿子。

4　它就坐落于今日所在的位置。

5　*HF*, 5.32, p.294.

6　Ibid.

7　*Pactus Lex Salica*, 64.2, 64.3 and 30.3.

8　McCormick et al., "Climate Change," p.196, fn 21.

9　*HF*, 5.34, p.296.

10　Anthimus, p.61, 71-72 and 79.

11　Anthimus, p.75.

12　*HF*, 5.34, p.296.

13　Ibid.

14　Pliny the Elder, Book 31, 23.40, p.403.

15　*HF*, 5.48 (Brehaut).

16　*HF*, 5.49, p.319.

17　Fortunatus, 8.21, 5.13, and 5.8b.

18　Fortunatus, 8.19.

19　Thiebaux, *Medieval Women*, p.89.

20　见 Judith George 为福图纳图斯的 *Personal and Political Poems* 所写的前言，p.xx。

21　见福图纳图斯两首关于贞操的诗。

22　关于福图纳图斯性取向的更多讨论，见 Sellner, *Monk*, p.285 和 O'Neill, *Passionate Holiness*, p.46—52。

23　Fortunatus, 3.29 (Pucci, p.22).

24　Fortunatus, 3.26 and 9.10（Roberts, p.203 and p.593）。其中3.26被重命名为"写在布列塔尼沿岸的一座岛上"，之后将被收录进 Coote 的 *The Penguin Book of Homosexual Verse*。

25　Thierry, *Tales*, p.8.

26　Fortunatus, 9.1 (George, p.74).

27　Fortunatus, 9.1 (George, p.77).

28　Fortunatus, 9.1 (George, p.75).

29 *HF*, 6.46, p.380.

30 *HF*, 5.44, p.312.

31 *HF*, 6.46, p.380.

32 Fortunatus，9.1（George，p.77）："在你的学习激情上，你超越了整个家族。"

33 Fortunatus, 9.1 (George, p.78).

34 Fortunatus, 9.1 (George, p.79).

35 Ibid.

36 Ibid.

37 Ibid.

38 *HF*, 6.32 (Brehaut).

第十五章　弗蕾德贡德的忧伤

1 *HF*, 5.28.

2 *HF*, 5.28: *Statutum enim fuerat, ut possessor de propria terra unam anforam vini per aripennem redderit.*

3 *HF*, 5.28, p.292.

4 *HF*, 5.28.

5 *HF*, 5.34 (Brehaut).

6 *HF*, 5.34, p.298.

7 Ibid.

8 如今保留下来了一小部分，就是现在的贡比涅森林，它在第一次世界大战和第二次世界大战期间都是战区；*HF*（4.21）提到了克洛塔尔一世在那里的第一次狩猎；关于查理大帝于九世纪在那里的狩猎，见 Hincmar 的 *Annals of St.-Berton*；后来法国国王和拿破仑在那里狩猎的经历也被广泛记录。

9　*HF*, 5.39, p.303.

10　*HF*, 5.39.

11　同上；有的译本声称，弗蕾德贡德把这个女孩钉上去了，但是拉丁文的 *defigere*（"绑住"）并不是这个意思。

12　*HF*, 5.39.

13　Ibid.

14　这个说法见 Dumézil, *Brunechaut*, p.201，它在流行的资料来源中被多次引用。根据 *HF*, 5.39：*Soror ipsius in monasterio delusa a pueris reginae transmittitur, in quo nunc, veste mutata, consistit*。*delusa* 这个词可以被翻译成"被骗"或"被蛊惑"，但也可以被翻译成"使运动"，作为强奸的委婉表达，正如 *HF*, 4.47 中的用法。

15　*HF*, 5.39, p.305.

第十六章　背弃盟约的布隆希尔德

1　被称为 *cingulum militare*；参见 Dumézil, *Brunehaut*, p.204。

2　这个人的名字叫万达伦（Wandalen），见 *HF*, 6.1。

3　*praecingens se viriliter*: *HF*, 6.4.

4　*HF*, 10.15.

5　称为恩纳利墓穴 32 号，见 Halsall, *Cemeteries*, p.342—343。

6　参见 Hunt 所著 *Transvestite Women Saints*。

7　*HF*, 5.3, p.256.

8　*HF*, 6.4, p.329.

9　*HF*, 6.4, p.329.

10　*HF*，5.46；也见Dumézil对这一事件的说明（*Brunehaut*, p.196）。

11　*HF*, 6.4, p.329.

12　*HF*, 6.4, p.329.

13　*HF*, 6.4 (Brehaut).

14　Fortunatus, 9.2；写于王子们死后。诗歌描写了希尔佩里克安慰王后并让她不要再哭了，还提到她很"凄凉"（George，p.84）。

15　*HF*, 5.44.

16　*HF*, 5.44, p.311.

17　*HF*, 5.44, p.311—312.

18　*HF*, 6.46, p.380.

19　希尔佩里克留存下来的一首赞美诗，见"IX, Chilpericus Rex"。拉丁文译者John de Boulton-Holland评价道："词尾、词性、语法格、动词时态，实际上，任何能让拉丁语变成一门准确语言的东西，都时不时地被轻易忽略了……在句与句之间以及句子的结尾，没有任何重音模式或韵律。"其他学者，比如Brian Brennan，对他的能力评价也很低："如果（其他诗歌）都是他留存下来的这首诗的水准，那真是一点儿也不好。"（*Bishop and Community*，p.307）

20　*HF*, 5.44, p.312.

21　Richter, "King Chilperic I's letters……".

22　可参见Kurth, *Histoire Poetique*, p.275—277，以及Wallace-Hadrill, "Bloodfeud," p.473—474。

23　*HF*, 6.3, p.328.

24　*HF*, 6.2, p.328.

25　*HF*, 6.3, p.328.

26　*HF*, 10.19.

27　*HF*, 10.19, p.578.

28　John of Ephesus, *Ecclesiastical History*, 3.7.

29　分别是阿根廷山口、蒙特热内夫尔山口和圣伯纳德道路群。

30　她的名字是奥斯特雷希尔德（Austrechild），而且，和弗蕾德贡德一样，她也曾是前王后的侍女。

31　参见 Bachrach, *Anatomy*, p.52，以及 Goffart, "Byzantine"，p.96。

32　Ibid.

33　*HF*, 7.36.

第十七章　摄政

1　*HF*, 6.23.

2　*HF*, 6.27.

3　Dumézil, *Brunehaut*, p.209（注意，Bachrach 在 *Anatomy*，p.81 中声称，那是贡特拉姆）。

4　*HF*, 6.31.

5　*HF*, 6.31, p.361.

6　*HF*, 6.31.

7　Bachrach, *Anatomy*, p.61.

8　*HF*, 4.42.

9　参见 *HF*, 4.42 和 Bachrach, "Imperial Roots"，p.29 中关于战争的

描述。

10　*HF*, 4.42.

11　位于圣萨图宁（Saint-Saturnin），参见 *HF*, 4.44。

12　Marius of Avenches, *Chronica*, p.108; *HF*, 6.1.

13　*HF*, 6.40 and 6.42.

第十八章　付之一炬

1　格雷戈里声称，布隆希尔德的母亲戈伊斯温特王后是一个阿里乌斯狂热分子，他还谴责戈伊斯温特迫害天主教信徒，甚至是她自己的孙女。然而，一份和赫尔曼吉尔德王子关系密切的西班牙资料显示，是她的第二任丈夫柳维吉尔德煽动了迫害（见 Isidore, *Historia*, p.50；伊西多奥［Isidore］的兄弟利安德尔［Leander］是柳维吉尔德的顾问）。格雷戈里的断言没有证据：在阿塔纳吉尔德和戈伊斯温特治下，没有类似的迫害，而戈伊斯温特也没有反对自己的女儿们改宗天主教。赫尔曼吉尔德确实从阿里乌斯教改宗到了天主教，但这是在他反叛很久之后才开始的，而且似乎受到了西班牙南部天主教徒的支持。格雷戈里记述中的诸多疑点，见 Collins, "Merida", p.215—217 和 Bachrach, *Anatomy*, p.201, note 75。

2　John of Biclaro, *Chronicle*, anno 579: *Hermenegildus factione Gosuinthae reginae tyrannidem assumens in Hispali civitate rebellione facta recluditur, et alias civitates atque castella secum contra patrern rebellare facit.*

3　参见 Thomas, "Second Jezebel", p.127；他称这为"女性轴心"。

4 同上，这个假设的更多细节见 p.122。

5 Bachrach, *Anatomy*, p.84; John of Biclaro, *Chronicle*, anno 584; *HF*, 5.38, 6.40 and 6.43.

6 *HF*, 6.40.

7 *HF*, 6.42.

8 计算使用了 ORBIS 数据库。

9 Fortunatus, 9.2 (George, p.86).

10 *HF*, 6.34, p.364.

11 Ibid.

12 这个描述见 Dumézil, *Brunehaut*, p.201, 以及第十五章的注释。

13 *HF*, 6.34, p.365.

14 *HF*, 6.35.

15 Jones, *Social Mobility*, p.307, note 99.

16 *HF*, 6.35, p.365.

17 *HF*, 7.44.

18 见 Gregory, *De virtutibus et miraculis*, 2.1, p.228（也见 1.37 和 3.60），Van Dam 的译文。

19 *HF*, 9.6 (Brehaut).

20 *HF*, 7.44, p.427.

21 *HF*, 9.6 (Brehaut).

22 *HF*, 6.35 (Brehaut).

23 *HF*, 6.35.

24 *HF*, 6.35 (Brehaut).

25 *HF*, 6.35, p.366.

26 复活节是在4月18号（*HF*, 5.17），并在后面几章出现过，见 *HF*, 6.40。

27 *HF*, 5.22.

28 *HF*, 6.41, p.374.

29 *HF*, 6.41, p.375.

第十九章 布隆希尔德女王

1 关于布隆希尔德的Letter 26，见*Epistolae*中的"Historical context"，Joan Ferrante。

2 Brunhild, Letter 26 (*Epistolae*, Ferrante).

3 *quod prosit rebus omnibus foederatis*, Brunhild Letter 26 (MHG, p.168).

4 Paul the Deacon, *Historia*, 3.17, p.117.

5 Bachrach, *Anatomy*, p.85.

6 虽然没有她这么做的记录，但有可能是，阿穆尔桑塔王后（Queen Amulsuntha）在六世纪四十年代主持了东哥特意大利的宫廷。

7 *HF*, 6.37, p.370.

8 Ibid.

9 Ibid.

10 *HF*, 6.37.

11 *HF*, 6.38.

12 *HF*, 6.44, p.377.

13 Ibid.

14 Ibid.

15　*HF*, 6.45, p.378.

16　Ibid.

17　Ibid.

18　*HF*, 6.45：人们非常担心他为里贡特送来的嫁妆的数量，以至于奥斯特拉西亚人派出特使，要求希尔佩里克不要从有争议或近期被征服的城市中抢夺任何人或物品以送到西班牙。

19　*HF*, 6.45.

20　Ibid.

21　Ibid.

22　Ibid., p.378.

23　Ibid., 6.45.

24　Ibid., 6.46.

第二十章　国王死了

1　*HF*, 7.15.

2　在如今的谢尔——巴黎的一个郊区，在马恩河边——有一根巨大的名为"皮埃尔·德·希尔佩里克"（Pierre de Chilpéric）的石柱，这通常被认为是那次暗杀的标志，石柱如今还被法国文化部列为了历史遗迹。但是一块当代的铭牌提到，这根石柱不是墨洛温王朝的；它更像是一个用以标示旧城界线的十字架的底座。

3　*HF*, 6.46, p.381.

4　*HF*, 6.46.

5　参见 Wright, *Music and Ceremony*, p.4 和 Fortunatus, 2.10 (Roberts, p.97)。

6 Wright, *Music and Ceremony*, p.24列出的测量值是70米长,30米宽,也就是2100平方米,或大约22000平方英尺。

7 *LHF*, 35 (Bachrach, p.88-89).

8 Ibid., p.88.

9 Ibid.

10 Ibid.

11 广泛的共识是,*LHF*大约是在726年于纽斯特里亚编撰而成的。

12 Charles "the Hammer" Martel.

13 Samson, *Residences*, p.103.

14 *HF*, 7.21, p.402.

15 *HF*, 6.46, p.379.

16 Fredegar的*Chronicle*被认为写于640—660年。

17 Fredegar, 3.93 (Murray, *From Roman to Merovingian*, p.621).

18 Fredegar, Interpolation 23 (Woodruff, p.170).

19 Dumézil, *Brunehaut*, p.213.

20 Dumézil认为,小国王由他的母亲陪同(*Brunehaut*, p.218)。

21 *HF*, 7.4, p.390.

22 *HF*, 7.13.

23 Goffart, "Pretender", p.19.

24 Dumézil, *Brunehaut*, p.263.

25 利用ORBIS计算了从图卢兹骑马到奥斯卡所需的时间。

26 *HF*, 7.9, p.394.

27 *HF*, 7.15.

28　*HF*, 7.15 (Brehaut).

29　墓碑是由在世的家庭成员安排的。这则铭文用两种口吻述说，而妻子最有可能将自己的声音与丈夫的契合起来。而且，其他家庭成员无法代办——希尔佩里克的儿子还是婴孩，他的女儿被困在了图卢兹，而他的哥哥贡特拉姆在他的葬礼之时又离得非常远。见 Handley, p.558—559 关于这一铭文真伪的讨论。

30　Handley, p.558.

31　Ibid.

32　*HF*, 7.5, p.390—391.

33　*HF*, 7.7, p.392.

34　*HF*, 7.14, p.397.

第二十一章　贡特拉姆国王的烦恼

1　日期是根据 Fredegar, 4.2 的记述，即贡多瓦尔德的竞选开始于 10 月计算出来的。更详细的编年史，见 Bachrach, *Anatomy*, note 1, p.227。

2　这在布里夫拉盖亚尔德（Brives-la-Gaillarde）小镇发生过（*HF*, 7.10）。

3　*HF*, 7.8 and 7.18.

4　*HF*, 7.8, p.393.

5　*HF*, 7.14, p.397.

6　在 *HF*, 7.36 中，贡多瓦尔德如此指控博索。Goffart, "Pretender", p.12—17 声称，博索并没有侵夺贡多瓦尔德的财富，而是把拜占庭皇帝意图用于入侵意大利的金钱运走了。大多数学者认同

Goffart的论断；见Murray, *Companion*, p.488, note 103。

7 *HF*, 6.24, p.352.

8 *HF*, 6.26, p.354.

9 Ibid., p.355.

10 *HF*, 7.14, p.398.

11 Ibid.

12 *HF*, 7.14.

13 Ibid., p.398.

14 *HF*, 7.14.

15 Ibid.

16 *HF*, 7.7, p.392.

17 Ibid.

18 *HF*, 7.7.

19 希尔佩里克似乎是在10月狩猎期间被刺杀的，因为整个9月份他都在准备里贡特的婚礼和欢送会（*HF*, 6.45）；这场晚宴似乎在12月举办（*HF*, 7.11）。

20 Fortunatus, *Vita Germani*, p.372.

21 Garver, p.235.

22 Gregory the Great, *Epistles*, 11.64 (Schaff, vol. 13, p.322).

23 Brundage, *Law, Sex, and Christian Society*, p.156–157.

24 *HF*, 7.16.

25 *HF*, 7.20.

26 Ibid., p.401.

27 Ibid., p.402.

28　*HF*, 7.21, p.402.

29　*HF*, 7.21 (Brehaut).

30　*HF*, 7.29, p.409.

31　Ibid., p.412.

32　Ibid.

第二十二章　贡多瓦尔德事件

1　*HF*, 7.36.

2　Bachrach, *Anatomy*, p.7–8.

3　Kurth, *Histoire Poetique*, p.291, note 74认为这些谣言是直接从弗蕾德贡德那里传出的。

4　Dumézil, *Brunehaut*, p.226.

5　*HF*, 7.26, p.407.

6　*HF*, 7.32, p.415.

7　*HF*, 7.33, p.416.

8　Ibid.

9　Ibid.

10　Ibid.

11　Ibid., p.417.

12　Fortunatus, 10.14 (Roberts, p.693).

13　*HF*, 8.22.

14　*HF*, 7.39.

15　*HF*, 7.10.

16　Goffart, "Pretender", p.11.

17　*HF*, 7.34, p.417.
18　*HF*, 7.34, p.418.
19　*HF*, 7.37.
20　*HF*, 7.37, p.421.
21　Bishop Sagittarius, Ibid.
22　Bachrach, *Anatomy*, p.126.
23　*HF*, 7.34.
24　*HF*, 7.36.
25　*HF*, 7.38.
26　Ibid., p.422.
27　Ibid.
28　*HF*, 7.38.
29　Ibid.
30　*HF*, 7.39.
31　*HF*, 7.38, p.424.
32　Ibid.
33　*HF*，8.4；Bachrach，*Anatomy*，p.152—153通过分析其他间接证据，证明对贡特拉姆的指责并非完全空穴来风。
34　*HF*, 8.2.
35　*HF*, 8.9, p.440.
36　Wemple, *Women*, p.65.
37　*HF*, 8.9.
38　*HF*, 8.10, p.441.

第二十三章 外交艺术

1　*HF*, 6.42.

2　Ibid., 8.18.

3　Ibid., 8.26.

4　Brunhild, Letter 27 (Ferrante, *Epistolae*).

5　Ibid.

6　Brunhild, Letter 27 (*MGH*, p.139 [J. Holland]).

7　Brunhild, Letter 27 (Ferrante, *Epistolae*).

8　Brunhild, Letter 29 (Ferrante, *Epistolae*).

9　转引自 Gillett, p.139。

10　Ibid.

11　Ibid., p.146.

12　事实确实如此——康斯坦丁娜在602年的叛乱中失去了全部五个儿子以及她的丈夫。排行第六的儿子提奥多西乌斯——在这里写到的男孩——将在其父亡故数天后被处决。

13　Brunhild, Letter 31 (Ferrante, *Epistolae*).

14　Ibid.

15　Ibid.

16　*HF*, 8.28: *Inimicos nostros, id est Childeberthum et matrem eius, velociter interemite et cum rege Gunthchramno pacem inite, quod praemiis multis coemite. Et si vobis minus est fortassis paecunia, nos clam mittimus, tantum ut quae petimus impleatis* (J. Holland).

17　*HF*, 8.29.

18. *HF*, 8.29: *Cumque pedibus eius fueritis strati, quasi stipem postulantes, latera eius utraque perfodite* (J. Holland).
19. *HF*, 8.29: *ut tandem Brunichildis, quae ab illo adrogantiam sumit, eo cadente conruat mihique subdatur. Quod si tanta est costodia circa puerum, ut accedere nequeatis, vel ipsam interemite inimicam* (J. Holland).
20. Ibid.
21. *HF*, 8.31, p.462.
22. Ibid.
23. *HF*, 2.27.
24. 586年的复活节是在4月14日，不过通常认为普雷特克斯塔图斯的死亡日期是2月25日。
25. Hardison, *Christian Rite*, p.87.
26. Ibid., p.141-142.
27. *HF*, 8.31.
28. Ibid., p.463.
29. Ibid.
30. Ibid., 463-464.
31. *HF*, 8.31：*bibit absentium cum vino et melle mixtum*；这很可能不是我们今天认为的那种苦艾酒，而是种苦艾风味的烈酒，Goffart称其为"粗犷版的金巴利酒或味美思酒"（"Foreigners"，p.83）。
32. *HF*, 8.31, p.464.
33. Ibid., p.465.

34　*HF*, 8.30.

35　Ibid.

36　*HF*, 8.44 and 9.3.

第二十四章　公爵们的反叛

1　*HF*, 8.42.

2　Wilson, *Naming*, p.71–73.

3　*HF*, 9.9.

4　*HF*, 5.3.

5　*HF*, 9.9, p.489.

6　*HF*, 9.9.

7　Ibid., p.490.

8　Ibid.

9　*HF*, 9.8, p.488.

10　Ibid.

11　Ibid., p.488–489.

12　Ibid., p.488.

13　这本诗集包含了目前被归为卷八、卷九的内容。更多细节见George对福图纳图斯诗歌的前言，p.xxi—xxii。

14　Baudonivia, *DvsR II*, 16, p.389: *Praecellentissimis enim dominis regibus et serenissimae dominae Bronichildi reginae, quos caro dilexti [dilexit] affectu* (J. Holland).

15　Baudonivia, *DvsR II*, 24, 27, 28 (p.103–105).

16　*HF*, 9.17.

17　*HF*, 9.10, p.492.
18　*HF*, 9.10 (Brehaut).
19　Ibid.
20　*HF*, 9.20 (Brehaut).
21　*HF*, 9.20: *praecellentissimi domni Gunthchramnus et Childebertus regis vel gloriosissima domna Brunechildis regina*.
22　Murray, *A Companion*, p.446.
23　*HF*, 9.20 (Brehaut).
24　*HF*, 9.9.
25　*HF*, 9.12.
26　Ibid., p.495.
27　Dumézil, *Brunehaut*, p.244.
28　*HF*, 9.12, p.495.
29　Fortunatus, 10.9.
30　Ibid., p.677.
31　Fortunatus, 10.8 (Roberts, p.673) and 10.9 (Roberts, p.675).
32　Fortunatus, 10.9 (Roberts, p.677 and p.679).
33　同上（Roberts，p.679）；直到二十世纪五十年代，大西洋的鲑鱼都能在莱茵河产卵。
34　*HF*, 9.20 (Brehaut).
35　Ibid.
36　Fortunatus, 10.3 (Roberts, p.649).
37　Dumézil, *Brunehaut*, p.229.
38　Fortunatus, 10.8 (Roberts, p.673).

第二十五章　王室订婚

1　John of Biclaro, *Chronicle*, anno 586; *HF*, 8.46.
2　*HF*, 9.1, p.481.
3　*HF*, 8.35, 8.38 and 8.44.
4　*HF*, 9.1.
5　*HF*, 9.16, p.499.
6　*HF*, 9.16 and 9.20.
7　*HF*, 9.20, p.507.
8　Ibid.
9　*HF*, 9.34, p.521.
10　关于这个现象的详细解释，见"Gender Ratio"。
11　*HF*, 9.34.
12　Ibid., p.521.
13　Ibid.
14　*HF*, 9.34.
15　*HF*, 9.28, p.514.
16　*HF*, 9.28.
17　Ibid., p.514.
18　Ibid.
19　Ibid.
20　瓦多伯爵（Count Waddo）；*HF*, 7.39 and 7.43。
21　*HF*, 7.43, p.426.
22　*HF*, 9.28.

23　*HF*, 9.32.
24　同上；根据McClintock, *Cyclopædia*, p.156，会议似乎是在昂德洛举办的。
25　*HF*, 9.32；这个誓言很有可能是在法律通常要求的宣誓助手的帮助下完成的。
26　John of Biclaro, *Chronicle*, anno 589.
27　Ibid.: *Gosuintha... tunc terminum dedit* (J. Holland).
28　Dumézil认为，她是被处决的（*Brunehaut*, p.286, note 136）。
29　在589年5月举办的第三次托莱多会议上，巴多以王后身份署名。
30　*HF*, 9.31.
31　*HF*, 9.34, p.522.

第二十六章　反抗的修女

1　*HF*, 9.39.
2　Ibid., p.526.
3　根据ORBIS的计算，这大概要花费两周时间。
4　*HF*, 9.39, p.529.
5　Ibid.
6　*HF*, 9.40
7　Ibid., p.532.
8　来自波尔多、昂古莱姆、佩里戈，当然还有普瓦提埃。
9　*HF*, 9.41, p.533.
10　*HF*, 9.22, p.511.
11　McCormick, "Toward a Molecular History", p.310–311.

12　*HF*, 9.21.

13　*HF*, 10.23.

14　*HF*, 10.25 (Brehaut).

15　Ibid.

16　*HF*, 10.25, p.586.

17　*HF*, 10.15.

18　贾斯汀娜（Justina），她刚好是格雷戈里主教的侄女。

19　*HF*, 10.15, p.570.

20　Ibid., p.571.

21　Fortunatus, Radegundis, 23 (McNamera, p.80).

22　*HF*, 10.15 (J. Holland).

23　Ibid.

24　*HF*, 10.15, p.571；这似乎是一次早期且成功的睾丸肿瘤治疗。

25　*HF*, 10.20.

第二十七章　盟友和刺客

1　贝尔塔，克洛提尔德的妹妹，曾在拉德贡德位于普瓦提埃的圣十字修女院度过一段年少时光。关于在贝尔塔婚姻期间，普瓦提埃是在布隆希尔德的控制之下，以及布隆希尔德是婚礼安排者之一的讨论，见 Dumézil, *Brunehaut*, p.287—289。

2　名字是埃塞尔巴德（Aethelbert）。关于婚姻的时间点，以及他的称王，更多资料见 Kirby, *Earlies English Kings*, p.26—27 和 Dumézil, *Brunehaut*, p.286—287。

3　Gregory the Great, *Epistles*, Letter 6.51.

4 这场婚姻的资料，见 Martindale, *Prosopography of the Later Roman Empire*, vol. 3a, p.1231; Dumézil, *Brunehaut*, p.296, note 23 and 25，它引用了 Bobbio, *Vita Columbani*, 1.22；以及 Fredegar, 4.52。

5 Paul Deacon, *Historia*, 3.30, p.140 and 4.7, p.154.

6 Jonas of Bobbio, *Vita Columbani*, 1.22.

7 *HF*, 10.9.

8 分别是别波伦（Beppolen）和埃布拉切（Ebracher），其中别波伦是弗蕾德贡德的宿敌（*HF*，8.42）。

9 *HF*, 10.9 and 10.11.

10 Filerman, *Saxon Identities*, p.67.

11 *HF*, 10.9.

12 *HF*, 10.10, p.559.

13 *HF*, 10.11.

14 Ibid.

15 以下十二起政治暗杀中，x 表示暗杀成功：西吉贝尔特（x）；墨洛维；克洛维（x）；奥多韦拉（x）；普雷特克斯塔图斯（x）；鲁昂市民领袖（x）；希尔德贝尔特/布隆希尔德，三次（*HF*，7.20，8.29，10.18）；贡特拉姆，两次（*HF*，8.44，9.3）；三位贵族（x）（*HF*，10.27）。

16 比如有些针对贡特拉姆的尝试，以及对加尔斯温特和她自己丈夫的谋杀。

17 *HF*, 8.29; Fredegar, 4.51; *LHF*, 35.

18 *HF*, 10.18.

19 *HF*, 10.18, p.576.

20　Ibid.

第二十八章　孤苦无依的小男孩们

1　*HF*, 9.38.

2　*HF*, 10.19, p.576.

3　*HF*, 9.13.

4　*HF*, 10.19.

5　*HF*, 10.19, p.577.

6　Ibid.

7　Ibid.

8　*HF*, 10.19, p.578.

9　Ibid.

10　*HF*, 9.30 and 10.19.

11　584、585、587、588、589和590年；其中587年的战役几乎大获全胜，让拜占庭能够收复部分领土。

12　Fredegar, 4.45.

13　其铭文和相关讨论见Dumézil, *Brunehaut*, p.281。

14　Castro, *Historia Genealógica*.

15　尤其是Christian Settipani。

16　Dumézil, *Brunehaut*, p.297, note 27："迪纳米乌斯出现在593年9月和教皇的通信中，事关与伦巴德国王阿吉洛夫（Agilulf）的外交谈判（Gregory the Great, *Epistles*, Letter 4.2），之后又出现在594年7月与伦巴德事务相关的文件里（Letter 4.37）。"

17　*HF*, 10.27, p.586–587.

18 Ibid.

19 *HF*, 8.9 (Dailey, *Queens*, p.154).

20 *HF*, 10.28, p.587.

21 Ibid., p.588.

22 Ibid.

23 Ibid.

24 *HF*, 9.20, p.509.

第二十九章　国王们的陨落

1 Fredegar, 4.14 (Murray, p.453).

2 圣马塞尔，阿伯拉尔（Abelard，就是著名的阿伯拉尔和爱洛依丝爱情故事的主角）之后也在这里过世。

3 *Pactus Legis Salicae*, 24.9 (Drew, p.86).

4 名为塞普蒂米玛（Septimima），这个事件记述在*HF*, 9.38。

5 分别是宫殿警卫和审查官；*HF*, 9.38。

6 *HF*, 9.38: *ipsum maleficiis interempto.*

7 拉丁句子"soros et aemula Romae"的翻译，这句箴言现在刻在奥顿小镇大厅的山形墙上。这句话的出处并不清楚，但似乎和罗马历史学家塔西陀（Tacitus）有关，他称这座城市的居住者是"罗马人民的兄弟"；见Tacitus, *Annals*, 11.25, p.291。

8 *HF*, 10.7, p.553.

9 *HF*, 9.30, p.515; Fortunatus, 10.11引用了该处。

10 晚至590年，沃尔夫还大权在握（*HF*, 10.19），但在那之后就没有被提及了。

11　*LHF*, 36, p.90.

12　*LHF*, 36 (Murray, p.627).

13　Ibid.

14　*LHF*, 36, p.91.

15　Ibid.

16　Ibid.

17　Ibid.

18　*LHF*, 36 (Murray, p.627).

19　Aimon de Fleury, *Historia Francorum*.

20　Kurth, *Histoire*, p.398-399; Grammaticus's *Gesta Danorum* 7, p.237.

21　见George为福图纳图斯诗集撰写的前言，p.xx。

22　见Robert为福图纳图斯诗集撰写的前言，p.viii。

23　见George，p.xxii，这本书更有可能是他的朋友们在他死后编辑的。

24　Fredegar, 4.16: *Quarto a anno, post quod Childebertus regnum Guntramni acciperat, defunctus est.*

25　Paul the Deacon, *Historia*, 4.11, p.159.

第三十章　双重统治

1　这封信没有留存下来，但是我们知道这位皇帝的辱骂是因为格里高利教皇的回复；见Gregory the Great, *Epistles*, 5.40（Schaff, vol.12，p.175-177）。

2　Thomas, "Second Jezebel", p.63 and p.79.

3　Gregory the Great, *Epistles*, 11.64 (Schaff, vol. 13, p.322).

4　Bertram, *Earliest Life of Gregory the Great*, p.95

5　注意，通常被用作证明盎格鲁-撒克逊人皈依基督教的史料是Bebe的*Ecclesiatical History*，但其有着严重的缺陷，或至少是有所矫饰的（Wood,"Mission", p.3-4 and 10-11），而且几乎完全抹除了法兰克人和王后们的作用。

6　Wood, "Mission", p.8-9.

7　Gregory the Great, *Epistles*, 6.5 (Schaff, vol. 12, p.189).

8　Gregory the Great, *Epistles*, 6.50 and 6.59 (Schaff, vol. 12, p.202 and 205-206).

9　Wood, "Mission", p.9.

10　根据大格里高利在他的书信中（*Register*, 6.50-6.53）提到的这些地区的主教曾向他寻求款待和帮助，Robin Macintosh在*Augustine of Canterbury*中绘制出了可能的路线。

11　Gregory the Great, *Epistles*, 11.62 (Schaff, vol. 13, p.317).

12　Wood, "Mission", p.15："奥古斯丁和他的同伴们……显然对他们的传教前景感到恐惧。"

13　Fredegar, 4.17 (Murray, p.453-454).

14　1814年的克拉内战役以及三次埃纳河战役。

15　Fredegar, 4.17 (Murray, p.454).

16　Dumézil, *Brunehaut*, p.307.

17　例如，伯特伦·德拉芒主教（Bishop Bertram de la Mans）获赠了一座埃唐普的别墅；见Halfond, "Sis Quoque", p.70。

18　譬如，见Al-Rodhan, "Neurochemstry……"。

注　释　[427]

19 如：南蒂尔德（Nanthild）、巴蒂尔德（Bathild），以及之后的普雷克特鲁德（Plectrude）。

20 Fredegar, 4.17: *Anno secondo regni Teuderici Fredegundis moritur.*

21 *LHF*, 37, p.92.

22 我们之所以知道这个，是因为弗蕾德贡德的婆婆正是这样做了防腐处理的。见 *Archaiologia Online* 中"Solving the Mystery……"一节。

第三十一章　布隆希尔德的战斗

1 Gregory the Great, *Epistles*, 11.62 (Schaff, vol. 13, p.317).

2 Fredegar, 4.20 (Murray, p.454).

3 Ibid.

4 Gregory the Great, *Epistles*, 13.6 (Schaff, vol. 13, p.337).

5 Fredegar, 4.19.

6 Dumézil, *Brunehaut*, p.317–318.

7 而且，巧合的是，他来自卡奥尔城，这座城市在布隆希尔德的控制之下，是加尔斯温特晨礼中的城市之一。

8 Stafford, *Queens*, p.45; Fredegar, 4.35 (Murray, p.459).

9 Fredegar, 4.35 (Murray, p.459).

10 *Epistolae Wisigothicae* 11, p.677: *Brunigildem reginam et Theudericum regem.*

11 *LHF*, 37, p.92.

12 埃尔梅内贝加公主（Princess Ermeneberga）；见Fredegar, 4.30（Murray, p.458）。

13. 维特里克国王（King Witteric）通过废黜雷卡雷德的儿子获得了权力，但也只在位了数年（见 Dumézil，p.326-327）；也有人提出，这件事从未发生过，这场婚姻之所以没有实现，只是因为埃尔梅内贝加死在了前往法兰克王国的路上（见 E.A.Thompson, *Goths in Spain*, p.158）。
14. Gregory the Great, *Epistles*, 9.11 and 9.109 (Schaff, vol. 13, p.250-252 and 272-273).
15. Gregory the Great, 11.61 (Schaff, vol. 13, p.317).
16. Sisebut, *passio Desiderii* 4, (Fear, p.4).
17. Ibid.
18. Ibid.
19. Sisebut, *passio Desiderii* 4 (Fear, p.3-4).
20. Gregory the Great, *Epistles*, 11.69 (Schaff, vol. 13, p.328).
21. Ibid.
22. 比如，见 Fredegar，4.24。两种解释都有事实问题，因为它们似乎把德西德里乌斯和克伦巴努斯的事件混淆了。
23. Sisebut, *passio Desiderii* 15 (Fear, p.9).
24. Sisebut, *passio Desiderii* 18.
25. Fredegar, 4.32.
26. 教皇格里高利想法的转变发生在601年的夏天，距离初次征服不足一个月；见 Wood，"Mission"，p.12。
27. Ibid.
28. Bachrach, *Early Medieval Jewish Policy*, p.59-60.
29. Fredegar, 4.36; Jonas of Bobbio, 31 and 32.

30 见 *Passio Sigismundi regis* 和 Fredegar, 4.44 中提到的一位贵族宣称自己出身于"勃艮第的王室家族"(Murray, p.467)。

31 Dumézil, *Brunehaut*, p.321.

32 Fredegar, 4.27 (Murray, p.457-458).

33 Fredegar, 4.25 (Murray, p.456).

34 Fredegar, 4.27 (Murray, p.457).

35 Ibid.

36 Dumézil, *Brunehaut*, p.370-371.

37 Fredegar, 4.35 (Murray, p.459).

38 Fredegar, 4.37 (Murray, p.464); Stafford, *Queens*, p.87.

39 Fredegar, 4.38 (Murray, p.464); *LHF*, 38, p.93.

40 Fredegar, 4.38 (Murray, p.464).

41 Fredegar, 4.38 (Murray, p.465).

42 参见: Fredegar, 4.38; Jonas of Bobbio, 57。通常认为,提乌德贝尔特不久后就死在了这座修道院,似乎是被谋杀的。

43 Fredegar, 4.39 (Murray, p.465).

第三十二章　陨落

1 Fredegar, 4.40 (Murray, p.465).

2 Fredegar, 4.41.

3 Fredegar, 4.42.

4 Ibid.

5 可参见 Oman, p.174 和 Young, p.349。

6 Fredegar, 4.42 (Murray, p.466).

7 Fredegar, 4.42.
8 Dumézil, *Brunhaut*, p.381. 这些作者和作品包括: *Vita Desiderii episcopi Viennensis* (约 613); Sisebut's *Vita Desiderii* (约 613—621); *Continuations of the Chronicle of Isidore* (约 624); Jonas of Bobbio's *Vita Columbani* (约 640); 以及 Fredegar's *Chronicle* (约 660)。
9 Ibid., p.382-383.
10 *Vita Rusticule*, 9: *Interim pia mater falso testimonio apud Chlotharium II regem delata est, quod" occulte regem nutrieret," rexque Faraulfum quendam ex optimatibus suis misit, qui eam adduceret. Falsis igitur testimoniis condemnata abbatissa ex urbe educta est.* 此处参考的是 McNamara 的译文。
11 *HF*, 10.19, p.578.
12 不过,她们后来在一次逃跑中被抓住,随后就被斩首了。
13 Fredegar, 4.42.
14 Fredegar, 4.42 (Murray, p.467).
15 Rouche, "Brunehaut", p.105.
16 Sisebut, 21, p.14.
17 Ibid.
18 Fredegar, 4.42 (Murray, p.467).
19 Sisebut, 21 (Fear, p.14). 这是一种非常新奇的处决方式;唯一的相关记载是图灵根人曾以此法杀死了两百个法兰克女性人质:"他们把她们的手臂绕过并系在马脖子上",马群受惊,"从而把女孩们撕成了碎片"(*HF*, 3.7, p.168)。
20 Sisebut, 21 (Kursch, p.637): *ac divaricate passim sine nominee*

  membra cruentaque laxantur.
21 Fredegar, 4.42 (Murray, p.467).
22 *LHF*, 40, p.96.
23 根据成书于十三世纪的 *Vita Hugonis monachi Aeduensis et priore Enziacensis*, p.761: Prae cunctis tamen istud extulerat coenobium, in quo suae sepuulturae mausoleum habere decreuerat; nam inter cerera donaria quae illi contulerat, columnis etiam marmorisa ac trabibus abietinis formosis illud decenter instituit: et musivo opera mirifice decorauit。
24 类似的例子可以在ErlandeBrandenburg，p.192，fig. 30和Demoulin，p.53中找到。
25 桑斯的圣鲁普斯（Saint Lupus）对克洛塔尔的反抗，记载在 *Vita Lupi episcopi Senonici*, 9, p.181–182。
26 Fredegar, 4.44.这个阴谋的时间是在614或615年。
27 Fredegar, 4.42: *et posttremum mulierum et puellaram suggestionibus nimium annuens.*
28 Fredegar, 4.44.
29 Fredegar, 4.43.
30 他们来自罗切斯特和多佛教区；见Wood, *The Merovingian Kingdoms*，p.141所引用的巴黎议会的签名。
31 Fredegar，4.42（Murray，p.467）："他得到了一个承诺，即终其一生，他都不会被解雇。"
32 McKitterick, *History and Memory*, p.12.

后记　反响

1　Edwards, "Eerie ancient sarcophagus".

2　其他发现包括：法国的阿尔德河畔萨维尼（Savigny-sur-Ardres, 2001）、圣奥班-德尚（Saint-Aubin-desChamps, 2014）和卡奥尔（Cahors, 2019）；荷兰的韦尔德霍芬（Veldhoven, 2017）；以及德国的蔡茨（Zeitz, 2017）。

3　613到622年，见Wood, *Merovingian*, p.142。

4　section 9, p.567.

5　Interpolation 23 in Fredegar, 3, p.168; Fredegar, 4.42.

6　Fredegar, 4.41 and 4.42.

7　*HF*, 6.4 (Brehaut).

8　Interpolation 16 of Fredegar, 3, p.146–149.

9　Gregory the Great, 11.61 (Schaff, vol. 13, p.317); *Vita Eligii*, 2.1.

10　Jonas of Bobbio, 32 (Munro).

11　Fredegar, 4.36 (Murray, p.460).

12　Jonas of Bobbio, 31 (Munro).

13　参见Lesley Hazelton所撰传记*Jezebel* (NY: Doubleday, 2007)对此的解释。

14　2 Kings 9:37.

15　*LHF*, 35, p.87.

16　Ibid.

17　*LHF*, 38, p.93.

18　McKitterick, *History and Memory*, p.123：加洛林王朝的历史

被"精巧地构造和高度筛选过"。

19 见 Wood,"Chain", p.67;我们还知道,有的作品已经遗失或是被有意忽略了,比如,在大英图书馆的一份手稿中,有一份参考文献提到了一部关于布隆希尔德的遗失的作品(见 Palmer, "The Lost Civilisation")。

20 这位王后独自摄政了十二年,从1226年到1234年,以及从1248年到1252年(当时她的丈夫远在十字军东征)。

21 Dundes, Cinderella, p.12-13.

22 Kurth, Histoire, p.39.

23 Hartmann, "Die Darstellung", p.213.

24 de Pizan, City of Ladies, p.53.

25 de Pizan, City of Ladies, p.31.

26 Ibid.

27 Jean d'Outremeuse, Ly Mureur des Histors, p.225.

28 Okey, Story of Paris, p.29;这一说法在很多导游手册中也出现过。

29 参见该小镇的网站:www.buniquel.fr。

30 Mosse, Culture of Western Europe, p.21-22.

31 Louis Gallet的歌剧;音乐剧包括Emile Abrham的轻歌剧和Henri Franconi的哑剧;M. Boucher de Perthes、Gardie和Camille Saint-Saens的戏剧;Augustin Tierry写作的书;以及Blandin及其他人的诗歌。

32 玫瑰战争从1455年持续到1487年。

33 Clay's "Brunhild: The Original Queen Cersei" and "Fredegund, the 'Real Cersei Lannister' "; Larrington, p.3.

34 Kurth, *La Reine Brunehaut*, p.352–353.

35 位于奥顿（Autun）的罗林博物馆（Musée Rolin）。

36 罗伯特·舒尔曼公园（Parc Robert Schulman），我在2019年夏天前去参观时，它是一个繁忙的建筑工地。

37 更多关于弗蕾德贡德坟墓石板和周围环境的信息，见Fozi, p.60–77。在过去，关于它的建造时间有不同的说法：Montfaucon, p.44–45宣称这块马赛克原来就有；而Panofsky, *Tomb Sculpture*, p.50声称它是在二十世纪仿制的（圣丹尼斯的标语牌也是这么说的）。并没有关于这个材料的碳定年结果来一锤定音。另外，关于弗蕾德贡德的坟墓如何在1656年被重新发现的资料，见Effros, *Merovingian Mortuary Archaeology*, p.37–42；还有一份十七世纪的法语资料，见Bouillart, p.251–254及p.303–308。

38 Lenoir, *Museum of French Monuments*, p.174.

39 法国大革命期间，圣日尔曼德佩区被征用和洗劫一空，弗蕾德贡德的坟墓由亚历山大·勒努瓦（Alexandre Lenoir）修复，并于1796年在法国古迹博物馆展出，之后在1816年被移至圣丹尼斯大教堂。

索　引

索引页码为英文原版页码，即本书边码。页码后的字母f表示图片，m表示地图，p表示照片。

A

Acquitaine, Kingdom of. See also specific rulers
Aethelbert, 235, 240
Agnes, abbess of Holy Cross, 108, 191, 205, 231
Aisne-Ailette ridge, battle at, 237
Aquitaine, Kingdom of, 6, 21m, 36
Ardabast, 219
Aregund, 5, 259
Arian Christians, 26, 120
Arnulf, Bishop, 251, 254, 258
Athanagild
　Brunhild's marriage and, 22, 36–37
　death, 54
　family of, 6, 8
　Fortunatus' elegy, 60
　power of, 22, 52, 55, 131
Athanagild, (son of Ingund), 129, 139–140, 155, 166, 176–179, 219–220
Atilla the Hun, 18, 34
Audovera
　Brunhild and, 80–82, 85–86
　exile to Holy Cross, 80–83, 116
　family of, 7, 103, 107, 115–116, 205
　Fortunatus' slighting of, 110
　Fredegund and, 48, 51, 80, 110
　Merovech and, 83

Augustine, 8, 236, 240

Augustus, Emperor, 226

Austrasia, Kingdom of, 6–7, 12, 21m, 34. *See also specific rulers*

Austrasia-Bavaria alliance, 212–213

Austrasia-Britain alliance, 212

Austrasia-Burgundy alliance, 98, 127, 137, 143, 184, 193, 213, 225, 228, 241

Austrasia-Byzantium alliance, 44, 78–79, 135, 220

Austrasia-Neustrian alliance, 121–122, 125–126, 128

Austrasia-Spain alliance, 197–199, 202–203, 243

Autun, 225–226

Avars, 34

B

Baddo, 203

Basilica of Saint-Denis, 105–106

Basilica of Saint Martin of Tours, 66, 82–83, 95, 99, 163, 267

Basina

    exile to Holy Cross, 114, 116, 133, 205

    marriage prospects, 80

    mentioned, 151

    revolt of, 205–206, 209–210

Bathild, 262

Battle of Droizy, 228–231, 264

Battle of Zülpich, 249

Bavaria-Austrasia alliance, 212–213

Bayeux, Bishop of, 183

Bertha, 6, 29–30, 212, 235

Bertheflede, 6, 29–30

Berthefred, Duke, 7, 58, 187–189, 194–195

Bertram, Bishop of Bordeaux, 7, 105, 109, 164, 174

Bilichild, 242, 248

Blanche of Castille, 263

Boleyn, Anne, 266

Book of the City of Ladies (Christine de Pizan), 264

索 引 [437]

Boudica, xii, 236
Bretons, 213–214
Britain, Catholic Church in, 235–236, 239
Britain-Austrasia alliance, 212
Brunhild
  appearance, 13–14
  assassination attempts on, 162, 179–180
  background, 22, 55
  Boso and, 157, 189–190
  Brünnhilde and, xi
  capital city, 225
  Catholicism, conversion to, 37
  characteristics, 32, 180
  Closodina-Reccared wedding gift, 200
  coup attempt, 225–226
  death and burial, 255–257, 257f
  duration of reign, xii
  empire ruled by, xi–xii, 233
  family deaths, reaction to, 52–53
  family of, 6, 8
  Fortunatus and, 24
  Galswintha's morgengabe, claim to, 61, 128, 132, 142, 193
  Germanus' title given to, 64
  Gogo and, 12, 56–57
  Gregory I and, 235–236
  Gregory's appointment by, 65–66
  grief, politicization of, 58, 59
  Gundovald and, 31–33, 165–167, 173, 200
  Holy Cross nuns appeal to, 209
  kingdom of, 194
  letters to the Byzantine court, 140, 177–178
  lonliness of, 23–24, 31–33
  maternal instincts, 74–75, 85, 91–92, 177
  in Paris, 64–65, 74–75
  Praetextatus and, 86
  public works, 241, 246
  Radegund's cloistering and, 42, 191

scholarship on, xi–xiii

Sigibert's death and, 73–74, 85

tax rebellion, 246–247

value of, 53, 225

Brunhild, alliances

anti-Chilperic faction, 58, 92

Audovera, 80–82, 85–86

Byzantium, 140–141

Dynamius, 220, 225

Gogo, Count, 92, 104, 127

Gregory, Bishop of Tours, 83, 93, 149, 168, 198, 230

Gregory the Great, 261

Guntram, 127

Javols, Count of, 142–143

Radegund, 45

Rauching, 187–188

Wolf, Duke, 76, 92, 99, 218

Brunhild, Childebert and

devotion to, 92, 169

Guntram's warnings, 168

influence over, 119, 186–187, 238

protection of, 74–75, 86

regency, 127, 140–141

ruling together, 195–196

smuggled out of Paris, 74–75, 85

Spain-Austrasia alliance, 198

Brunhild, Chilperic and

actions post-Sigibert's death, 74–76

anti-Chilperic contingent, partnership with, 58

dealing with, 122, 254

death, responsibility for, 149–151

exile to Holy Cross, 75–77, 80–83

imprisonment in a convent by, 75–77

post-Sigibert's death, 74–76

targeting by, 122

uprising against, 83–92

Brunhild, Clothar II and

actions post-death of, 261–262

capture by, 252–254, 253*f*

crimes accused of by, 254–255,

索 引 [439]

erasure from the historical
record, 260–261
execution by, 255–257, 262
Neustria, attack on, 241
Brunhild, Fredegund and
battle at Laffaux, 237
Battle of Droizy, 228.231
Clothar II's baptism, 222–223
crimes assigned to, 254–255
death of, reaction to, 240
Nibelungenlied or *The Song of the Nibelungs*, 265–266
rivalry with, 80, 121, 199
Brunhild, Gregory and
alliance with, 83, 93, 149, 168, 198, 230
appointment, 65–66
on flight from Paris, 75
her slander by the abbot, 141
insults to, 218
loyalty to, 141
Spain-Austrasia alliance, 198
trial of, 202

wedding rumors, 201
Brunhild, Guntram and
alliance, reluctant, 127
promise of protection for, 195–196
relationship in decline, 200–201
Spain-Austrasia alliance, 198
trial by ecclesiastical tribunal, 201–202
Brunhild, in death
commemorating, 265
erasure from the historical record, xi
in legend and myth, 264–266
Nibelungenlied or *The Song of the Nibelungs*, 265–266
Brunhild, in death (*continued*)
reputation recast, 263
roads named after, 264–265
sarcophagus, 266–267, 268*p*
Brunhild, marriages
Fortunatus on her, 11, 14–15, 60, 64
to Gundovald, 78–79, 165–167,

173
    to Merovech, 83–86, 90–92,104
    morgengabe, 36
    rumors of, 200–201
    to Sigibert, 10–16, 20, 22
Brunhild, Merovech and
    Chilperic, uprising against, 83–92
    marriage to, 83–86, 90–92, 104
    support for, 99, 102
Brunhild, military campaigns
    against the Lombards, 140–141
    Dukes' Revolt, ending the, 194
    Italian expeditions, 141, 176–177, 219
    pro-Neustria faction and, 117–124
    Soissons offensive, 227–229, 241
    Wolf, defense of, 118–119
Brunhild, power of
    Andelot treaty, 193
    attempts to remove, 188
    in Austrasia, 196
    Burgundy-Austrasia merger, 225
    claiming her right to, 118–119
    Egidius, trial for treason, 217–218
    fear of, 119
    Goiswintha's example to, 55, 77
    influence abroad, expansion of, 219
    influence at court, 53, 104
    Ingund's marriage, 104
    path to, 55–56, 77
    political involvement, risks of, 30
    as regent, 127, 140–141, 156–157, 233, 238, 242, 250–251
    retirement, 248
    rise of, 64
    succession secured, 60
Brünnhilde, ix–xi, x*f*, xiv
bubonic plague, 16, 38, 207–208, 219, 234
Burgundy, Kingdom of, 6, 21*m*, 34,

125–126, 191. *See also specific rulers*

Burgundy-Austrasia alliance, 98, 127, 143, 193, 213, 225, 228, 241

Burgundy-Neustria alliance, 137, 184

Byzantine Empire

    Clovis as Consul, 19

    empress' power in the, 29, 44

    holdings of the, 42

    retaking the Roman Empire, 38–39

    territory of the, 19

Byzantium. *See also specific rulers*

    Brunhild financed by, 127

    Gundovald, investment in, 164, 166

    Ingund and Athanagild held captive in, 139–140, 166, 174, 176

    pro-Byzantine party, 59

    Radegund's overture, 42, 44–45

    revolt in, 254

    Spain, assistance to, 129–131, 139

Byzantium-Austrasia alliance, 44, 78–79, 135, 220

Byzantium-Spain alliance, 129–131, 139

C

Caesarius of Arles, 76

Carolingian dynasty, 258, 260, 262

Cartimandua, 236

Catherine de Medici, 263

Catholic Church

    in Britain, 235–236, 239

    Charibert and the, 26–27

    Chilperic and Trinity of the, 120

    converts to the, 235, 237

    entrepreneurs in the, 134

    military men of the, 57

Catholic Church law

    Fredegund's knowledge of, 51

    on sexual relations, 51, 84, 153,

161

Charibert

brothers, rivalries with, 20–21

capital city, 64, 104

Church, relationship with the, 26–27, 84

concubines, 21–22

death and burial, 28, 32

fall of, 23–30

family of, 5, 6

Fortunatus and, 24

Gundovald at court of, 31

kingdom of, 20–21, 28, 156

lands divided, 33, 35, 38

marriages, 21–22, 24–27

Praetextatus and, 84

trial for Galswintha's murder, 61, 90

Charlemagne, 148, 233, 258, 260, 262

Childebert (son of Theuderic), 243, 251–253, 255, 257

Childebert II

accession, 107

at Andelot, 192–193

assassination attempts on, 179–180, 187–189, 216

Boso's insulting of Brunhild, trial for, 190

Burgundy invasion, 125

characteristics, 169

concubines and offspring, 169

death of, 231–232, 235, 239

Dukes' Revolt, end of the, 194

Egidius, trial for treason, 217–218

family of, 6

Fredegund, demand for, 153–154

Gundovald's return and, 151, 166

Holy Cross nuns appeal to, 209–210

installation of, 76–78, 104

marriage to Faileuba, 169

in Metz, 225

military campaigns, 237

regency, 76, 117–118

Spain-Austrasia alliance, 198

索　引　[443]

succession, threat to, 165

Theodosius, letter to, 178

Childebert II, Brunhild and devotion to, 74–75, 85, 92, 169

Guntram's warnings, 168

influence over, 119, 186–187, 238

regency, 127, 140–141

ruling together, 195–196

Spain-Austrasia alliance, 198

Childebert II, Guntram and adoption of, 98, 120–121, 156–157

named heir, 189, 193

power handed to, 167, 167*f*, 174

warnings given, 169

Chilperic

allegiances, 87

alliances, 36, 56, 122, 132–134, 143–145, 152, 217–218

appearance, 15

Audovera sent to a convent by, 80

background, 35–36

Chilperic (*continued*)

Boso, retaliation against, 83, 96

brothers, rivalries with, 20–21, 38

characteristics, 15–16, 37, 54, 109–110

Charibert's lands divided, 28, 33, 34

Childebert named as heir, 121

Church, relationship with the, 120

concubines, 36

death and burial, 145–154, 150*f*, 162, 175, 237, 261

defections from Rouen, 87

defections to Sigibert, 67–68, 73

Egidius and, 121–122, 123

family of, 5, 7, 35–36

Fortunatus' poem praising, 109–110

Gregory's trial for treason, 109

Gundovald's return and, 165–166

Guntram relationship, 127
hobbies, 119–120
Holy Cross nuns appeal to, 209
illness, 111
image of, 48*f*
kingdom of, 15, 20–21, 33, 241
mentioned, 241, 260
midlife changes, 121–122
military campaigns, 66, 99
Nogent Accords, 121–122
in Paris, 104, 125, 227
Praetextatus' trial, 100–101
sarcophagus inscription, 152–153
sons, deaths of, 98, 103, 111–113, 115, 119–120, 132–133
sons adoptions, 120–121
taxation, 111–112, 112*f*
uprising against, 83–92, 95–96, 99–103, 111–112
wives and concubines, 21–22
Chilperic, Brunhild and
actions post-Sigibert's death, 74–76

anti-Chilperic contingent, partnership with, 58
dealing with, 122, 254
death, responsibility for, 149–151
exile to the convent, 75–77, 80–83
post-Sigibert's death, 74–76
targeting by, 122
uprising against, 83–92
Chilperic, Fredegund and
benefits from marriage to, 54–55
as concubine, 15–16, 36, 37, 46, 51, 88
reliance on, 94, 100–101, 112–115
Chilperic, Gregory and
decree abolishing the Trinity, 120
mocking of, 109–110
monitoring of, 102
overthrow of, 87
uprising against, 94
Chilperic, Gregory on

索　引　[445]

behavior of, 21
changes in middle age, 121–122
coup attempt, 87
Galswintha's murder, 49
insults to, 109–110
omen of death, 66
Praetextatus's trial, 101, 109
Chilperic, marriages
Fortunatus elegy on, 60
to Fredegund, 46–47, 52
to Galswintha, 36–37, 45–46, 80, 84
of Rigunth, 132–133
Chilperic, Sigibert I and
invasion of Sigibert's lands, 34–35
rivalry with, 15, 58, 59
siege against, 60–70
victory over, 68–69, 73
Chilperic II, 148
Christine de Pizan, 264
Christ of Bourges, 208
Chrodoald, Duke, 212–213
Clodebert, 199
Clodobert, 7, 63, 67, 96, 103, 111–113
Clodosinda
characteristics, 169
Chilperic's capture and return of, 75–76, 92
Chrodoald, marriage to, 212–213
family of, 6
Guntram's promise of protection for, 195
Reccared, marriage to, 197–204, 212
royal tour of 588, 192
Clothar (son of Theudebert), 248–249, 255
Clothar I
burial site, 259
death of, 66
family of, 5
lands divided, 5, 19–20
marriage to Radegund, 39–42, 40*f*
offspring's legitmacy questions, 159
role of, 5

Clothar II
  Austrasia, rule over, 251
  baptism, 174–175, 222–223, 237
  Battle of Droizy, 229
  birth of, 138, 143, 150, 153, 170
  brush with death, 221
  Columbanus and, 246
  empire ruled by, 257
  family of, 7
  Fredegund's erasure from the historical record by, 260, 262
  Guntram and, 170
  illness, 214–215
  kingdom of, 232, 241
  mentioned, 243, 248
  military campaigns, 237, 247
  opposition to, 257–258
  power, assumption of, 238–239
  regency, 221
  the warrior-king, 239
Clothar II, Brunhild and
  actions post-death of, 261–262
  capture by, 252–254, 253*f*
  capture of, 252–254
  crimes accused of by, 254–255, 261
  erasure from the historical record, 260–261
  execution by, 262
  Neustria, attack on, 241
  sentenced to death, 255–257
Clothar II, Guntram and
  baptism, 222–223
  bequest, 223–224
  kingdom offered to, 153
  legitimacy questioned, 174
  naming of, 169
  oath of loyalty to, 169
  protection for, 170
Clothilde, 196
Clotilde, 6, 29–30, 205–206, 208–210
Clovis I
  in Byzantium, 19
  capital city, 64, 67, 237

索　引　[447]

Catholicism, conversion to, 26
characteristics, 19, 60
Clodobert's naming and, 63
Clovis II named for, 90, 114
Clovis I (*continued*)
   coronation, 63, 66, 82
   death and burial, 28, 267
   empire ruled by, 19, 60
   introduction to, 5
   kingdom of, 258
   lands divided, 19
   Lex Salica, 52–53, 90, 174, 221
   mentioned, 247
   Merovingian orgin story in, 260
   myths and legends, 181
   power of, 185
   reverence for, 19
   Salic law enacted, 221
   wife of, convent established by, 76
Clovis II
   dark arts, accussations of, 115, 135
   death of, retribution for, 156
   family of, 7
   Fredegund and, 113–114, 135, 264
   Guntram's grieving of, 175
   Merovich's title and command, 90, 103
   naming of, 90, 114
   succession, 107
Columbanus, 8, 245–246, 246*f*, 262
condemnation of memory (*damnatio memoriae*), xi
Conon of Trier, 229
Constantina, 8, 178–179, 254
convents. *See also* Holy Cross Abbey
   codes of conduct, 76
   membership and roles, 82
   politics, 82
   women's reign in, 81
Corbus, 243, 251–253
Council of Paris, 258

D

Dagobert, 7, 80, 104, 106, 111–

112

De excidio Thoringiae (Radegund), 42–44

Der Ring des Nibelungen (Wagner), ix–xi, xiv, 137, 266

Desiderius, Bishop of Vienne, 7, 244–245, 246, 261

Desiderius, Duke of Aquitaine, 7, 151–152, 155, 170

Doepler, Carl Emil, ix

Dukes' Revolt, 187–190, 193–195, 217

Dynamius, 7, 57, 119, 126, 192, 220, 225

dysentery, 98, 103, 132, 134–135

dysentery epidemic, 106–107, 111, 114, 214

E

Eberulf, 7, 149, 153, 162–163

Edict of Paris, 260

Egidius, Bishop of Reims

ambition, 121–122

Brunhild, fear of power of, 119

Brunhild sends to Guntram, 157

Burgundy invasion fiasco, 125–127

Childebert's regency and, 117–118

Chilperic and, 121–122, 123

Dukes' Revold, role in, 217

fall from power, 187, 217

Fredegund and, 103

Guntram warns Childebert, 168

Merovech and, 98, 103

Nogent Accords, 121–122

pro-Neustria faction, 58, 98, 117–119

role of, 7

trial for treason, 217–218

Wolf, call for death of, 119

Elijah, 262

Elizabeth I, 263

F

Faileuba

at Andelot, 192

Brunhild and, 225–226, 242

索　引　　[449]

erasure from the historical record, 231

family of, 6

Guntram's promise of protection for, 195–196

marriage to Childebert, 169

royal tour of 588, 189

Falco, 149

Felix, 199–200

Fortunatus, Venantius

appointed biship of Poitiers, 231

Brunhild and, 24

on Brunhild's appearance, 14

at Charibert's court, 24–25

on Chilperic coup, 87

at court, 195

Dynamius, admiration for, 57

Galswintha elegy, 59–60, 62

Gregory, friendship with, 24, 49, 57, 107, 191, 231

on Gregory's appointment, 66

mentioned, 126, 147, 233

in Paris, 31

portrait of, 230*f*

Radegund and, 42–43, 44–45, 59, 107–108

Radegund's biography, 191

role of, 7

"Vexilla Regis," 259

on the Visigoth princesses, 52

Fortunatus, Venantius, poetry of

for Brunhild, 196

collected works, 231

Gregory's trial, 107, 109–110

for grieving parents, 132–133

honoring Holy Cross, 191

praising Chilperic, 109–110

praising Fredegund, 110

to Radegund, 108

to Rucco, 108–109

Sigibert's wedding, 11, 14–15, 64

Francia. *See also specific rulers*

580, 105–107

586, 186

587, 190, 191

dysentery epidemic, 106–107,

111, 114
  kingship succession, 55
  main titles in, roles and power of, 5, 55–56
  maps of, sixth century, 4m, 21m, 34m, 238m
  rain in, sixth century, 105–107, 190, 191, 207
Frankish Church, 26, 65
Franks, the, 10–11, 17–22, 18f, 26, 48, 53, 72, 87
Fredegund
  ambition, 81
  Audovera and, 48, 51, 80, 110
  background, 47–49
  Basina's rape, role in, 116, 133
  Bertram and, 105
  Brünnhilde and, xi
  characteristics, 51–52, 81, 114–115, 119, 137, 152–153, 180, 213, 215–216, 241, 264
  Clothar II and, 260, 262
  Clovis and, 113–114, 135
  in death, 267, 268p

Fredegund (*continued*)
  death of, 27, 175, 239
  descendants, role's played by, 258
  Egidius and, 103
  empire ruled by, xi–xii, 227, 233
  erasure from the historical record, xi, 260, 262
  exile to the convent, 16, 162, 169–170, 180, 187
  family of, 7
  Fortunatus' poem praising, 110
  fortune-teller, use of, 135
  Gundovald's return and, 165
  image of, 48f
  in legend and myth, 137, 263–266, 264
  Leovigild, overtures to, 179–180
  literacy, 51
  marriages, 24–25, 27, 52, 169
  military campaigns, 227–230,

索　引　[451]

236–238, 264
morgengabe, 112
in Paris, 89, 147, 150, 237
post-partum depression, 67–68, 137
Praetextatus and, 161, 180–183
reputation, 160, 161*f*, 263
rivalries, 161, 162–163, 199
scholarship on, xi–xiii
the slave girl, 15–16
sons, deaths of, 98, 103, 111–113, 115, 119–120, 132–137
Theudebert and, 114
in Tournai, 66–69
value of, 225
witchcraft, accusations of, 71–73, 156
Fredegund, alliances
Bertram, bishop of Bordeaux, 164
Egidius, 103
pro-Neustria faction, 187–188
Visigoths, 152

Waroch of the Bretons, 213–214
Fredegund, assassination attempts by attributed to, 215
Brunhild, 162, 179–180
Childebert, 179–180, 187, 216
Guntram, 185
Merovech, 97
numbers documented, 215
Rigunth, 200, 264
successful, 215
Theudebert (son of Chilperic), 216
Fredegund, assassinations
assasins, control of, 216
Audovera, 115–116
Chilperic, 147–149, 153
Eberulf, 163
former Neuestrian slave, 216
Galswintha, 50, 50*f*, 80, 121
Leudast, 110
Merovech, 114
Praetextatus, 182–184
requests for, 179–180
Sigibert, 69–71, 72*f*, 73, 80, 94,

122, 148, 180

    talent for, 180

Fredegund, Brunhild and

    battle at Laffaux, 237

    Battle of Droizy, 228, 231

    Clothar II's baptism, 222–223, 237

    crimes assigned to, 254–255

    death of, reaction to, 240

    Nibelungenlied or *The Song of the Nibelungs*, 265–266

    rivalry with, 80, 121, 199

Fredegund, Chilperic and

    as concubine, 15–16, 36, 37, 46, 51, 88

    exile to the convent, 16

    marriage, 52, 54–55

    power over, 49, 51–52

    reliance on, 94, 100, 112–115

    sarcophagus inscription, 152–153

Fredegund, Gregory on

    Eberulf, invitation to, 149

    Merovech's death, responsibility for, 103

    Praetextatus's trial, 101

    Samson's birth and baptism, 67–68

    virtue and infidelity, 107, 149

    witchcraft, 71–73

Fredegund, Guntram and

    appeal to, 156

    assassination attempts on, 185

    attempts to escape from control of, 169–170

    bequest, 224

    Clothar II's baptism, 222–223

    Dukes' Revolt, 188

    exile to the convent, 162, 169–170, 180, 187

    infidelity, accusations of, 174–175

    Leovigild, overtures to, 179–180

    Neustria, control of, 227

    Praetextatus' assassination, 183–184

    protection for, 156, 160–162

    public humiliation of, 174–175

Fredegund, infidelity/virtue
accusations of, 174–175
Gregory on, 107, 149
Guntram's accusation of, 222
Leudast and, 95, 174
pregnancy post-Clothar II, 160, 161*f*
rumors about, 105, 107, 113, 141, 147–149
Fredegund, power of
Audovera, banishment of, 114
Basina, banishment of, 114, 116
Boso, offer to, 96–97
Chilperic's reliance on, 94, 100, 112–115
claims to, 214–215
Clovis, management of, 114–115
consolidation within, 221–222
Praetextatus, arrest and trial, 99–102
questioned, 181
regency, 184 *f*, 185, 191, 221, 238
stepping away from, 238
wealth controlled by, 143–144

G
Gailen, 93–94, 103
Galswintha
family of, 7, 8
Fortunatus' elegy for, 59–60, 62
in Fortunatus' poem, 110
friendships, 45
marriages, 36–37, 45–46, 80, 84
miracles, 60
murder of, 46, 49–50, 51*f*, 52–54, 56–57, 59–61, 80, 121, 266
value of, 53
Galswintha, morgengabe
Chilperic's promise of, 36–37
cities gifted, 112
claim to, 61, 128, 132, 142, 193
dispersal of, 58, 60
retaking of, 90
Game of Thrones (tv), xiii, 266
Germanus, 6, 64–65

Gogo, Count
   anti-Chilperic
      faction, 57, 59
   Brunhild and, 12, 56–57, 92,
      104, 127
   death of, 117
   mentioned, 126, 225
   regent to Childebert, 76, 92
   role of, 7
   at Sigibert's wedding, 11–12
Goiswintha
   arrest of, 203
   as Athanagild's advisor, 22
   death of, 212
   family of, 6, 8
   marriage to Leovigild, 77, 104
   value of, 225
Goiswintha, power of
   as Athanagild's advisor, 22
   as example to Brunhild, 55, 77
   Hermenegild's rebellion, 130–132
   marriage to Leovigild, 77, 104
   in Spain, 104, 132, 197–198

Golden Court, 11–12
Gregory, Bishop of Tours
   characteristics, 21
   death of, 230
   dysentery cure, 135
   Fortunatus, friendship with, 24, 49, 57, 107, 191, 231
   Guntram and, 21, 198–199, 223
   History of the Franks, 271
   Holy Cross nuns appeal to, 205–206, 209
   Leudast and, 95–96, 107, 110
   mentioned, 233
   Merovech and, 82, 93–94, 96
   power of, 66, 95
   Praetextatus' trial, 100–102
   Radegund's burial, 191
   role of, 7
   royal tour of 588, 195
   sanctuary granted by, 93–96, 163
   treason, trial for, 107, 109, 113, 141
   Wolf and, 195

Gregory, Bishop of Tours, Brunhild
and
  alliance with, 83, 93, 149, 168, 198, 230
  appointment, 65–66
  on flight from Paris, 75
  insults to, 218
  loyalty to, 141
  slander by the abbot, 141
  Spain-Austrasia alliance, 198
  trial of, 202
  wedding rumors, 201
Gregory, Bishop of Tours, Chilperic and
  decree abolishing the Trinity, 120
  mocking of, 109–110
  monitoring by, 102
  overthrow of, 87
  uprising against, 94
Gregory, Bishop of Tours, comments on
  Boso, 96
  Burgundy invasion, 126
  Charibert, 21
  Chilperic, 21, 49, 66, 87, 101, 109, 109–110, 121–122
  Christ of Bourges, 208
  dysentery epidemic, 106
  Fredegund, 67–68, 71–73, 101, 103, 107, 149
  Hermenegild, 130
  Merovech's death, 103
  the plague, 207
Gregory, Bishop of Tours, on Chilperic
  behavior of, 21
  changes in middle age, 121–122
  coup attempt, 87
  Galswintha's murder, 49
  insults to, 109–110
  omen of death, 66
  Praetextatus's trial, 101, 109
Gregory, Bishop of Tours, on Fredegund
  Eberulf, invitation to, 149
  infidelity of, 149
  Merovech's death, responsibility for, 103

Praetextatus's trial, 101
refusal to baptize Samson, 67–68
virtue of, 107
wish for death of Samson, 67–68
witchcraft, 71–73
Gregory the Great (Gregory I), xiv, 8, 234–236, 234f, 240, 242–245, 261
Gundovald
accession, threats to, 170
ambition, 155–156
banished to Cologne, 78
Boso's betrayal of, 157–158
Brunhild and, 31–33, 165–167, 173
characteristics, 32
Chilperic's death, responsibility for, 151
death of, 173
family of, 5
Guntram's march on, 170–171
haircut, 32, 78
heritage, 40
legitimacy, 164–166
marriages, 165–167, 169, 173
mentioned, 193
power of, 155
reappearance of, 123–124, 127–128, 138, 151–152, 157–159, 253
removed from court, 32–33
sons of, 200
support for, 164–175
Guntram
alliances, 60–70, 127–128, 213, 226
at Andelot, 191–193, 195–196
assassination attempts on, 157
Boso and, 157–159, 173, 189–191
Breton campaign, 213–214
brothers, rivalries with, 20–21
bubonic plague, measures taken to stop, 207–208
Byzantine overthrow plot, 123
canonization, 260
capital city, 225

characteristics, 62, 214, 221
Charibert's lands divided, 33
Chilperic and, 90, 125–127
Closodina-Reccared wedding gift, reaction to, 200
death and burial, 224
defectors from, 164
Eberulf made use of by, 162–163
family of, 5, 35
Gundovald and, 32, 151, 159, 165–167, 170–175
Holy Cross nuns appeal to, 206, 209
Guntram (*continued*)
    kingdom of, 6, 20–21, 33, 122–123, 179, 193–194, 213, 227
    Leovigild condemned by, 179
    marriages, 21–22, 29, 33, 153
    mentioned, 214, 241
    Mummolus and, 127–128
    nobles faction, desire for alliance with, 56–58

    in Paris, 193
    powerful women, resentment of, 153, 160–161
    Praetextatus request of, 161–162
    Septimania campaign, 179, 183, 185, 197–198, 200–201, 203
    Sigibert alliance, 60–70
    Sigibert's murder rewritten, 122
    sons, deaths of, 80, 98
    Spain-Austrasia alliance, 198–199
    Syagrius and, 226
    vexations of, 155–163
    wives and concubines, 21–22
    women of Brunhild's family, protection of, 195–196
Guntram, Brunhild and
    alliance, reluctant, 127
    promise of protection for, 195–196
    relationship in decline, 200–201
    Spain-Austrasia alliance, 198

trial by ecclesiastical tribunal,
 201–202
Guntram, Childebert and
 adoption of, 98, 120–121, 156–157
 hands power to, 167–168, 167*f*, 174
 named heir, 189, 193
Guntram, Clothar II and
 baptism, 222–223
 bequest, 223–224
 kingdom offered to, 153
 legitimacy questioned, 174
 naming of, 169
 oath of loyalty to, 169
 protection for, 170
Guntram, Fredegund and
 assassination attempts on, 185
 attempts to escape from control of, 169–170
 bequest, 224
 Clothar II's baptism, 222–223
 Dukes' Revold, 188
 exile to Rouen, 162, 180, 187
 infidelity, accusations of, 174
 Praetextatus' assassination, 183–184
 protected by, 153–154, 156, 160–162
 public humiliation of, 174
Guntram Boso, Duke
 Brunhild and, 157, 190
 Chilperic, uprising against, 96
 Chilperic's revenge against, 80–81, 96
 comeback attempts, 190
 described, 58–59
 duplicity, acts of, 157–159, 173
 escape attempt and death, 192–193
 escape to Austrasia, 97–99
 example set by, 194
 Fredegund, collaboration with, 96–97
 Gundovald's return and, 123–124, 127–128, 151, 157–158
 Guntram and, 157–159, 173, 179, 189–191

索　引　[459]

loyalty of, 96–97

mentioned, 135

Merovech, betrayal of, 96–97, 102–103

role of, 7

in sanctuary, 93, 95–97, 190

Theudebert's death and, 63, 83

H

Hakon, 229

Harris, Kamala, xii–xiii

Hermenegild, 8, 104, 129–132, 139, 197–198

Herpo, 252, 258

History of the Franks (Gregory, Bishop of Tours), 271

Holy Cross Abbey

Basina in, 116, 133

Bible delivered to, 45

established, 42

men at, 118, 209

Radegund and, 191

revolt of, 205–211

I

incantores, 135

incest

Brunhild-Gandovald marriage, 78, 165, 202

Brunhild-Merovech marriage, 84–85, 89–90, 100

Church law on, 153, 161

in civil law, 90

Theudechild-Charibert marriage, 25, 27, 51

Ingritude, 83, 164

Ingund (daughter of Brunhuld)

birth of, 38

captive in Byzantium, 139–140, 166, 176

characteristics, 169

Chilperic's capture and return of, 75–76, 92

death and burial, 177, 179, 198, 219–220

family of, 6

marriage, 104, 128–132, 197

Ingund (servant of Clothar), 5

Ingund (wife of Clothar), 5, 24, 35

J

Javols, Count of, 141–142

Jesus, 26, 112

Jezebel, 262, 267

Justa, a noblewoman, 244

Justin, Emperor, 122

Justinian, Emperor, 8, 38–39

Justin II, Emperor, 8, 39, 43, 79

L

Landeric, 7, 147, 174, 227–229, 247, 261

Leovigild, 8, 104, 129–133, 139, 171, 179–180, 197

Les Andelys convent, 76, 80

Leubovera, 205–207, 209–211

Leudast, Count of Tours, 7, 95–96, 107, 110, 215

Lex Salica, 52–53, 90, 174, 221

Lombards, 39

Louis XVI, 19, 260

M

Macbeth (Shakespeare), 229, 264

Magneric, Bishop, 192

Marcia of Arles, Abbess, 253

Margaret of Anjou, 266

Martin, Saint, 66, 88, 135, 214

Mary of Scots, 263

Maurice, Emperor, 8, 140, 176–177, 219, 234, 254

May, Theresa, xii

Medard, Bishop, 41

Medard, Saint, 113

Merkel, Angela, xii

Merovech (barbarian warrior), 18

Merovech (son of Chilperic)

   assassination attempts on, 97

   Boso's betrayal of, 96–97, 102–103

   Brunhild and, 83–86, 90–92, 99, 102

   Chilperic, uprising against, 83–92, 95–96, 99–103, 111

   death of, 103, 156, 175, 264

   Egidius and, 98, 103

索　引　[461]

escape to Austrasia, 97–99
family of, 7
Gregory and, 82, 93–94, 96
Guntram's grieving of, 175
Leudast and, 95–96
marriage, 83–86, 90–92
Praetextatus and, 81, 84, 92
Saint Calais monastery, imprisonment in, 91, 93–94
in sanctuary, 93–96
succession, 63
tonsured, 91, 91*f*
Wolf and, 99, 102, 118
Merovech (son of Theuderic), 243, 251–253, 255
Merovingian dynasty, xiii, 5, 18, 31, 257
Merovingian men, appearance, 31, 32
Merovingians, graves of, 259–260
Merovingian warrior, 18*f*
Metz, 12–13, 23, 38
Mummolus, Duke, 6, 127–128, 155, 158–159, 170–173, 179

N
Nanthild, 262
Neustria, Kingdom of, 7, 21*m*, 34. *See also specific rulers*
Neustria-Austrasia alliance, 121–122, 125–126, 128
Neustrian-Austrasian alliance, 157
Neustria-Spain alliance, 132–134, 143–145, 151–152, 171
Nibelungenlied or *The Song of the Nibelungs*, 265
Nicene Christianity, 26
Nogent Accords, 121–122, 125, 157, 218

O
Orbe, 247
d'Outremeuse, Jean, 264

P
Paris, 25, 64*m*, 64–65, 222–223, 243
Paul, Saint, 235
Peter, Saint, 235

Pippin, 251
Pippin, Duke, 254, 258
Plectrude, 262
The Poetic Edda, 264
poison, assassinations using, 69–70
Poitiers, control of, 33, 35–36, 81, 108, 156–157, 193
Poitiers, Count of, 209
Praetextatus, Bishop of Rouen
 assassination of, 182–184
 Brunhild and, 86
 Charibert and, 84
 exile, return from, 161
 Fredegund and, 161, 180–183
 Guntram and, 161–162
 mentioned, 141
 Merovech and, 81, 84, 92
 pro-Neustria faction, 84, 86–92
 Radegund and, 162
 role of, 7
 trial of, 99–102, 105–106, 109
Protadius, 247–248

Q

Quinotaur, 18

R

Radegund. *See also* Holy Cross Abbey
 background, 39
 on Basina's marriage, 133–134
 Brunhild and, 79, 191
 characteristics, 59
 convent built by, 41
 death and burial, 190–191, 231
 De excidio Thoringiae, 42–43
 family of, 5
 Fortunatus and, 42–43, 44–45, 59, 107–108
 friendships, 83, 107–108
 Gundovald's legitimacy attested to, 164
 marriage to Clothar, 39–44, 40*f*
 mentioned, 209
 mortifications of the flesh, 39–42, 136–137
 pleasures of, 82, 108
 power of, 42, 64, 76, 78

Praetextatus and, 162

religious life, 40–41

religious relics, securing, 44–45, 79

Rigunth and, 144

self-abasement, 209

tomb of, 259

True Cross piece, acquisition of, 79, 235

the unoffical queen, 54

Ragnemod (Rucco), 6, 108–109, 125, 147, 231

rape, 133, 244, 244–245, 261

Rauching, Duke of Soissons, 7, 187–189

Reccared, 8, 132–133, 139, 197–204, 212

Rigunth

characteristics, 107, 199–200

dowery, 164, 199

family of, 7

Fredegund and, 199–200, 264

marriage prospects, 116, 197, 212

marriages, 143–145, 197–204, 212

in Paris, 67

Radegund and, 144

rebellion of, 204

return of, 169–170, 199

sanctuary in Toulouse, 151–152

Roman Empire, 12–13, 15, 17–19, 29, 38, 122–123

Romans

Franks and the, 17–19

value of, 52–53

Rome, xi, 8, 11, 13, 19

Romulf, Bishop of Reims, 218–219

Rouen, claim to, 87–89, 102

Rule for Virgins (Caesarius of Arles), 76

S

Saint-Bertrand-de-Comminges, 170–173

Saint Calais monastery, 90, 93

Saint-Germain-des-Prés, 267

Samson, 7, 67–69, 96, 103, 137
sanctuary, 88, 93–98
Senlis, bishop of, 146
Shakespeare, William, 229, 264
Sigibert I
　advisers to, 56, 57
　alliances, 31–37, 39, 45, 60–70, 78
　appearance, 14, 14 *f*
　assassination of, 69–71, 72*f*, 73, 94, 122, 180
Sigibert I (*continued*)
　brothers, rivalries with, 20–21, 38
　capital city, 64
　characteristics, 54
　Charibert's lands divided, 28, 33, 38
　death and burial, 113, 259
　defections to, 67–68, 73
　family of, 5, 35
　Gregory's appointment by, 65–66
　Gundovald at court of, 31–33
　kingdom of, 6, 12, 20–21, 33, 38
　mentioned, 157
　Metz, construction in, 38
　in Paris, 65, 68
　political court factions, 56–59
　Radegund, appeal to, 42
Sigibert I, Chilperic and
　death of, actions post-, 71, 74–75
　invasion of Sigibert's lands, 34–35
　rivalry with, 15, 58, 59
　siege against, 60–70
　victory over, 68–69, 73
Sigibert I, marriages
　to Brunhild, 10–16, 20, 22
　Fortunatus elegy on, 60
　strategy of, 15, 22
Sigibert II, 6, 243, 250–253, 258
Soissons
　Chilperic's circus in, 104
　Clovis' pillage of a church in, 181
　control of, 63, 87, 89–90, 227, 243
Sophia, 8, 43, 79, 122

Spain. *See also specific rulers*
    Goiswintha's power in, 104, 132, 197–198
    Gundovald's sons in, 200
    kingship succession, 54–55
    Visigoths of, 8
    Spain-Austrasia alliance, 197–199, 202–203, 243
    Spain-Byzantium alliance, 129–131, 139
    Spain-Byzantium relations, 64
    Spain-Neuestria alliance, 132–134, 143–145, 151–152, 171
    Syagrius, 6, 226

T

Thatcher, Margaret, xii
Theodelia, 253
Theodora, Empress, 43
Theodore, Bishop of Marseilles, 157–158, 173
Theodosius, 178
Theudebert (son of Childebert)
    assassination attempts on, 216
    Austrasia, control of, 242
    Bilichild, murder of, 248
    birth of, 186
    Columbanus' blessing of, 246
    family of, 6
    kingdom of, 232, 249
    marriages, 242, 248
    naming of, 186
    Theuderic rivalry, 247–249, 263
Theudebert (son of Chilperic)
    death of, 63, 66, 80, 88, 96, 114
    family of, 7
    Fredegund and, 80–81, 114
    heir apparent, 186
    mentioned, 251
    Sigibert's capture of, 34–35
Theudechild
    family of, 6
    mentioned, 74
    as queen, 28–29
Theudechild, in convent
    escape attempt, 30, 41, 75
    imprisonment in a, 29–30, 32–33, 76

messages smuggled from, 82

Theudechild, marriages

   to Charibert, 24

   to Guntram, 29, 33, 153

   heirs produced, 24, 31

Theudelia, 6, 232, 242–243, 247, 252

Theuderic (son of Childebert), 6, 186, 232, 242, 245–246

Theuderic (son of Chilperic), 7, 125, 128, 132–138, 247–250, 262–263

Tiberius, 8, 79, 122–123, 140

Tournai, 66–68

Tours

   bishops meeting in, 27

   control of, 33, 35–36, 81–83, 97, 99, 102, 156–157, 193

   importance of, 65–66

   sacking of, 66

Trajan, 25

Treaty of Andelot, 191–196, 198, 222, 227

True Cross, relic of the, 42, 44, 79, 209, 235, 259

U

Ursio, Count, 143

Ursio, Duke, 7, 58, 119, 187–189, 194, 261

V

"Vexilla Regis" (Fortunatus), 44, 259

Victoria, xii

Viking helmet, ix–x, x*f*

Visigoths, 36, 54

W

Wagner, Richard, ix–xi, xiv, 137, 266

Warnachar, 7, 250–251, 254, 258

Waroch, 213–214

Western Europe, sixth century, 9–10, 16

Wintrio, Duke, 227–229

witchcraft, 71–73, 115–116, 134–136, 264

索 引 [467]

Wolf, Duke of Champagne
    at Andelot, 192
    background and career, 57
    Brunhild and, 76, 92, 218–219
    characteristics, 59
    Chilperic, uprising against, 87, 89–90
    Dukes' Revolt, end of the, 194
    Dynamius, friendship with, 119
    Egidius' battle with, 117–119
    Guntram's protection, 119
    lands held by, 227
    mentioned, 126
    Merovech and, 99, 102, 118
    role of, 7

royal tour of 588, 195
women
    fine for slandering, 73
    value of, 53, 225
women in power
    Carolingian, 262
    how to destroy, 262
    praised in poetry, 264
    rulers and political rivals, xii–xiii
    silencing, 238–239, 262
    sixth century, 233–234
Woodville, Elizabeth, 266
Wotan, x